サステナビリティの経営哲学｜渋沢栄一に学ぶ

十名直喜 **NaokiTona**

Sustainability Management Philosophy

Learn from Eiichi Shibusawa

社会評論社

まえがき

地球環境・社会の危機が促す「サステナビリティの経営哲学」

株主資本主義と新自由主義の半世紀は、地球温暖化をはじめ貧困・格差の拡大、紛争・対立の激化などを深刻化させ、地球環境および人類存続の危機を顕在化させている。

地球社会のサステナビリティに赤ランプが点滅するなか、ステークホルダー資本主義への転換が世界的な課題となっている。サステナビリティとは何か、それを切り拓く経営、すなわちサステイナブル経営とは何かが問われ、それを担う経営哲学が求められている。

経営哲学の根幹には、地球的自然と人間環境のサステナビリティが据えられている。経営哲学への世間の目は、これまでになく熱いものが感じられる。地球環境（自然および社会）をめぐる危機感＆不透明感が強まるなか、「サステナビリティの経営哲学」への希求もかつてなく高まっているからであろう。

「渋沢栄一の経営哲学」が示す日本資本主義再生への視座

一方、日本資本主義の低迷は久しく、日本企業の国際的な立ち位置・威信も著しく低下し続けている。その象徴とみられるのが、日本企業に顕著な生産現場の劣化、品質不祥事である。仕事の誇り、経営倫理はどこへ行ったのか。イノベーションはなぜ起こらないのか。

そうした課題に対し、多くの示唆を与えてくれるのが、「渋沢栄一の経営哲学」である。そこには、彼の仕事・人生哲学がちりばめられている。さらに、彼が創造した日本資本主義のシステム、その理念と原点には学ぶべきものも少なくない。そこに立ち返り、21世紀視点から創造的に捉え直すことが求められている。

経営哲学とは何か、それにどのようにアプローチするのか。わが仕事・研究人生をふまえ、21世紀の経営哲学として捉え直し、それをふまえて21世紀課題にアプローチするのが、本書である。

3部構成で応える本質探求と処方箋

本書は、3部構成でもって、上記の問いに応えていきたい。

第1部は、コロナ禍が問い直す「3密」さらにICTにスポットをあて、その本質とあり方にメスを入れる。

ICTは、資本主義にどのようなインパクトを及ぼすのか、その本質は何か、行き着く先はどこなのか。人間と自然の物質代謝、生産、生産力、情報生産、科学・技術、労働、人間発達などについて、原点に立ち返り考察する。

第2部は、コロナ禍が促す生活様式や産業構造へのインパクトにメスを入れる。

産業イノベーションの視点から、数百年の産業の発展・変容を俯瞰する。情報通信革命の進行を加速させながら、環境文化革命への波及・展開を促していくと捉える。さらに、それを担う働き方、学び方とは何かについて、半世紀にわたる「働学研」の活動とその意味をふまえ考察する。

第3部は、サステナビリティと経営哲学、さらに渋沢栄一論の視点から、日本資本主義の低迷、諸問題にメスを入れる。

サステナビリティと経営哲学の原点を問い直し、体現者としての渋沢栄一に光をあてる。彼が創造した日本資本主義のシステム、その理念と原点に立ち返り、日本社会を立て直す智慧と処方箋を汲み出す。A.スミス、K.マルクス、渋沢栄一の3者比較と対話をふまえ、21世紀の課題とあり方を問い直し、持続可能で公正な社会を構想する。

第3章　生産力至上主義と「無限の自然」仮説を問う
——わが半世紀の産業・企業研究をふまえて …73

第2部
産業イノベーションと
仕事・研究・人生 …81

第4章　産業イノベーションと環境文化革命
——ポストコロナ社会への歴史的視座 …82

第3部
サステナビリティの経営哲学
渋沢栄一にみる日本資本主義の原点と21世紀課題 …155

第8章　渋沢栄一の経営哲学と日本資本主義像 …192

第9章　サステナビリティへの新たな視座と21世紀課題
　　　　──A.スミス、K.マルクス、渋沢栄一との対話 …229

【図表一覧】

序　章

地球限界時代が問う
生産力論と経営哲学

―本書の趣旨と構成―

1 本書の趣旨

1.1「生産力至上主義」と SDGs 運動への視座

金融資本本位、巨大 IT 主導の資本主義経済の「発展」、いわゆる株主資本主義の半世紀は、地球温暖化をはじめ貧困・格差の拡大、紛争・対立の激化などを深刻化させ、地球環境および人類存続の危機を顕在化させている。

人類社会の生産活動と資源消費量は、地球の持続可能な水準を大きく踏み越え、地球の 1.7 個分に達しているとの試算が出ている。人間の社会・経済活動による環境負荷が、地球 1 個分を越えたのは、1970 年という（1980 年代半ばという別の試算もみられる）。米国、ドイツ、日本の資源消費水準が世界に広がると、そのギャップはさらに広がり、米国並みで地球 5 個分、日独並みなら地球 3 個分が必要ということになる。

いずれにしても今や、人類社会の資源消費量は地球環境容量の限度（環境許容限度）を大きく踏み越えた時代に入っていることは否定しがたい。本書は、これを地球限界時代と呼ぶ。

ICT や新技術が生産力や物質代謝の歪みを解決する、といった技術万能論やバラ色の未来社会論など技術主義的見解も多々見られ、根強いものがある。よりクリーンな資源や新技術が、環境問題をはじめ資本主義社会の諸問題を解決するという主張は、時代を越えて繰り返し叫ばれてきた。しかし、地球全体にまたがる資源・環境・社会のより深い危機という現実は、新技術頼みの限界をも示している。技術だけでなく、生産力さらには社会システムのあり方が問われているのである。

地球社会のサステナビリティに赤ランプが点滅するなか、株主資本主義からステークホルダー資本主義への転換が世界的な課題となっている。国連が提唱する SDGs（Sustainable Development Goals：持続可能な開発目標）運動への理解と参加が広がる傾向も出てきている。

一方、「生産力至上主義」がもたらしたとみなす見解も、少なくない。近年、マルクスの「生産力」観、「生産力の発展」論にも課題があるのではとの指摘もみられる。

「生産力至上主義」とは何か。「資本主義のもとで生産力をどんどん高めていくことで、貧困問題も環境問題も解決でき、最終的には、人類の解放がもたらされる」という考え方とみられる。しかし、「生産力」とは何かが掘り

下げられていないとみられる。さらに、そこで問われているのは「生産力」そのものではなく、生産力の「発展」である。より正確には、生産力の「資本主義的発展」すなわち「成長」である。「生産力」とは何か、さらに「成長」とは何か。そのあり方とその中身が、根底から問われているのである。

SDGs をめぐって、SDGs は気候変動を止められず、危機から目を背けさせる「現代版「大衆のアヘン」である」との批判もみられ、「脱成長コミュニズム」が対置される。その理念と構想は、極めて示唆に富む。ただ、SDGs を全面否定し敵対視することが、果たして理に適っているのか。SDGs をどう評価し、それとどう向き合うかが問われている。

SDGs は、たしかに妥協の産物ではあるが、国際的合意に辿り着くまでに数十年にわたる闘いの産物でもある。「欧州が育んできた、人間の尊厳を中核にした「倫理地図」」[1] との見方もある。

巨大 IT 資本の国際的な規制すら難渋する政治力学の中にあって、SDGs に取り組む多様な運動が世界的に展開されていることの歴史的な意義を見落としてはなるまい。そうした運動のなかから、その重要さとより深い本質的課題に気づき、それを担う変革主体が育まれる可能性も秘めている。

SDGs 運動を、国際的な民主主義闘争の 1 つの到達点として位置づけ、その風化や変節を許さず、さらなる変革に向けての橋頭保にするという視点こそ、「脱成長コミュニズム」の戦略的な道筋につながるのではなかろうか。

1.2 「サステナビリティの経営哲学」と「働学研」が読み解く 資本主義と仕事・人生

「高度成長」の果実もどこへやら、格差・貧困と低迷にあえぎ、閉塞感漂う 21 世紀の日本社会。「日本資本主義の父」といわれる渋沢栄一が、この現代日本資本主義を見たらどう嘆くか。私たちに、どういう処方箋を提示し叱咤激励するか。

「道徳経済合一」「義利両全」の理念を提唱し率先垂範した渋沢の生き様は、多くの人々の「共感」と信頼をよび起し、日本資本主義のシステムづくりの大いなる推進力になり、今もなお立ち返るべき原点となっている。「道徳・経済」(「義・利」) の両輪は、今や「道徳・環境・経済」の三位一体へと進化するに至っている。それは、21 世紀の日本さらに世界がめざすべき理念、方向を提示したものといえる。

サステナビリティとは何か、それを切り拓く経営、すなわちサステイナブ

ル経営とは何かが問われ、それを担う経営哲学が求められている。

　本書は、こうした論点と課題に対して、生産、生産力、技術、物質代謝、経営、資本主義などの原点と定義に立ち返り、イノベーション、サステナビリティ、経営哲学の視点から考察したものである。それらの理論的なアプローチは、働学研（博論・本つくり）研究会の月例会における研究交流を通して紡ぎ出された。多彩なテーマと視点からの研究発表、そして活発な議論に啓発されまとめたものである。

　本書は、この1年間に執筆し、公刊された拙著8本をベースにしている。各作品のキーワードは、イノベーション、有形と無形、環境文化革命、ロマン、共感、ICT、生産力、物質代謝、働学研、サステナビリティ、経営哲学、渋沢栄一、スミス、マルクス、地球限界時代、資本主義、コモンなど多岐にわたる。

　それらを組み合わせて、全体と方向性を的確に示すタイトルを浮かび上がらせたいが、なかなか難しい。そこで、手応えの感覚も残っている最新論文（本書第3部）の主題を本書のメインタイトルに充てた次第である。

　第1部は、ICTの視点から「3密」、生産力、物質代謝などのあり方を、マルクスにも立ち返りつつ考察する。

　第2部は、イノベーションの視点から、情報通信革命、環境文化革命、仕事・研究・人生を捉え直す。

　第3部は、サステナビリティと経営哲学の視点から、渋沢栄一を軸にスミス、マルクスとの対話を通して、資本主義の諸問題を問い直し、社会改革と未来のあり方を構想する。

2　本書を紡ぎ出した2つの舞台

2.1 「経営哲学」講義が切り拓く新たな世界と交流

　本書は、SBI大学院大学での「経営哲学」講義と働学研（博論・本つくり）研究会という2つの舞台から紡ぎ出されたものである。いずれも、この1-2年の活動を通してであり、本書の生みの親といえる。

　SBI大学院での「経営哲学」講義は、2020年秋学期からスタートした。「経営哲学」は難解で近寄り難いイメージがあり、大学や大学院の講義科目としてもほとんど見かけない。世間の目もつれないものが感じられる。超マイナーな科目として引き受けたが、蓋を開けてびっくり。多数の受講生が参加し、

熱い反応が響きあう講義となった。「経営哲学」への世間の眼差しが大きく変わりつつあるのではと感じている。

「経営哲学」講義を通しての新たな出会いは、知的な刺激と感動を伴うものである。講義の準備には数百時間を費やしたが、先行文献本を通して多くの先人たちとの知的交流を楽しむ。講義においては、それを媒介にして、多くの社会人から現場体験をふまえてのメッセージをいただいた。

また、研究成果を発表するにあたっては、『SBI 大学院大学紀要』が貴重な場になっている。年 1 回の刊行で、毎回提示される特集テーマ、「イノベーション」(2020 年)、「サステナビリティ」(2021 年)は、発想を膨らます貴重な触媒になった。「8 千字以上で、上限なし」という執筆条件も、構想の翼を自由自在に広げる孵化器となる。そこで生まれた 2 本の小論が、本書の柱をなしている。

2.2 働学研（博論・本つくり）研究会が紡ぎ出す学び合い磨き合う世界

働学研（博論・本つくり）研究会は、定年退職直後の 2019 年 7 月に立ち上げたものである。論文に初挑戦される方、博士論文や本つくりに取り組まれている方など多様な状況の社会人、大学人などが集う。数人から出発し、2 年半を経て 90 人を超える規模になっている。

コロナ禍のなか、20 年 7 月からオンライン開催に切り替え、早や 1 年半になる。月例会には、毎回 6-9 本の研究発表がなされ、20 ～ 30 数人が参加して 3 時間にわたり活発な議論が展開されている。オンライン画面が熱気に包まれるなど、働きつつ学び研究する社会人が、大学人研究者と一緒に学び合い磨き合う研究交流の場となっている。

筆者は、主宰者、司会者として参加しながら、3 ヶ月に 1 回ピッチで発表している。ここでの研究交流を通して、多くの論文や書評・リプライを執筆するなど、知的創造の場として活用している。

「経営哲学」講義と「働学研」という 2 つのプラットフォームを通して、この 1 年余で 8 本の作品（5 本の論文、3 本の書評・リプライ）を紡ぎ出し公刊されるに至っている[2]。1 年余で集中的に紡ぎ出したものゆえ、時代の流れにも向き合い、臨場感のあるものになっているのではと感じている。文字数は 19 万字を超え、1 冊の本に相当する分量に近づいていることに気づく。

そこで、本に編集してみよう、と思い立つ。10 月中旬、小論（「サステナビリティの経営哲学 —渋沢栄一にみる日本資本主義の原点と 21 世紀課題」）を、『SBI

大学院大学紀要　第9号』（2022年1月）に投稿した直後のことである。小論の手応えが、背中を押してくれたのである。そこで、急きょ編集したのが、本書である。

3 本書の構成

　本書は、3部編成で、各部は3章ずつで計9章からなる。序章と終章を含めると、11章になる。

　公刊作品8本は、5〜9千字（5本）、3〜8万字（3本）と分量的にも多岐にわたる。そこで、5〜8万字の2論文は分割し、5〜6千字の書評・リプライは統合して、9つの章に編集した。さらに、3章単位でグループ化し、3つの部に編成している。

序　章　地球限界時代の生産力論と経営哲学
第1部　地球環境危機とICTが問い直す生産・労働・物質代謝論
　第1章　「3密」の伝統と新たな創造
　　　　　―コロナ禍を生き抜く生活・仕事・研究の交流と知恵　（B）
　第2章　ICTが問い直す生産力・技術・労働・物質代謝論　（C）
　第3章　生産力至上主義と「無限の自然」仮説を問う
　　　　　―わが半世紀の産業・企業研究と経営哲学をふまえて　（D）
第2部　産業イノベーションと仕事・研究・人生
　第4章　産業イノベーションと環境文化革命
　　　　　―ポストコロナ社会への歴史的視座（Aの前半）
　第5章　仕事・研究・人生のロマンとイノベーション　（Aの後半）
　第6章　仕事・研究・人生をめぐる対話
　　　　　―書評＆リプライを通して　（F、G、H）
第3部　サステナビリティの経営哲学
　　　　　―渋沢栄一にみる日本資本主義の原点と21世紀課題
　第7章　サステナビリティの経営と哲学
　　　　　―地球限界時代を切り拓く視座　（Eの序盤）
　第8章　渋沢栄一の経営哲学と日本資本主義像　（Eの中盤）
　第9章　サステナビリティへの新たな視座と21世紀課題　（Eの終盤）
　　　　　―A.スミス、K.マルクス、渋沢栄一との対話

終　章　「経営哲学」と「働学研」が紡ぎ出す熟年期の新序章

第1部　地球環境の危機と ICT が問い直す生産・労働・物質代謝論

　第1章は、コロナ禍がもたらした生活・仕事・研究などへの変化とその本質にアプローチする。仕事・研究交流の「3密」とは何かを、産業・地域・思想の視点から提示する。さらに、20年以上にわたる社会人博士育成の知見、定年退職後の2年にわたる働学研の実験をふまえ、新たな「3密」の創造として提示する。

　コロナ禍を機に、情報通信技術（ICT）の発展と浸透が加速するなか、国、企業、個人もその流れに乗り遅れまいと凌ぎを削っている。ICT は、資本主義にどのようなインパクトを及ぼすのか、その本質は何か、行き着く先はどこなのか。現代資本主義の生産力と技術を歴史的にどう捉え位置づけるのか。

　第2章は、半世紀前に検討した芝田進午「科学＝技術革命」論および近年の平松民平「資本主義と ICT」論、聴濤弘『マルクスの「生産力」概念を捉え直す』、さらに K・マルクス『資本論』などとの対話を通して上記の課題と対峙し、人間と自然の物質代謝、生産、生産力、情報生産、科学・技術、労働、人間発達などについて、原点に立ち返り考察する。

　第3章は、第2章の考察をふまえ、半世紀にわたるわが産業・企業研究の総括視点から、生産力至上主義と「無限の自然」仮説を批判的に捉え直し、故・川西重忠氏の追悼集に寄稿したものである。

第2部　産業イノベーションと仕事・研究・人生

　新型コロナの感染拡大は、社会経済活動に深い打撃を与え、社会や生活の前提をも揺るがしている。コロナ禍は、生活様式や産業構造を急激に変えつつあり、情報通信革命の進行を加速させながら、さらに環境文化革命への波及を促していくとみられる。

　第4章は、産業イノベーションの視点から数百年の産業の発展・変容を俯瞰するとともに、産業・企業研究をめぐるわが半世紀の歩みを総括する。さらに**第5章**は、仕事・研究へのロマンと挑戦に注目し、青壮老にまたがる自己実現と他者実現の視点から、半世紀にわたる「働学研」の人生とその意味を捉え直したものである。

　第6章には、池上惇［2020］『学習社会の創造』に対する書評、そして十名［2020］『人生のロマンと挑戦』への書評2本に対する各リプライを収めている。

働学研に関わる書評とリプライの紹介を通して、働きつつ学び研究することの魅力とノウハウ、21世紀的な意義に光をあてる。

第3部　サステナビリティの経営哲学
—— 渋沢栄一にみる日本資本主義の原点と21世紀課題

　地球社会のサステナビリティに赤ランプが点滅するなか、株主資本主義からステークホルダー資本主義への転換が世界的な課題となっている。サステナビリティとは何か、それを切り拓く経営、すなわちサステイナブル経営とは何かが問われ、それを担う経営哲学が求められている。そのテーマに応えようとするのが、**第7章**である。

　一方、日本資本主義の低迷は久しく、日本企業の国際的な立ち位置・威信も著しく低下し続けている。その象徴とみられるのが、日本企業に顕著な生産現場の劣化、品質不祥事である。仕事の誇り、経営倫理はどこへ行ったのか。イノベーションはなぜ起こらないのか。そうした課題に向き合う**第8章**は、渋沢栄一の経営哲学を取り上げ、彼が創造した日本資本主義のシステム、その理念と原点に立ち返り、日本社会を立て直す智慧と処方箋を汲み出す。

　第9章は、A.スミス、K.マルクスの視点と比較しながら、渋沢の経営哲学と日本資本主義論の意義を、21世紀視点から創造的に捉え直し、持続可能で公正な社会を構想したものである。

4 本書の魅力は何か

　本書の魅力およびセールスポイントは、次の点にあるとみられる。

　1つは、渋沢栄一という「時の人」に光をあて、サブタイトルに入れたことである。

　2021年NHK大河ドラマ「青天を衝け」は年内にて終了するが、新1万円札の顔となるなど、渋沢ブームは続くとみられる。渋沢栄一への関心が、日本資本主義の原点やサステナビリティ経営に向かうことを、さらに本書へと向かうことを願っている。

　サブタイトルは当初、「渋沢栄一にみる日本資本主義の原点と21世紀課題」にしていた。趣旨は織り込めているが、22文字と長すぎる。そこでよりシンプルにと、「渋沢栄一に学ぶ」（7文字）にした。

　2つは、「**サステナビリティ**」という切実さを増す21世紀のキーワードに

注目し、メインタイトルに入れたことである。

「サステナビリティ」は「持続可能性」と訳されていて、いずれもよく使われている。いずれが主題によりふさわしい表現か、悩ましいところでもある。

「持続可能性」の方が学術的な感じがする、との声もある。翻訳などで先に紹介されたからかもしれない。一方、経営現場では、「サステナビリティ」、「サステナビリティ経営」の方がよく使われている。キャッチィでインパクトがあるからかもしれない。

本書では、サステナビリティおよびその経営＆経営戦略などについて論じており、サステナビリティを表題にすることは一貫性があるとみられる。

むしろ、本書において「サステナビリティ」を打ち出すことで、学術的な価値を高め、経営現場の後押しをする。そのような好循環を創り出すことができればと思う。

3つは、これまで（その重要性に比して）陽の目をみなかった**「経営哲学」**に新たな光をあて、メインタイトルに入れたことである。

SBI 大学院大学での講義にみられる、経営者や管理者など受講生 60 数人の熱い反応が、超マイナーとみられた「経営哲学」の再評価につながることを願っている。

「経営哲学」は、渋沢栄一ブームを追い風にして、経営者のみならず管理者、勤労者にも注目されるテーマへと変身を遂げようとしている。本書は、「経営哲学」ブームの仕掛人、起爆剤として、注目される可能性を秘めている。雑事やパフォーマンスに流されがちな日々の営みを、ふり返り問い直す砥石としての役割も期待される。

（現場に広がる）「サステナビリティ」と（学術的とみられがちな）「経営哲学」、この両者の組み合わせ（新結合）にみる斬新さ（すなわち文化イノベーション）が、読者にもたらす化学反応に期待したい。

4つは、本書が何よりも、経営哲学の必要性を**現場の声**として受けとめ、肌で感じ、その要望に応えるべくまとめたものだということである。

企業などの現場で第一線に立つビジネスパーソンは、経営者、管理者、担当者それぞれの立場で、ICT 革命やカーボンフリーなどの大きな動きに翻弄されながら懸命に取り組んでいる。しかし、より大きな視点で考えた時、果たしてそれが正しいのかどうか。さらに良い考えや戦略・戦術が他にないのか。それを日々意識し迷いながら、行動しているのが現実である。

今、本当に求められているのは何か。具体的な個々の対応戦略も欠かせないが、それだけでは十分とはいえない。その基礎となる、より大局に位置する概念・思想が求められているのである。それこそ、まさに現場に立脚した経営哲学ではなかろうか。

　そうした声が、SBI 大学院大学における「経営哲学」講義での質問や意見、そして働学研での議論として発出され、それと懸命に取り組み走りながらまとめたのが、本書に他ならない。

　5 つは、働学研の月例会という研究交流の現場から生み出されたものが、本書であるという点である。働学研には、企業や自治体、大学の現職者さらに定年退職者など多岐にわたる研究者（＆研究志向者）が参加される。多様な現場からの報告・考察をもとに、忌憚ない議論が飛び交う。それが、新たな発想や視点を紡ぎ出す孵化器になっているのである。

　本書が取りあげる ICT、生産力、生産、労働、経営、物質代謝論などの多くは、働学研（月例会）での研究交流を通して議論され深められたものである。齋藤幸平『人新世の「資本論」』をめぐる議論もその 1 つである。本書では、生産力至上主義、SDGs ＝「大衆のアヘン」論、コモン論などを、新たな視点から捉え直している。さらに、K. マルクス、A. スミス、渋沢栄一の比較視点を通して深めている。「人新世の経営哲学」への思いを込めて。

　本書は、この 1 年間に執筆・公刊したものゆえ、ホットで臨場感があると感じている。そして、「流行」に乗りつつも、「不易」に留意すべく、キーワードは定義に立ち返り、古典との照合・対話をふまえて考察を深めたものである。

　経営哲学とくに「サステナビリティの経営哲学」は、不易流行を旨とし、その代名詞になりうる可能性を秘めている。

　本書は、社会科学の研究書であるが、経営・仕事の啓蒙書でもある。大学研究者だけでなく社会人研究者、さらに経営者、管理者、技術者、行政者などさまざまな職場で働く人たちに、ぜひ読んでほしい書である。

【注釈】
1　高松平蔵氏からの電子メール（2021.11.4）。
2　本書は、2021 年 1 月〜 2022 年 1 月の間に公刊された、下記 8 本の小論をベースにして編集したものである。
　　A　[2021.1]「産業イノベーションと環境文化革命―ポストコロナ社会への歴史的

視座」『SBI 大学院大学紀要』第 8 号。

B　［2021.7］「「3 密」の伝統と新たな創造―コロナ禍を生き抜く生活・仕事・研究の交流と知恵」『経済科学通信』No.153.

C　［2021.7］「ICT が問い直す生産力・技術・労働・物質代謝論―ポストコロナ社会への歴史的視座」『名古屋学院大学論集（社会科学篇）』Vol.58 No.1。

D　［2021.11］「生産力至上主義と「無限の自然」仮説を問う―わが半世紀の産業・企業研究と経営哲学をふまえて」川西重忠追想編集委員会編『現代日本社会に問う―躍動する教育者 川西重忠追想』アジア・ユーラシア総合研究所。

E　［2022.1］「サステナビリティの経営哲学―渋沢栄一にみる日本資本主義の原点と 21 世紀課題」『SBI 大学院大学紀要』第 9 号。

〈書評＆リプライ〉

F　［2021.7］「書評：池上惇『学習社会の創造―働きつつ学び貧困を克服する経済を』」『季刊　経済理論』第 58 巻第 2 号。

G　［2021.7］「太田信義氏の『人生のロマンと挑戦』書評へのリプライ」『国際文化政策』第 12 号。

H　［2021.7］「『人生のロマンと挑戦』に対する和田幸子氏の書評へのリプライ」『季刊　経済理論』第 58 巻第 2 号。

第1部

地球環境危機と ICT が問う
生産・労働・物質代謝論

コロナ禍を機に、情報通信技術（ICT）の発展と浸透が加速するなか、国、企業、個人もその流れに乗り遅れまいと凌ぎを削っている。ICT は、資本主義にどのようなインパクトを及ぼすのか、その本質は何か、行き着く先はどこなのか。現代資本主義の生産力と技術を歴史的にどう捉え位置づけるのか。

第1章 は、コロナ禍がもたらした生活・仕事・研究などの変化とその本質にアプローチする。仕事・研究交流の「3密」とは何かを、産業・地域・思想の視点から提示する。
さらに、20 年以上にわたる社会人博士育成の知見、定年退職後の 2 年にわたる働学研（博論・本つくり）研究会の社会実験をふまえ、新たな「3密」の創造として提示する。

第2章 は、人間と自然の物質代謝、生産、生産力、情報生産、科学・技術、労働、人間発達などについて、原点に立ち返り考察する。
半世紀前に検討した芝田進午「科学＝技術革命」論および近年の平松民平「資本主義と ICT」論、聽濤弘『マルクスの「生産力」概念を捉え直す』、さらに K・マルクス『資本論』などとの対話を通して、上記の課題と対峙する。

第3章 は、第 2 章の考察をふまえ、半世紀にわたるわが産業・企業研究の総括視点から、生産力至上主義と「無限の自然」仮説を批判的に捉え直し、故・川西重忠氏の追悼集に寄稿したものである。

第1章
「3密」の伝統と新たな創造
―コロナ禍を生き抜く生活・仕事・研究の交流と知恵―

1 はじめに —— 仕事・研究交流の「3密」を問い直す

　新型コロナの感染が広がるなか、「3密（密閉・密集・密接）」がキーワードになっている。政府の専門家会議は、「3密の回避が感染拡大防止のカギを握る」という。

　これまで多様な「3密」は、都市の魅力や経済活力の源であった。人々の交流による多様な3密の場が、各種の効用、生産性、創造性を産み出してきた。「3密」がもたらす対面式コミュニケーションのダイナミズムは、多様な頭脳の中に潜在する「暗黙知」を瞬時に組み合わせ、新しい情報・知識の創造・交換をもたらすことにある。さらに、情報通信技術（ICT）のインパクトは、対面式コミュニケーションを補完しながら、これまでにない大きな力で「形式知」の交換・波及を促す。

　これまでの社会では、中心的活動は3密にあり、人々が密閉されたオフィスに密集し密接に対話することにあった。それゆえ、「3密を避けるべし」は、これまでにない難題を突き付けているのである。

　新型コロナの感染拡大は、社会経済活動に深い打撃を与え、社会や生活の前提をも揺るがし、生活様式や産業構造を急激に変えつつある。

　本章は、コロナ禍がもたらした生活・仕事・研究などへの変化とその本質にアプローチする。仕事・研究交流の「3密」とは何かを、産業・地域・思想の視点から提示する。さらに、20年以上にわたる社会人博士育成の知見、定年退職後の2年近くにわたる働学研の実験をふまえ、新たな「3密」の創造として提示する。

2 伝統的な「3密」の魅力と課題

2.1 都市の魅力の源としての「3密」——「知」の交換・創造

　都市の魅力ないし活力の源は、これまで多様な「3密（密閉・密集・密接）」にあるとされてきた。多様な人間活動が近接立地して互いに補い合い、人・物・金・情報の移動費用も低下する。密なフェイス・ツー・フェイスは、情報通信技術（Information and Communication Technology::ICT）にも支えられ、効用、生産性、創造性の向上などの集積効果を生み出し、都市の発展をもたらしてきた。

　東京の魅力の源泉も、様々な分野における圧倒的に多様かつ多層な3密の集積にある。人口の密集はその数倍の規模で人と人が密接に接する機会を増やす。多様な3密の場を介してより高い効用、生産性、創造性が得られる。ICTが高度に発展した現在でも、人々は都市に集中する。人々の交流において、ICTとフェイス・ツー・フェイスが相互に補完しあい、相乗効果を高めるからである。

　ICTは、対面接触の代替財ではなく補完財として機能する。電子通信機器の性能が向上するにつれて、ぶつけ合うアイデアもより複雑かつ創造的になる。人々の相互交流の価値が高まり、都市の重要性が増す[1]。

　今日の知識創造社会では、新しい情報・知識の創造と波及が中心的な活動となっている。その場合、活動の「形式知」はICTでも交換できる。しかし、多様な頭脳の中にしかない「暗黙知」を瞬時に組み合わせて新しい情報・知識を創造し交換するには、フェイス・ツー・フェイスのコミュニケーションが不可欠である。それゆえ、これまでは知識創造社会での中心的な活動は、人々が密閉されたオフィスに密集し密接に対話しながら行われた[2]。

　しかし、東京一極集中に代表される過度な集積と地域偏重は、他方において様々なリスクを高める。感染症や大規模災害への脆弱性だけではない。日本の経済社会全体で多様性が失われていくことに目を向ける必要がある。

　コロナ禍のなか、都市の活力の源であるべき多様な3密が、ウィルスの自己増殖的な感染拡大の源にもなっている。東京一極集中に代表される日本の都市化社会は、コロナ危機のもとで重大な試練に直面している。

2.2 多様性を促進する情報活動と社会システムの創造

　成長の源であった「3密」を避けなければならないというのは、都市のパラドックスに他ならない。これを乗り越えるカギの1つとみられるのが、オフィスワークとテレワークの相互補完的な活用である。この2つの働き方が相互に補い合うように、企業内、企業間、および企業を取り巻く社会のシステムを変革することである。

　テレワークに加え、オンライン学習やオンライン診療を広げるなど、ICTと対面接触の最適な組み合わせによる新しいコミュニケーションシステムの構築と社会システムの変革が、求められている[3]。

　コロナ禍によって、3密の根底的な見直し、その軸となる情報活動の大転換が促されている。

　企業などの組織が物理的にオフィスを構える理由は、従業員や関係者を集めるためである。その方式が、業務の伝達や行動に効率的だったからである。このオフィス方式は不可欠とみられたが、コロナ禍が転機をもたらしている。

　通常の場合、インターネット上でも業務の説明や指示が可能だと、多くの組織が悟りつつある。オフィスでの仕事の多くは、情報活動であり、情報の収集、判断、伝達、処理などから成り立つ。それに向けて、調査、打ち合わせ、会議、交渉が行われる。

　オフィスとして都市部が人気なのは、従業員が集まりやすいからである。人が情報を運び、伝達してきた。しかし、通常の情報活動は、その大半がネットとパソコンで対応できる。その体験と気づきは、オフィス方式一辺倒からの脱皮、新たな情報活動方式の構築を促している。

　これまでは、「人が（頭の中に情報をもって）動く」のが常態であった。これからは、通信技術や情報処理技術を用いて、「人より情報が動く」仕組みの構築が求められている[4]。コロナ禍は、情報活動における発想の転換を促しているのである。

　21世紀の知識創造社会で高い創造性を発揮するには、日本全体として多様性を促進する新たな経済社会システムを創っていく必要がある。

3 新たな「3密」への視座

3.1 「3密」と「密」の意味を問い直す

「3密」とは元来、何か、その意味と本質を問い直し、捉え直す必要がある。そして、「従来の3密」とは一線を画す「新たな3密」として再編集し、新たな創造・交流スタイルを創造することが求められている。

コロナ禍で焦点となっている「3密」とは何か。それは従来世間の「3密」であり、「密閉（closed）」、「密集（crowded）」、「密接（closely）」から成るとされる。3Cと略すこともできよう。

それでは、「密」とは何か。「密（dense）」は、「3密」に共通するキーワードで、『広辞苑』では次の3つの意味があげられている。

①すきま風のないこと。ちかしいこと。

②きめのこまかいこと。いきとどいていること。

③ぴったり閉ざして外から見えないこと。

一方、「密」といえば、密教の「密」が想起される。密教の「密」とは何か。次の2点があげられているが、いずれも内奥にある根源的なものを指すとみられる。

A　隠れているもの、現れていないもの。万物の奥に隠れているもの。

B　膨大な要素が詰まっている。存在する様々なものの根源をなす。

3.2 「3密」をめぐる2つの視点 —— 世間と密教

コロナ禍のなか、「3密の回避」が合言葉になっている。そこでの「3密」（すなわち従来世間の「3密」）とは、物理的に閉じられた狭い空間、身体的な接触・近接を意味するとみられる。従来の「3密」（密閉・密集・密接）は、効率、生産性の源とされてきた。

一方、密教においても、「三密」がキーワードとみられる。密教によると、生命は「身・口・意」で構成されている。密教の「三密」とは、「身密」「口密」「意密」のことである。三密の修行は、「自らが仏」と気づく方法とされている[5]。

「身密」は、身体・行動に関わり、自らの行動を見直し、大事なものを見極めることである。「口密」は、「語密」ともいわれる。言葉・発言に関わり、自らの言動を見直し、正すことである。「意密」は、こころ・考えに関わり、自らの心を観察し、ありのままに見ることであり、他者に気を配ることでも

ある。

密教の「三密」（身密・口密・意密）は、自らの行動・言動・考え方を捉え直すという意味があり、内省的に深く生きる源とみられる。

従来の「3密」が物理的・量的かつ客観的な密集度を表すのに対し、密教の「三密」は精神的・質的かつ主観的な意味と深さを表している。

3.3 新たな「3密」&「3知」として捉え直す

「密」の意味を問い直すことによって、新たな「3密」として捉え直すことができないか。

まず『広辞苑』の「密」の定義は、物理的な視点がベースになっている。これを、精神的な視点から捉え直してみよう。

① の「ちかしい」は、親密（intimate）を意味する。親密は、「親しみやすい、くつろげる」という意味がある。

②「きめのこまかい」は、緻密（elaborate）を意味する。緻密は、「念入り、苦労してつくりあげた」の意味である。

③ は「閉ざし…みえない」は、内密（confidential）として表すことができる。そこでの、「信用のおける、うちとけた」という意味に注目したい。

上記の親密、緻密、内密を、新たな「3密」として捉え直すと、親しみと信頼性がよりクローズ・アップする。それは、従来の「3密」が追求してきた効用、生産性、創造性を支える共感とクオリティの側面でもある。

一方、密教の「三密」は形式的には、「身密」＝観察知、口密＝明示知、意密＝暗黙知、と見なすことができる。その「3知」は、自らの行動・言動・考え方を見つめ問い直す生き方ともつながっている。観察、内省、共感を軸に創造的な情報伝達・情報交流を促す新たな知の3要素として捉え直すことができる。

対面接触を軸とする従来の「3密」が問い直されるなか、ICTと対面接触、伝統の智慧を創意的に組み合わせることにより、新たな「3密」と「3知」の好循環を生み出していくことが求められている。

4 新たな「3密」と好循環システムの創造

4.1 学びあい磨き合いの「知的空間」創造 —— 博士課程十名ゼミの試み

新しい「3密」と「3知」の好循環システムについては、半世紀にわたり

取り組んできた社会人研究者の育成システムをモデルにして考えてみたい。

博士課程十名ゼミ（1999 〜 2019 年）は、従来の「3密」をベースに出発する。その後、指導ノウハウの蓄積や ICT の発展などを追い風にして、電子メールでの情報交流という新たな「3密」の比重が増えていく。

名古屋学院大学大学院において、経営政策後期博士課程の発足（1999 年）に伴い、産業システム研究担当として博士論文指導を行うようになる。同博士課程では、この 21 年間に 30 名余の博士が誕生している。

博士課程十名ゼミ（略称：博論ゼミ）は 1999 年に、現役ゼミ生 1 人から出発する。ゼミは、産業システム研究会として、他ゼミや他大学院 OB、他大学教員など博論をめざす人たち、在野研究者にも広く門戸を開いてきた。

2019 年度までの 21 年間、隔週の土曜（9:30 〜夕方）にゼミを開催してきた。拙宅（兵庫県明石市）から大学に毎週通う、いわば週ごと単身赴任である。月曜に自宅を出発し週末に帰宅する。ゼミ開催日は、土曜夜の帰宅となる。

1 週間の疲れがたまる週末のゼミは、ハードであったが、社会人ゼミ生との知的な交流と様々な奇跡に力を得てきた。

ゼミは対面式で、数時間にわたり報告・議論を重ねる。昼食時もその延長となる。平均 8 人ぐらいで、多い時は 10 数人となり、熱気でムンムンする。まさに、従来型「3密（密集、密接、密閉）」の典型であった。

博論は、数本以上の論文から構成され、その創造プロセスが重要である。各論文の作成・洗練化を図り、さらに各種論文の体系的編集を進める。

博論の作成は、ゼミでの議論と電子メールでの交流を軸にして、「対話」しながら進める。

ゼミでの発表と議論は、博論作成のプロセスにおいて一部であるとともに節目をなす。対面での議論を通して、新たな気づきや発想を引き出し、校正・拡充のポイントや今後の進め方を確認する。

電子メールでの交流は、ゼミのあるなしを問わず、日々行われる。3 年で博論を仕上げた中国人留学生によると、電子メールの交換は 2 千回に上ったという。ゼミ生が論文・レジメを作成し、ファイルが送られてくる。それにコメントし、ファイルにも赤字で校正して送り返す。

そうした電子メール交流が、実質的な推進プロセスとなる。ゼミでの報告・議論は、そうした電子対話のプロセスを再確認する場である。さらに、対面での議論を通して、ひらめきを誘うのである。ひらめきは、論文のオリジナル性や新たな視点を引き出すなど、博論指導の核心部分となる。もちろん、

発表者が気づくことも少なくない。

　こうして、発表と議論を媒介にして、ゼミの場が創造的な時空間へと変身する。ひらめきの神が舞い降りてくるかの如く。

4.2 対面式とオンラインの最適な組み合わせに向けての
　　社会的実験プロセス──博論ゼミ 21 年間の挑戦

　十名ゼミには博士 OB も参加する。単著書の出版や研究の深化・発展を図るだけでなく、現役へのアドバイスや支援などにもご尽力いただく。

　ゼミでは、それぞれの報告（メモ、レジメ、論文など）をたたき台にして議論する。さらに、博士論文の構想や全体像などについても、折に触れて報告を促しアドバイスする。電子メールでも、研究のやり方などをアドバイスし、論文（ファイル）を交流し、赤字で校正して返信するなど、きめ細かなフォローを心がけている。

　名学大の場合、博士課程進学者の学力や研究水準は多様で、とくに留学生のバラつきが大きい。そのため、きめ細かな指導とフォローが求められる。彼らが、ゼミで研鑽を積み社会人研究者へと変身を遂げつつ、博士論文を仕上げていくプロセスはドラマに満ち、感動的である。

　産業システム研究会（博士課程十名ゼミ）では、この 21 年間に 14 名（社会人研究者 10 名、中国人留学生 4 名）の博士（経営学）を送り出した。博士論文の多くは高い評価を受け、近年は単著書としての出版が相次いでいる。集団指導のシステムも、博士論文の水準を高める上で大きな力になっているとみられる。

　名学大における博士論文の審査は、予備審査と本審査の 2 段階方式になっている。いずれも、審査委員会（4 名）での指導・承認を経て、教授会での審査（無記名投票）を受ける。重要な役割を担うのが、予備審査の段階である。厳しくも的確かつ詳細にわたる注文が付けられる。それをクリアするプロセスで、博士論文はより洗練化され、本審査にかけられるのである。

　十名ゼミでは、製鉄所現場、基礎経済科学研究所、京大・社会人大学院で編み出し磨いたノウハウを、博士論文指導に活かしており、さらに独自な工夫を凝らした指導方法へと発展させている。そして集団指導のシステム、とくに博士論文の予備審査における的確かつ詳細な集団指導（審査員 4 名）が、さらなる洗練化を引き出している。わが門をたたく者は少ないが、ゼミに入ってきた方には石にかじりついても博論を仕上げるよう激励・支援してきた[6]。

5 働学研（博論・本つくり）研究会における
　新たな「3密」創造

5.1 働学研の趣旨と進め方

　働学研（博論・本つくり）研究会、略称：働学研は、京都の成徳学舎（市民大学院）にて産声を上げ、国際文化政策研究教育学会、基礎経済科学研究所他にも広げてきた。主宰者（筆者）の想定を超えて、多彩な研究交流や出会い、自己実現が生まれている。

　近年、在野の社会人研究者の受け皿、すなわち彼らの研究成果を受けとめ洗練化の指導を行ったうえで学位（論文博士）を出すことが、難しくなってきている。働学研は、近隣大学院とも連携してそうした時代状況を切り拓き、博士論文つくり、博士号の取得、単著書出版などを、社会人研究者が実現できるように支援する研究会である。

　働学研は、研究の初心者から熟達者に至る社会人研究者の多様なニーズ（A～E）に応え、楽しく真摯に議論できる研究交流の場として、2019年7月に発足した。

　A：これまでの仕事と社会活動、問題意識を深く考察し、論文や随筆にまとめて学術誌などで発表したい。B：これまでまとめてきた論文や随筆を体系的に編集し、足りない部分を加えて、1冊の本にしたい。

　C：上記Bを博士論文に仕上げて、申請・審査を経て学位（博士号）を取得したい。D：博士論文を洗練化して学術書として出版したい。E：いずれも成就しているが、さらなる高みをめざしたい。

　これまでの研究や仕事、生き方をまとめたい方（AB）、さらなる高みを極めたい方（CDE）まで、多様な研究領域、水準、階層に翼を広げている。

　まずは、ABのような思いを抱かれている方の参加を促して、すそ野を広げていく。さらにはCDEに示すように、博士論文作成への支援に力を入れ、社会人博士の誕生、単著書の出版を図っていく。そのような幅広い視点から取り組んでいる。

5.2 対面からオンライン方式への転換が促す新たな「3密」創造

●対面式月例会（1年間）での「3密」

　発足以来、2年余になる。その間に開催した研究会は、月例会を中心に30

回を超える。

　毎回、開催前にはお知らせと報告募集を行い、開催後は議事録などにまとめ、電子メールで働学研、市民大学院、基礎研などにも共有メールで広く開示してきた。

　月例会は、14時から17時までの3時間前後にわたり月1回ペースで、京都の成徳学舎にて開催する。数人からの手探りで出発するも、学び合う熱気にあふれ、1年目の対面式では20人を超える月もみられた。

　働学研には、多様な思いや目的を持った方が出席されている。仕事や生活に向き合い研究したい、論文や冊子をまとめたい、博士論文をめざしたい、本にまとめて出版したい等々。

●オンライン式による新たな「3密」の創造

　2020年7月以降は、コロナ禍をふまえ、Zoomを使ってオンライン研究会を開催している。オンライン式に切り替えた直後も、10人前後の参加を得て、対面式とは一味違う熱気に包まれた。

　コロナ禍のなか、オンライン式で活路を拓き、その比重を高めている。参加者、報告者も、回を追うごとに少しずつ増えている。2021年3月の第19回働学研には34名の参加があり、9本の報告を軸に含蓄に富む議論がなされた。

　オンライン研究会の成果・長所としては、次の4点があげられる。

　1つは、参加者の表情がわかり声も聞き取りやすくて、報告や議論もそれなりにかみ合うことである。マスクなしで発表・議論できるのが、実に有り難い。

　2つは、ワードやパワーポイントの資料を画面にアップすると、対面式の配布資料に近い形でみることができ、やり方次第では議論もかなり出来ることである。

　3つは、東京や海外など遠距離者も参加できることで、対面式にはない利点である。

　4つは、感染リスクなどの心配がなく、往復の時間・お金なども節約できることである。コロナ禍で高リスク、遠距離のシニア層などに喜ばれている。

　確かに、これまでに対面式研究会を積み重ね、信頼関係もあり、進め方の要領も一定体得している層にとっては、それなりに高い成果も得られるなど好循環も随所にみられる。

　ただし、オンライン開催に伴う課題も少なくないとみられる。研究交流の

体験が少ない人や、論文作成などに熟達されていない人、オンラインに苦手な人にとっては、それぞれ違った難しさもあると推察される。

　オンライン研究会と共有メールでの発信、各位へのきめ細やかな対応を適切に組み合わせて、相互に高め合う関係をつくり出すように努力している。

5.3 社会人博士の育成と誕生の新たなドラマ

　2019年9月に、富澤公子氏が名古屋学院大学より博士（経営学）を授与された。18年7月より博士課程十名ゼミに参加されて博士論文を仕上げられ、論文博士として申請・受理、予備審査、本審査をクリアして取得に至る。

　文化政策・まちづくり大学校（略称：市民大学院）そして働学研において、初の社会人博士の誕生である。市民大学院がめざしていたもので、その第一歩といえる。その流れは、働学研の下で、より大きな流れになっていく。

　そして、市民大学院＆働学研の社会人博士第2号の誕生へとつながるのである。濱真理氏が、博士論文を2020年4月に名古屋学院大学に提出、7月に受理され、10月に予備審査合格となる。本審査論文を仕上げて、21年3月末に申請し4月の博士課程委員会で受理される。その後、本審査を経て、21年9月に博士（経営学）が授与された。

　冨澤氏、濱氏の博士論文は、3つの研究会の協同の産物といえる。京大の博論研究会（池上ゼミ）、名学大の産業システム研究会（博士課程十名ゼミ）、そして市民大学院＆基礎研の働学研である。

　働学研は、数名から出発し90名に至っている。これまでにご報告・ご参加いただいた方には会員として、電子メールで各種のお知らせをお送りしている。

　2人に続いて、博士論文に取り組む社会人研究者も少なくない。挑戦者は、20歳代から80歳代にまたがっている。「在野」にあって、すでに単著書を数冊以上出版されるなど「論文博士」水準の方が複数おられる。その他にも、博論の作成が中盤あるいは終盤にさしかかり、これからが勝負所いわば本番を迎える方も数名みえる。

　筆者自身も、社会人研究者の熱意と底力に感嘆し励まされるなど、研究への示唆と活力をいただいている。

　働学研にご参加いただき、多彩な仕事・人生現場の息吹を追体験しつつ、学びあい磨き合う場として、ご活用いただければと願っている。

6 おわりに——ICT を問い直す

　コロナ禍のもと、「3密を避ける」を合言葉に、オンラインでのテレワーク、教育、診療などが広がり、ICT の発展・浸透が加速している。「3密」で問われているのは、情報交流の質とあり方である。従来の「3密」すなわち対面式交流のマイナス面は回避しながら、その良さを生かし、さらに ICT と伝統の智慧を触媒にして、新たな「3密」をどう創造していくかが問われている。

　小論は、「働きつつ学び研究する」（働学研）半世紀の活動をふまえ、四半世紀の実験に焦点をあて、上記の視点から新たな「3密」創造の試論として提示した。

　企業や行政など各組織が一斉に ICT 化へ舵を切るなか、ICT 化の先にあるのは何かが、あらためて問われている。ICT を俯瞰的、本質的に捉え直すことが求められているのである。

　ICT とは何か。ICT は、生産力、労働、物質代謝などにどのようなインパクトを及ぼしつつあるのか。ICT は、資本主義、社会とどうかかわり、どう変えていくのか。

　そうした課題については、本章で論じる紙幅はない。別稿にまとめ、本章とほぼ同時期に公刊された[7]第2章で提示する。

【注釈】
1　D. コイル［1997］『脱物質化社会』（D. Coyle［1997］The Weightless World）室田泰弘他訳、東洋経済新報社、2001年、第9章。
2　藤田昌久・浜口伸明「都市の強み「3密」の変革促す」日本経済新聞、2020年7月8日。
3　同上。
4　「人より情報が動く社会に」日本経済新聞、2020年8月13日。
5　ホトカミ「「三密」は仏教の言葉！日常に活かせる空海の教えを分かりやすく紹介します」 https://hotokami.jp/articles/218/　アクセス日：2021年4月4日。
6　十名直喜［2020.2］『人生のロマンと挑戦—「働・学・研」協同の理念と生き方』社会評論社。
7　十名直喜［2021.7］「ICT が問い直す資本主義、生産力、労働、物質代謝論—ポストコロナ社会への歴史的視座」『名古屋学院大学論集　社会科学篇』第58巻第1号。

第2章
ICTが問い直す生産力・技術・労働・物質代謝論
—ポストコロナ社会への歴史的視座—

1 はじめに

　ICT（Information and Communication Technology：情報通信技術）の発展と社会への浸透は、コロナ禍を機に加速しているとみられる。ICT は、資本主義にどのようなインパクトを及ぼすのか。

　そうした課題と向きあい、独自な視点から考察しているのが、平松民平「資本主義と ICT」（論文＆報告資料）である[8]。現代資本主義の生産力と技術を歴史的にどう捉え位置づけるかについて、ICT 論の視点から大胆に論じられている。

　資本主義と ICT の関係を軸に、大工業、生産力、技術、労働、情報生産、物質代謝、非物質代謝などについて、独自の見解が大胆に提示されており、実に興味深いものがある。さらに、基礎経済科学研究所研究大会（2020.10.4-5 オンライン開催）での報告をめぐっての議論が、それに花を添えている。

　基礎研大会での平松報告［2020.10.4］をめぐって、5 人からコメントがあり、それぞれに対して平松氏よりリプライがなされた。後日、それを文章化して整理され、リプライについて深められている。そのやりとりが、実に面白く示唆に富む。

　そこで、平松報告および議論を手がかりにして、筆者の視点から資本主義と ICT をめぐる論点を捉え直す。それが小論の取っ掛かりとなる。いずれの論点と課題についても、これまで筆者が論じてきたこと[9]とも深くかかわっている。小論の草稿を平松氏にお送りすると、実にていねいかつ興味深いコメントをいただいた[10]。

　筆者にとって、これまで 3 度の「論争」が印象に残っている。①芝田進午氏との大工業論論争（1973 年）[11]、②渡辺治氏との日本型企業社会論争（1990 年）、③島田晴雄氏とのヒューマンウェア（技術＆社会）論争（1990 年）である。

　上記の内、②、③は『経済科学通信』第 62，63 号で発表し、1 冊目の単

著書に収めている[12]。

一方、①は『経済科学通信』第7, 8号に掲載されたもので、筆者にとって初めての論文である。働学研の人生を切り拓いた記念碑的作品であるが、どの本にも収めていない。せっかく重要なテーマを扱いながら、これまで正面から論じる機会がなかった。平松氏に①を取り上げていただき、長年放置してきた宿題と対面する。そこでこれを機に、オンライン研究会で「対話」を通して議論を深め、新たな視点を切り拓くことができないか。

そのプラットフォームとなるのが、「働学研（博論・本つくり）研究会」（略称、働学研）である。働学研には、多様な思いや目的を持った方が参加されている。仕事や生活に向き合い研究したい、論文や冊子をまとめたい、博士論文をめざしたい、本にまとめて出版したい等々。

研究の初心者から熟達者に至る社会人研究者の多様なニーズに応え、楽しく真摯に議論できる研究交流の場として、2019年7月に発足した。定年退職（同3月）後の新たな挑戦である。当初の半年間（〜2020.3）は京都で毎月、特任の博士課程十名ゼミ（名古屋で隔週）と並行して進めた。

月1回、対面式の月例会を開き、2020年7月以降は、オンライン開催に切り替えている。月例会には20〜30名の参加、6〜9本の発表があり、活発な議論がなされ、多様な出会いや研究が生みだされつつある。

第17回働学研（2021.1.23）での小報告（十名「産業イノベーションと環境文化革命」）[13]を機に、平松氏との対話が始まる。第18回働学研（2021.2.20）では、平松報告（「資本主義の余命とICT革命」）があり、それを受けて第19回働学研（21.3.20）の第2分科会「資本主義と人間発達—生産力＆物質代謝論の新地平」で発表したのが、小論の草稿である。

さらに、そこに参加された聽濤弘氏の最新著『マルクスの「生産力」概念を捉え直す』書評会を、第20回働学研（21.4.17）の第3分科会で行った。そこでのわが総括コメントのエキスは、小論にも織り込んでいる。

資本主義とICTをめぐる議論は、生産力、技術、労働、組織、情報、物質代謝、非物質代謝、金融資本主義へと展開する。それぞれの定義、あり方まで俎上に載せることになった。コメントとリプライを何回か重ねるなか、対話を通して、これまでにはない知的な新地平を切り開くことができればと思っている。

2 資本主義とICTをめぐる論点

2.1 資本主義の余命はどれくらいか ―― ICTによる終焉説

　ICT論の視点から、現代資本主義の命運を論じたのが、平松民平「資本主義の余命はどれぐらい残っているか…」で、基礎経済科学研究所の研究大会（2020.10.04）で報告されたものである。

　「資本主義がいつ終わるか」をめぐって、2つの説を取り上げる。1つは、諸問題が促す「資本主義限界＆終焉説」である。諸問題が深刻化するも、解決不能で、終焉を余儀なくされる、という。

　2つは、ICTが促す「資本主義終焉説」で、平松氏の自説である。機械制大工業とICTを対置し、「機械制大工業が資本主義を創り、ICTが資本主義を終わらせる」とみる。

　平松氏のICT論には、興味深い視点や論点が随所にみられる。報告資料は、多岐にわたって論じられており理解するのも簡単ではないが、以下に概略紹介する。

　今日の生産力はICTに担われ、生産の中心が物質財から情報財へシフトしつつある。「生産とは労働の固定」である。生産物は、「情報と物質に分離することで、統一的把握が可能」になる。労働は、情報生産労働と物質化労働から構成される。情報は、文字＆音声（言語）に担われて人間間を循環している。これを、「非物質代謝」と捉える。

　ICTは、生産物も生産手段も情報財であり、情報を「非物質な生産手段」に転化する。「手の労働から言語労働へ」と労働が変容する。

　物質財から情報財へのシフトに伴い、所有も変容する。物質財の所有（私的、社会的所有）から、情報財は、シェアリングでき私的所有なしに自由に利用できる性質をも持つゆえ、脱所有の傾向を促す。

　情報財は、「所有なき財」ゆえ「資本主義に不適合な財」であり、「超共有」の共産主義に適合する財とみなしている。

2.2 「資本主義とICT」論をめぐる質疑応答

　平松報告をめぐって、5人から質問が出された[14]。平松報告に強く触発されての質問である。現実は、もっと多様かつ複雑ではないか。それほど単純明快に割り切れないのではないか。そのような思いが、いずれにも感じられる。

その「わだかまり」は、いずれも本質に関わっているとみられる。しかし、それを解きほぐすのは簡単ではない。そう感じつつ、研究大会を後にした。

　その後、平松氏は上記の質疑応答について整理され、質問者各位に送付されて、コメントを求められた。即答するのは簡単ではなさそうゆえ、長らくそのままにしていた。月例会の第17回働学研（2021.1.23）に、平松さんが参加され交流するなかで、宿題が残っているのに気づく。そこで、平松報告と質疑応答へのコメントとしてまとめたのが、小論の草稿である。

　平松氏が投げかけているテーマと論点は、想定以上に、複雑かつ深いものがある。小論をまとめるなか、あらためて感じた次第である。

2.3 情報・生産・労働・人間発達を問い直す

　機械制大工業とICTでは、労働および人間発達の在りようはどう変わるのか。情報生産の意味するものは何か。そうした課題に迫るのが、平松民平［2021.5］である。

　機械制大工業と人間発達の関係については、前者が後者の諸条件をつくりだすという『資本論』の指摘を、そのまま紹介している。

　情報とは何か、情報生産とは何かを問い直す。「情報の非物質性」に注目し、情報生産は、人と自然との物質代謝ではなく、人と人との非物質代謝である、という。

　マニュファクチュアから機械制大工業へ、さらにICTへとシフトする。ICTでは、労働が手から言語へ変化し、言語的労働が生産過程に組み込まれる。情報生産に伴う労働の変容は人間の全面的発達を促す。ICT化した生産過程の分析では、労働価値説がさらに有効であるという。

　平松氏のICT論は、興味深いが、検討すべき論点も少なくない。情報とは、情報生産とは何か、自然と人間の物質代謝&非物質代謝とは何か、生産力とは何か、技術や労働とは何か、人間発達とは何かなど、論点は多岐にわたる。それらの論点について応えるには、原点に立ち返り、本質から問い直し捉え直す必要がある。

3 情報生産にみる「物質性」と「非物質性」

3.1 「物質」と「非物質」—— ICTと情報

　平松民平［2021.5］は、情報の本質は非物質性にある、という。

「情報は物質から離れては存在できませんが、特定の物質に固着せず、物質から物質へ渡り歩く、つまり、情報の本質は非物質性にある」。

「物質」とは何か、「非物質」とは何か。両者の違いは何か、があらためて問われよう。

「物質」とは、「質量と体積をもつもの」である。なお、「質量」とは、「物体の動かしにくさの度合いを表す量」、「重力を生じさせる要因となる量」であり、「重さ」とみることができる。物質とは、重さと体積を持つものといえる。

一方、「非物質」は、「物質としての存在をもたないもの」とされる。重さと体積をもたないものである。時間、空間や精神の概念などが、「非物質」とされる。情報の内容も、非物質に属するとみられる。

ICT は、電子の世界を対象とする電子工学の技術である。電子空間で生産される情報は、電子という極小の物質に担われている。

電子は、宇宙を構成するレプトン（物質の基本的な構成要素）に分類される素粒子で、極小（10のマイナス15メートル）の物質である。原子（10のマイナス10メートル）の中心に原子核があり、その周りを回っているのが、電子である。物質の下部構造は無限に続く、という「無限階層論」（坂田昌一）もみられる[15]。

3.2 「情報」の「非物質性」と「物質性」

情報は、非物質と物質の両面を有するとみられる。確かに、情報の内容は、「非物質性」といえる。しかし、情報の内容はそれだけで存在するものではない。文字・数字などの記号やシンボルといった媒体、すなわち物質によって担われるからである。

情報とは、そもそも何か。「情報」とは、「ものごとの内容や事情についての知らせ」のことである。文字・数字などの記号やシンボルの媒体によって伝達される。受け手において、状況に対する知識をもたらしたり、適切な判断を助けたりするもののことである。

「一般システム理論」では、情報を「何らかのパターン」と見なす。パターンが、別のパターンの生成・変換に影響を与える、と見なす。パターンを知覚する意識は、理論に組み込まれておらず、パターンを評価する必要もない、と考える。意識がなくても情報は存在する、としてシステム内を循環するパターンを情報と呼ぶことができる、と考える。

「パターンに担われているのが情報」とみる平松氏の理解は、一般システ

ム理論に基づくとみられる。

なお、唯物論における物質概念と自然科学における物質とは同一ではない。自然科学における物質は、原子、素粒子など諸実態をさし、物質とエネルギーを区別する。一方、唯物論における物質は、物質、エネルギーさらに自然的・社会的な諸関係もすべて含む概念である。情報は、物質の属性である反映・反射の1つの形態、秩序ある反映とみなされる[16]。

3.3 情報の「非固着性」と「遊離・再結合性」

コンピュータ制御技術は、ハードウェアとソフトウェアに分離し、両者の組み合わせを自由にした。それまでの機械にあっては、構造と機能は一体不可分であった。コンピュータ制御技術の登場によって、ハードウェアとソフトウェアに分離し、多様な再結合を可能にするようになる。

アリストテレス以来の「物質と情報の不可分」も、コンピュータ制御技術によって分離・再結合が可能になったとみることができよう。しかし、情報は遊離したままでは、存在できない。何らかの媒体（物質）との再結合が不可欠である。すなわち、記号やシンボルの媒体、さらにそれらを表示する媒体（紙やコンピュータ画面など）によって担われるのである。

「特定の物質に固着せず、物質から物質へ渡り歩く」という情報の特徴は、固着しないが媒体から遊離してしまわない、すなわち非固着性と遊離・再結合性にあるとみることができよう。

3.4 文字情報の継承と発展 ——人類の文明と言語、文字

Y. N. ハラリ［2011］は、歴史の道筋を決めたのは、3つの重要な革命だという。1つは約7万年前の認知革命、2つは約1万2千年前の農業革命、3つは500年前に始まった科学革命である。「認知革命」とは、7万年前から3万年前にかけて見られた、新しい思考と意思疎通の方法の登場、のことである[17]。

現生人類が約7万年前に獲得した新しい言語（音節）とそれを使いこなす言語技能は、舟やランプ、弓矢、針の発明、洞窟壁画などの芸術を生み出すなど、人類の「認知革命」をもたらした。限られた数の音声や記号をつなげて異なる意味を持つ文をいくらでも生みだせる。伝説や神話、神々、宗教、芸術などもつくりだす。言語は、膨大な量と多様な質の情報を創造・収集・保存・伝達することを可能にしたという[18]。

情報生産は、まさに言語によって切り拓かれ、爆発的な増加を生み出した

のである。まずは会話によって、やがて文字の発明によって新たな質と量の情報生産を生み出していく。そこには情報生産のもつ非物質的な特徴がみられる。

英国の分子生物学者ジョン・メイナード＝スミス他［2001］は、人類の言語進化をデジタル進化とみなし、音節、文字、電子化の3段階の発展と捉える[19]。

なお、上記の見方に共通しているのは、言葉を話し、統語法を使う能力が、脳などの言語器官に遺伝的に組み込まれたのは、ごく最近（数万年前）のことだとみなす点である。

それらの見方を「ビッグバン」・突然変異説とみなし、それに疑問を投げかける別の見方がある。話し言葉は、道具製作と同じように霊長類がつくりあげてきたものであり、その発明が脳や声の器官の生物学的進化を推し進めた。現生人類が数万年～10万年前にアフリカを離れるずっと以前から、話す、描く、象徴を使うといった技術を会得していたとみなす見解である。

話すことに適応するような特殊な脳拡大の過程は、200万年前に始まり150万年前以前にもっとも加速したという。象徴的な概念などを操作する人類の新しい脳の高い能力は、話すこと以外の複雑な仕事へも向けられた[20]。精巧な石刃、石臼、顔料などは、ヨーロッパの上部旧石器時代（4～5万年前）に特徴的なものとみなされてきたが、それらは28万年前のアフリカにあった。彼らがアフリカを出るとき、すでに描き、話し、歌い、踊る完全な現生人類だったという[21]。

認知革命は、技術と文化の連続的・加速的発展が特異点に達し、それ自体がバネとなって指数関数的な発展をもたらしたとみるのである。いわば連続的・加速的発展説である。先述の「ビッグバン」・突然変異説に対置されよう。

L.マンフォード［1952］は、表象能力の重要性に注目する。「人間とは、道具づくりである以前に、先ず映像（イメージ）をつくる者であり、言語製作者であり、いわば夢想家であり芸術家であった」。そして、道具づくりと表象づくりの資質が相並んで発達したとみる[22]。

L.マンフォード［1966］は、「話し言葉」を人類が獲得したことの画期的な意義を次のように述べている[23]。

「原初の人類の状態に置いて、整然とした話し言葉を得たことは、…完全な人間的状態に向かって最大の飛躍をしたことを証するものである。…音声表現の助けによって、人類は初めて社会的共有と相互的共感の範囲を広げた。

そして、ついに理解しうる話しことばの段階に達したとき、増殖する象徴的世界…を創り出した。意味の領域である。」「象徴をつくる能力は、あらゆる人間行動の基盤であり、本質である。」

言語は、人間の意思や感情を伝達する記号体系である。そして文字は、言語を伝達し記録するために、線や点を使って形づくられた記号である。文字の起源は、ものごとを簡略化して描いた絵文字であり、それが転用されたり、変形、簡略化されたりして、文字になったとみられる[24]。

文明とは、「文字情報の継承と発展によって生まれた言語的現象である」といわれる。農業生産の余剰が王朝を生み、王朝が絵文字をつくりだした結果、知識を文字情報として残すようになる。さらに次世代が、それを受け継ぐことで、文明と呼ばれる急速な技術蓄積が起きたのである。文明とは、「文字情報による知識の継承の結果、累積した技術進歩である」[25]。外部メモリとしての文字が、文明を生んだのである。

人類の文明は、文字とともに歩み、発展してきた。歴史は、文字とともにあったのである。世界中の古代文明のほとんどが、文字による記録をもち、多量の文献を残してきた。書かれた内容も、今では大部分明らかになっている。

3.5 情報生産の手段と対象 —— 書く道具と媒体

しかし、文字を書く道具や書かれた媒体については、これまでスポットをあてられることが少なかったようである。文字の記録に使用された道具と媒体は、実に様々なものがある。書く道具と媒体が、文字の書き方や書体を決定し、ひいては書かれる文章のスタイルや内容にまで深くかかわってきたとみられる[26]。

媒体については、紙が出現する以前、粘土板、パピルス、羊皮紙、甲骨、石、竹、木などが使われた。紙の発明と普及によって、人類の文化は大きく進んだ。

紙の発明とともに、印刷が世界で最初に行われたのも、中国である。木版印刷に続いて、中国で最初に発明された活字印刷は、世界でもっとも使われた印刷形態である。しかし、漢字圏の国々では、活字印刷はそれほど流行しなかった。漢字は、きわめて多種類の文字の活字を必要とする。そのため、印刷作業が煩雑になるからである[27]。

西洋における活字印刷の発明者は、グーテンベルクといわれる。その優れた点は、まず活字の母型をつくったことにある。それによって、活字の互換性が確立され、印刷技術の普及に大きく貢献した。

書く道具としてはペン、ナイフ、筆、鉛筆、タイプライターなどが使われた。18世紀に登場のタイプライターは、文字や文章を書く環境として画期的な意義を持った。その改善と普及によって、欧米における文章表記は新しい時代に入る。

　日本語を書くための画期的な道具として、誕生したのが、ワードプロセッサー（略称、ワープロ）である。ワープロの登場は、新しい文房具の出現というだけにとどまらず、日本語を表記する環境そのものに画期的な変革を与える。「歴史的にみても、これほど大きな影響を与えた道具や機械はこれまで存在したことがなかった」[28]。

　その後、パーソナルコンピュータ（パソコン）の出現と制御・通信技術の発展によって、情報生産はさらなる飛躍を遂げるのである。

4　人間と自然の物質代謝と情報生産──問われる経済学仮説

4.1「人工的」世界の特異性と「非物質代謝」

　H. アーレントは、人間のつくり出す「人工的」世界の特異性、人間の「非自然性」に注目する。仕事は、人間の「非自然性」に関係する。人間は、自然とはまったく異なる世界、時間を超えて存続する世界、自然環境と際立って異なる「人工的」世界を作り出す、という[29]。

　平松［2021.5］も、情報の生産を「非物質代謝」として捉え直している。確かに人間は、「自然環境と際立って異なる…「人工的」世界を作り出す」。そして、自然の物質循環を量的に越え、これまでに無い物質循環までつくり出す。それを、「非物質代謝」と表現するのである。

　ただし「非物質代謝」には、「非物質」代謝という意味だけでなく、非「物質代謝」（「物質代謝」をしない）という意味も含まれており、注意を要する。「人工的世界」とは何か、「非物質循環」とは何かが問われよう。地球的環境は、巨大かつ複合的な物質循環によって成り立っているゆえ、正確な表現とはいえまい。「人工的物質代謝」を指すのではと推察される。

　しかし、「人工的」世界や「非物質代謝」は、「無」から創り出すわけではないし、自然環境と切り離された別世界でもない。広義には「大自然」の一部であり、宇宙と地球環境の法則世界のなかにある。

4.2 情報生産にみる物質代謝と「非物質代謝」

　物質代謝は、生体内で行われる物質の（分解および合成に関する）化学変化の総称、のことである[30]。マルクスは『資本論』において、物質代謝の概念でもって、社会的労働過程を自然過程の姿において捉える。生産において、人間は「素材の形態を変えることができるだけ」であり、自然の摂理を超えていない、という[31]。

　人間の労働を「人間と自然のあいだの1過程」とみなし、「人間と自然との物質代謝」とみなした。その媒介、規制、調整の過程において、重要なカギを握るのが、情報である。建てる前に「すでに頭の中で築いている」点が、建築師と蜘蛛・蜜蜂との違いである、とマルクスも述べている[32]。頭の中で事前に設計図を描き、それに沿って材料を加工し組み立てていく。さまざまな情報が発生し、制御しながら進めていく。

　労働過程は、「頭の労働と手の労働」から成り立っている。両者は本来、合一したものであるが、資本主義的生産のもとで分離・対立を深めていく[33]。

　「頭の労働」の側面は、まさに情報生産のプロセスにほかならない。情報生産にみる爆発的増加は、記号やシンボルで表示される媒体の生産・通信技術の発達によるところが大きい。情報生産は、まさに言語によって切り拓かれ、爆発的な増加を生み出したのである。

　平松氏は、情報の生産を人間と自然の間の物質代謝の中に位置づけるのは無理がある、という。情報の循環は、声や文字を媒介にして、人と人の間でなされているからだという。そして、情報生産を「非物質代謝」として捉え直している。

　確かに、情報の内容は非物質である。しかし、その内容は、種々の媒体（物質）によって担われる。音声も、物質である。人間の発声器官によって発せられ、電波を経由し聴覚を経て、脳細胞に届くなど、媒体を通して機能する。

　したがって、情報生産を「非物質代謝」とみなすことは、情報生産の一側面の把握にとどまり、人間と自然の物質代謝というより大きな枠組みを見落とすことにならざるをえない。情報生産も、人間と自然の物質代謝という枠を超えることはできないのである。

　そもそも、「非物質代謝」という概念が成り立つかどうかも定かとはいえまい。言語は、さまざまな会話や物語、芸術、科学などを生み出してきた。情報や知識の内容は、非物質であるが、それ単独では存在できない。音声、

文字、印刷物、電波、電子などの物質を媒介して、人間の目、脳（という物質）に届き理解して、新たな象徴を紡ぎ出す。それらは、すべて物質を媒介にしており、物質代謝のプロセスに他ならない。

4.3 地球的自然の物質循環と『資本論』にみる産業循環論
──「非物質的代謝」への視座

『資本論』では、人間と自然の物質代謝論に基づく独自な産業循環論が提示されている。

資本主義社会の下で、工業と農業、都市と農村の関係、いわば社会的な物質代謝が分断され、両者が対立する関係が生みだされる。両者の分断と対立が深刻化し、地域や産業の破壊と貧困化、さらには地球環境の危機が進行するなか、工業と農業、都市と農村のより高次な総合化が、人類の危機を克服するカギとなる。『資本論』は、そのように警鐘を鳴らし、提言している。

それを現代的に捉え直し「環境文化革命」として提示したのが、十名［2012］『ひと・まち・ものづくりの経済学』である。さらに十名［2017］『現代産業論』では、現代産業論として体系的に提示している。

ICTは、製品の小型化、物的生産からサービスへの転換を促すなど、経済のウエイト‐レス（weight-less）化を進める触媒となっている。それは、「経済の脱物質化傾向」と呼ばれている[34]。人間社会と自然の物質代謝における非物質性の比重を高めていることから、「非物質的代謝」と特徴づけることもできよう。ただし「非物質的代謝」は、「非物質代謝」とは異なる。似て非なるものといえよう。

「非物質的代謝」は、確かに人工の世界であるが、地球と宇宙の物質循環のなかで、さらに地球的自然の物質循環における、自然と人間との物質代謝に包摂され、その一部であるという制約を免れない。それゆえ、「非物質的代謝」としての独自な特徴を有しながらも、広義の物質代謝の枠内にあり、そこから遊離することはできないのである。

今日、深刻化している地球環境の危機は、地球的自然の物質循環が大きな変容を受けているだけではない。地球的自然の一部である人間そのものにおいても、有形、無形にまたがる物質代謝の深刻な危機が進行している。

「非物質代謝」論は、その独自な特徴を強調するあまり、自然の一部であるという巨視的な視点が欠けているといえよう。

4.4 経済学の「無限の自然」仮説を問い直す

　1960年代のなかば頃からスチーブンソン、ボールディング、バーバラ・ウォードなどにより提唱された「宇宙船地球号」は、無限地球観から有限地球観への発想転換を促した。

　世界に衝撃を与えたのが、ローマ・クラブ［1972］『成長の限界』[35] である。地球の有限性という立場から人類の破局を警告し、成長ゼロの定常状態への早期移行を提唱した。

　「成長の限界」をめぐって議論が巻き起こるなか、鋭く批判したのが芝田進午［1973］である[36]。「成長の限界」は「資本主義的成長の限界」に過ぎないと批判し、社会主義・共産主義のもとでの科学・技術の発展の無限性、その幾何級数的進行という命題を対置する。現実からかけ離れたその楽観論に対して、疑問や批判が集中した。

　今や地球の有限性がより明らかになり、地球の温暖化など地球環境の深刻な劣化を、誰もが日々痛感する時代を迎えている。

　これまでのような経済成長が今後、永遠に続かないことは明白であるにもかかわらず、経済成長論に囚われる人は今も少なくない。

　それはなぜか。先行きのことは考えようとしない風潮もさることながら、より深い影響を及ぼしているのは、「無限の自然」仮説が前提におかれている経済理論にあるとみられる[37]。経済学では、生産と消費が永遠に続くような議論が行われてきた。経済活動を具体的に支える物質循環やエネルギー収支の視点が欠けているとみられる。

　近代経済学では、需要と供給が繰り返されるが、それを支える物的・エネルギー的・エントロピー的な根拠は示されていない。

　マルクスが再生産を論じるときも、単純再生産と拡大再生産に分けているが、論じられているのは経済的価値にとどまる。拡大再生産では、資源の浪費と廃棄物の発生も加速され、地球的自然の限界を迎える時期は早まる。

　いずれも、ニュートン力学的な自然認識レベルにとどまっているとみられる。永遠で一様な時間と無限で摩擦のない均質な空間というニュートン力学の仮説は、「劣化しない無限の自然」という経済学仮説のベースになっている。

　A・スミスは自然を有限と見なし、その生産物も有限とした。D・リカードは、自然を有限と見なしながらも、外国貿易を入れることで無限の自然という仮説を立て、無限の商品を論じた。自らの経済理論の合理的説明のために、本

来有限な自然をあえて無限と設定したのである。

　リカードからミルへと続く古典派経済学において、「無限の自然」を仮説として経済を論じるスタイルが確立する。この自然観の転換こそ、問い直さねばなるまい。

　ワルラスの一般均衡理論における「絶対的な自由競争が行われる完全な市場」仮説は、ニュートン力学での「絶対空間」仮説に基づいている。ワルラスはそのことを明示するとともに、他方で「無制限に増加しうる生産物はあり得ない」と述べ、リカードやミルが無限の商品を経済理論の前提にしていることを批判している[38]。

　「無限の商品」を仮説としておくことで自然の問題を捨象し、多様な人間と人間の経済的関係を量的にのみ評価することが可能になり、数学を使った「科学」として踏み出す。労働さえ投入すれば、経済的価値は無限に増加する、とみなすようになる。

　そして、「無限の経済成長」が追求されるのである。資源の希少性をキーワードとする新古典派経済学（限界効用理論）においても、「無限の自然」仮説が無意識に前提とされている[39]。

　『資本論』は、古典派経済学の徹底した批判に基づいているが、「無限の自然」観を根底から批判し捉え直すに至っていないとみられる。マルクスは、自然の働きを明らかにしながらも、労働価値説を論じる際は、「劣化しない無限の自然」という仮説上での展開とみられる。

　「生産力至上主義」をめぐる議論は、『資本論』や史的唯物論を俎上に載せているが、近代経済学、マルクス経済学のいずれもの前提＝仮説とされる「（劣化しない）無限の自然」観そのものを問う議論には至っていない。

　問い直すべきは、経済学仮説としての「劣化しない無限の自然」観ではなかろうか。

　ニュートン力学は天上の運動を論じたが、地上の運動を論じるには産業のために発展した熱力学が不可欠であり、21世紀の経済学においても求められている。

　経済は、生物である人間が行う地上の活動であり、自然の生産を基礎にした活動である。それゆえ経済活動は、熱力学の法則と自然の物質循環から免れることはできない[40]。むしろ、非可逆的な自然の法則をふまえることで、従来の経済学に対して新たな知見（さまざまな制約と可能性）を与えるとみられる。

なお『資本論』では、労働過程を人間と自然の物質代謝として捉えるとき、自然の一部としての人間の物質的有限性を意識しているとみられる。それは、自然の有限性への意識でもある。

　一方、資本主義的生産がもたらす自然（すなわち土地と人間）の劣化にもメスを入れている。「資本主義的生産は…人間と土地との間の物質代謝を攪乱する…土地の豊饒性の持続の永久的自然条件をかく乱する…都市労働者の肉体的健康をも農村労働者の精神生活をも破壊する」[41]。

　「生産力の発展」を社会発展の機動力とする史的唯物論は、「無限の自然」観という歴史的制約を受けながらも、それを乗り越えようとする視点も内包しており、今なお人類発展への重要な指標とみられる。生産とは何か、生産力とは何かという重要な点において、現代においても示唆に富む洞察がなされているからである。

　しかし、地球環境の深刻な危機に直面する 21 世紀のわれわれは、そこに踏みとどまるわけにはいくまい。熱力学の法則と自然の物質循環をふまえ、生産、生産力、情報、物質代謝のあるべき姿と理論を再構築することが求められている。

　「生産力の発展」論についても、「劣化する有限の自然」という仮説に基づいて、根底から再検討することが求められているといえよう。

5 生産、生産力、技術とは何か

5.1 生産力の自動変革論を問い直す

　平松報告をめぐる議論において、「社会変革なしに自動的に社会が変わるというのは信じがたい」（竹内）との批判が出された。それに対して平松氏は、「広義には自動変革論といえる」としたうえで、「人がつくった生産関係を崩すのは人」で「意志による変革は当然」とされる。

　生産力は技術によって担われ、それに照応した生産様式を人がつくる。生産力との不適合が拡大すると、生産様式は寿命を終えて交代する。その論理から、機械制大工業が資本主義をつくり、ICT が資本主義を終わらせる、というのである。

　生産様式は人がつくるから、その変革も人が担う。一方、生産力は技術によって担われ、技術が生産力を変えていくという論理である。

　生産力の主役・主体は本当に技術なのか、「生産力とは何か」が問われよう。

その前に、「生産とは何か」をみておかねばなるまい。

5.2 生産とは何か

「生産力とは何か」という問いが、いま注目を集めている。生産力の発展が、自由の拡大、社会発展につながるとみるのが、マルクスの思想（史的唯物論）である[42]。ベストセラーの斉藤幸平［2029］は、それを「生産力至上主義」とみなし、定常型ゼロ成長社会をめざす新しい社会の障害になると批判する[43]。

「生産力」と聞くと、経済成長やGDPをイメージする人も少なくない。経済成長志向＝生産力至上主義とみなし、「生産力」そのもの、さらには「生産力の発展」への厳しい眼差しや批判へと連動する。

「生産力至上主義」論に対して、平松氏は「生産力と生産を混同している」と批判する。「生産力」と「生産」を明確に区別して論じるべきであるとの指摘は、至言である。それでは、平松氏の区分は理に適っているかどうかが問われよう。

平松氏は、「生産力」と「生産」は、「能力」とその「アウトプット」の関係とみる。

「生産力」は、「超歴史的に発展、成長を続ける」「生産を選択する可能性を与え、生産の自由を規定する」。一方、生産は、「生産力の具体的結実であり、使用価値の源泉であり、時の生産様式と社会的需要によって規定される」[44]。そこでは、生産力と生産の関係が、能力と結果の関係として捉えられている。

しかし、そのような捉え方は「生産力至上主義」、「生産力信仰」へと誘う道でもある。「生産力」そのものを問うには、「生産」とは何かをまず問わねばなるまい。両者の関係を、能力と結果とみるのは、現象論的な把握といわねばなるまい。むしろ、逆の視点から本質的に捉え直す必要がある。

1つは、本来まず「生産」という目的があり、それを担う手段、能力として「生産力」があるはずである。目的と手段として捉え直す必要があろう。

2つは、何よりも目的に位置する「生産」概念の捉え方が重要である。「生産とは何か」が、あらためて問われねばなるまい。

「生産とは何か」を考える場合、F.エンゲルス［1884］『家族、私有財産および国家の起源』の序文に示された、「唯物論的な見解によれば、歴史における究極の規定的要因は、直接的生命の生産と再生産である。…」の指摘が示唆に富む[45]。それを、現代的に読み解くと、「生産」とは何かが浮かび上がっ

てくる。

「生産」とは、社会が存立するための最も基本的な人間の活動である。その根幹をなすのは、人間の生命・生活の生産と再生産である。生産は、広義には①（生殖と子育てによる）生命の生産と再生産、②労働による生活資料の生産、から成る。両者は、根源的には統一されていたが、生産の発展過程において両者が分離・分化していくなか、②の優位性が高まり、①を規定するようになる。①が軽視され疎外される傾向が強まるなか、少子化の深刻化が社会の大きな問題となっている。

「生産力至上主義」論およびその批判論者のいずれも、「生産」の捉え方に問題があるのではなかろうか。「②労働による生活資料の生産」視点に偏っている、あるいは囚われているとみられる。最も基本であるべき「①（生殖と子育てによる）生命の生産と再生産」は軽んじられ、ほとんど視野に入っていないのではなかろうか。

十名［1973］は、上記の①と②を、「人間そのものの生産」と「物質的富の生産」として捉え直している。また「人間そのものの生産」については、「種の繁殖」すなわち「生殖と子育て」にとどまらず、さらに「科学・技術の生産」へと視野を広げている。科学・技術労働は、「生命活動の普遍性に由来する」とみなしてのことである。

なお、平松氏のいう「生産力の具体的結実」とは、「生産」ではなく、「生産物」を指すとみられる。生産、生産力、生産物の関係は、目的、能力・手段、結果の関係として捉えることができる。平松氏のいう「能力」と「アウトプット」の関係は、生産力と生産の関係ではなく、生産力と生産物の関係に他ならない。

5.3 生産力とは何か —— 技術・労働・組織への視座

「生産力とは何か」が、あらためて問われている。筆者は次のように捉える。「生産力」とは、社会が存立するための人間の活動力のことである。社会・経済を構成する各種の組織が行うことのできる生産の能力のことである。

日本の社会科学では、次のような説明がみられる。

「使用価値の生産に役立つものとして一定の社会に属しているもろもろの力の総称」（河上肇［1930］）。「人間の自然に対する制御能力」（置塩信雄（［1986］）、「生産するために人間が獲得している諸力」（『社会科学総合辞典』［1992］）[46] 等。

『資本論』においては、生産力は「労働の生産力」として捉えられ、技能、

科学、技術、組織、生産手段、自然条件が主要な構成要素として取り上げられている[47]。

　生産力は労働力と生産手段から、生産手段は労働手段と労働対象から、構成される。労働手段は、生産技術の発達水準に規定され、「文明の測度器」と呼ばれる。労働対象は、資源から材料・部品に及び、資源の賦存状況や探査・採掘技術、材料・部品の生産技術などに規定される。

　生産力は、労働力および生産手段の質と量によって、さらに各生産要素の社会的編成（組織と経営）によって規定され、社会的生産力となる。生産力の水準は、社会の発展の度合いを示し、労働力、労働手段、技術、組織、市場、知識などの質と量によって規定されるのである。

　生産力は、技術によって大きな影響を受けるが、それを担う労働力、組織、経営によって規定されている。組織とは、共通の目標を有し、目標達成のために、人々の諸活動を調整し制御するシステムのことである。労働過程における労働力の編成が、労働組織である。経済学においては、土地、労働、資本が「生産の3要素」とされてきた。組織の重要性が高まるなか、組織も生産の基本要素とみなされるに至っている。

　技術の中心は、労働手段としての機械にある。技術は、生産力の一構成要素である。生産力は、労働力、労働手段、組織、科学、技術、市場など多様な要素から成り立っている。それらを制御する人および組織によって、生産力は現実化し、社会的生産力となる。

　生産力の中心は機械ではなく、それを担う人であり組織によって制御されているといえよう。その制御（全体労働）を巨大金融資本が独占し、生産力の「暴走」による地球環境の破壊や格差・貧困をもたらしているのが、現代社会の構図である。

5.4 技術とは何か —— 地球性・社会性・階級性

　さらに技術とは何かについても、問い直す必要があろう。技術とは何か、生産・労働・消費などといかに関係するか、技術はいかに発展するか、などをめぐって、戦前から近年まで多岐にわたる論争がなされてきた。技術論論争とも呼ばれる。その中心に位置したのが、「技術とは何か」という技術の定義をめぐる論争である。「労働手段の体系」と捉える手段体型説と、「客観的法則の意識的適用」とみなす意識的適用説を軸にして行われた。

　そうした論争をふまえ、資源浪費と技術跛行の視点からアプローチしたの

が、十名［1981］[48] である。しかし、技術の定義をさらに深く捉え直すまでには至らなかった。現代的な視点から技術を捉え直す契機となったのが、「型」論である。有形と無形の包括的視点から、「型」を社会科学的に定義し直した。それを通して、過程の中で、文化・倫理との関係、時間と空間、有形と無形の視点を織り込み、生産のみならず消費の視点まで含めて、技術を捉え直すに至る。

　以上をふまえて、「技術」を次のように定義する。「技術とは、何かを作り出し享受する手段や方法あるいはその体系である」[49]。「手段や方法あるいはその体系」の中心に位置するのは、労働手段であり、生産物ではない。ICT（情報通信技術）の中心をなすのは、労働手段としての機械である。

　なお、「享受する」には、消費（および労働）の視点のみならず、評価や倫理すなわち社会・文化の視点も織り込まれている。技術は、人工的空間のなかだけに存在するものではない。その人工的空間および技術も、より広くは地球的自然の循環のなかに包摂される。いわば地球性を刻印されているといえよう。技術は、また社会の中で生成・発展し、社会的なニーズと深く関わるなど、社会性と階級性をも帯びているのである。

6 生産力と生産性を捉え直す
——「生産力の発展」論への新たな視座

6.1 生産力の中心は何か——「過去の労働」と「生きた労働」の関係

　筆者は、平松氏の「生産力の中心は技術、ICT が社会主義をつくる」論に疑問を投げかけ、「生産力の中心は人間、人がどのように発達するか」を織り込むべしとの見解を提示した。

　資本主義が、一方で労働と環境を破壊しながら、他方でその制御に向けてどのような人間をつくりだすか、その可能性を探るべきである。それがないと、自動化論に聞こえるからである。

　それに対して、平松氏は次のように応えられる。マニュファクチュアでは、「生きた労働」の結合…を新しい無償の社会的生産力として「生産力の創造」と捉えていた。そういう意味では、マニュファクチュアの時代そして現代の工芸品生産においては「生産力の中心は人そのもの」といえるだろう、と。

　マニュファクチュア時代は、「生産力の中心は人そのもの」であったが、生産量が数千倍に高まった現代では、生産力の中心は「過去の労働の歴史的

な産物」にシフトしたという。主役が、人という「生きた労働」から機械という「過去の労働」に代わったというのである。

その論理をもってすれば、「過去の労働」が圧倒的な力を持って君臨し、人間すなわち「生きた労働」を支配することになる。

6.2 現代資本主義にみる転倒した「生産力」像

確かに、現代資本主義社会においては、「過去の労働」としての技術や生産システム、金融システムなどが君臨し、「暴走」する様相を呈している。巨大金融資本の自由自在な価値増殖の手段となり、地球規模の環境破壊や富の集中、貧困・格差の深刻化を招いている。

しかし、そこにおいて主役をなしているのは、「過去の労働」である機械ではない。生産システム、金融システムなどの組織であり、それらを駆使する金融資本であり官僚組織である。

聴濤弘［2021］は、マルクスの「生産力」概念を「①人間それ自体、②協働労働、③私的所有のもとでの他者の物への転化（機械と同様）、④ある歴史的段階で我がものとして取り返すもの」の４点に整理している[50]。

上記の①②③が、巨大金融資本によって価値増殖手段として自在に組織され利用される。その結果、資本本位の生産力は、単なる量的生産力として、GDP指向、際限ない経済成長として現れ、さらに深刻な環境破壊や格差・貧困をもたらしている。

GDP（Gross Domestic Product: 国内総生産）、経済成長の数値には、負の側面すなわちマイナスもプラスとして加算される。巨大資本本位の大量生産、大量消費は、GDPや経済成長として表示される。それは、資源や労働力の浪費、生産物の大量廃棄につながり、環境破壊、人間の消耗をもたらす。そうした負の結果を修繕する諸活動、すなわち環境や労働力の修復費用や各種活動もまた、GDPや経済成長に加算されるのである。

6.3 あるべき「生産力」像と「生産性」概念の復権

「生産力」概念は今や、経済成長やGDPなどの量的生産力とみなされ負のイメージが強い。

そこで聴濤弘［2021］は、「生産力」概念をマルクスの諸文献に立ち返って問い直す。「生産力」は、『資本論』において「生産諸力」（複数形）、「生産力」（単数形）、「生産性」などとして表示され、単数形の「生産力」と「生産性」は

同じ意味で使われている場合も少なくない。その点に注目し、「生産性」概念を軸にして捉え直す。

「生産力」は、量的な概念とみなされるなど負のイメージが強い。そこで、「生産力」と「生産性」を区別し、人間本来の「生産性」として捉え直し、「生産性」概念の復権を提唱される。そのアプローチは、斬新で示唆に富む[51]。

人間本来の、疎外から回復した人間の労働や生活の力量として、「生産性」概念を捉え直し、資本論に依拠しつつ、新たな展開を試みられたものである。

このような人間本来の生産性向上は、分権的・分散的で、自由・公正を相互に尊重し、個性の役割を認め合う職場や地域において可能になる。さらに、協働によって人間が学びあい、育ちあう中で、個性の共生やハーモニーを尊重しあうことを通じて実現される。

なお、上記の提案には検討すべき論点もみられる。

1つは、「生産性」概念それ自体にも、否定的イメージが歴史的に刻印されていることである。

「生産性」は、資本主義的合理化のキーワードとして使われてきた。日本の大企業による生産性向上運動は、経営主導の労使関係の浸透のテコとなり、労働強化、搾取強化をもたらしてきた歴史的経緯もある。それゆえ、「生産性」概念は、「生産力」と同等あるいはそれ以上に手垢にまみれ、否定的に見られる傾向も少なくない。

2つは、「生産性」概念は元来、量的概念であるという点である。「ある商品を生産するために社会的に必要な労働時間」、すなわち「より少ない分量の労働がより大きな分量の使用価値を生産する力」の指数である[52]。量的概念に偏る傾向が強い中にあって、量的な指数概念でもって対置できるのか、が問われよう。

3つは、「生産性」概念の復権の論拠とされる『資本論』の記述は、むしろ本来の「生産力」概念とあるべき姿を提示したものではないか、という点である。

「最小の力の消費によって、自分たちの人間性に最もふさわしく最も適合した条件のもとでこの物質代謝を行うこと」[53]。それを、現代的にどう読み解くかが問われる。

「最小の力の消費」とは、「資源と労働の最小の消費」である。それを、「自らの人間性に最もふさわしく最も適合した条件のもと」で行う。

すなわち最小のインプットで、人間的な生産環境のもと、適合的なアウト

プットをするというバランスの取れた（人間と自然の）物質代謝像を提示したものである。

アウトプットをインプットで割ったものが、生産性指数である。生産性の向上は、（A）より少ないインプット（資源、労働）と（B）より多くのアウトプット（生産物、価値）という２つの方法がある[54]。

（A）＝節約志向に対し、（B）＝拡大志向といえる。『資本論』の上述は、（A）をベースにしたもので、（B）はみられない。

そこには、量的および質的な生産力の統合のあり方が示されている。それは、生産性にとどまらず、人間らしい労働、生産、消費などをも包括した物質代謝のあるべき姿、すなわち「生産力」の本来のあり方に他ならない。

なお前述の①②④には、本来のあるべき生産力概念も示唆されている。人間の尊厳と働く権利が確かな社会環境において、①②は本来のあるべき生産力として機能する。④が加わると、より人間らしい生産力になる。

「生産力」概念を、「生産」概念に立ち戻り、本来のあるべき姿として捉え直し提示すること、すなわち「生産力」概念の復権が求められているのである。

それは、人間らしい「生産性」概念の提唱とも共鳴するといえよう。共に手を取り合い、人間本来の「生産力」＆「生産性」概念を取り戻していくことが大切である。

6.4 「生産力の発展」論を問い直す —— 生産力の「劣化」と「発展」

聴濤弘［2021］は、『経済学批判』の「序言」、すなわち「生産諸力の発展がより高次な社会をつくる」という唯物史観の定式を再考すべしという[55]。

まさに、「生産力の発展」とは何かがあらためて問われている。

そもそも「人間と自然との物質代謝の大規模な攪乱」という今日の事態は、果たして「生産力の発展」といえるのかどうかが問われねばなるまい。40年前の小論[56]で、生産力および物質循環の「巨大化」をめぐって、その内実は「資源浪費と技術跋行」にあると捉え、変革と制御に向けた研究のありかたについて、下記のように提起したことがある。

「こうした今日の事態は、公害・資源問題における生産力の問題をクローズ・アップさせ、生産力に対する生産関係の内容規定、生産力の量的側面と質的側面の区別等、従来の史的唯物論の理解の一層の深化を迫っている。」

「公害・資源問題」は今や、地球環境問題へと拡大し深刻化するに至っている。

「人間と自然との物質代謝」における「自然」とは、原初の自然ではない。「多くの世代をつうじて人間労働を介して継続された変化の産物」[57] であり、人工的な変形を受けた自然（いわば「人工的」自然）に他ならない。

　「人間と自然との物質代謝」は、地球的自然の物質循環の中にあって、そこに変容を加える社会的な営みでもある。それは、「社会と自然との物質代謝」すなわち「社会的な物質代謝」に他ならない。

　今や、巨大化した人間の物質代謝は、自然的な物質循環の範囲を量・質ともに超え、逸脱するに至っている。地下資源の大規模な乱用などによって、地球的自然の物質循環の規模を超える物質を排出するとともに、従来にない新しい物質（有害物質・重金属・合成物質など）を排出し、拡散・蓄積が進行している。その深刻な影響は、地球温暖化問題などに出てきている。

　これらの多様な物質の循環を制御する力、社会的な物質代謝を持続可能なものにする力こそ、本来の生産力の核心をなすものである。

　現代金融資本本位の生産力は、2歳前後の巨大児に例えることができよう。地球という小さな部屋で、分別のつかない巨大児が暴れまわり部屋を傷めつけている、という構図が浮かび上がる。それは、生産力の「発展」とはいえまい。生産力の「暴走」あるいは「歪み」に他ならず、生産力の「劣化」として捉え直さねばなるまい。巨大児を分別ある大人へと変えていく。すなわち、生産力の「暴走」にブレーキをかけ分別ある制御力を高めていくことこそ、今日求められていることであり、「生産力の発展」の道筋といえよう。

6.5 地球環境と人間に適合的な生産力への転換

　「過去の労働」がどれほど巨大になり高度化しようとも、それを制御するのは生身の人間であり「生きた労働」である。社会や経営のシステム、技術は、過去の労働の産物であるが、搾取手段として利用され暴走することがないように、より人間らしく機能するように制御するのも、人間すなわち「生きた労働」である。

　生産力の中心が「技術、ICT」（＝「過去の労働」）の如く金融資本本位に制御されているのは、現代資本主義の倒錯した姿でもある。金融資本本位の生産力の「発展」は、生産力の「暴走」と「歪み」をもたらすなど、地球環境と人間・社会の深刻な破壊につながる。それを抑制しつつ、技術、ICT をより人間的なものに改良し、人間らしい「生きた労働」が生産力の中心として躍動するシステムへ、どのように転換していくかが問われている。

現代のシステムや技術は、複雑化・巨大化・ブラックボックス化して、その全体像やプロセスが把握できなくなるなど、技能離れ、脱人間化も不断に進行しつつある。今や、「見える化」が多くの分野でキーワードになっている。それに対し、人間の五感と洞察力で捉えようとするのが、伝統的な「型」の理論である。「型」論を社会科学的に捉え直し、それをふまえて「等身大」のシステム・技術づくりを提示しているのが、十名［2012］［2017］である[58]。

量的な拡大志向ではなく、質的な生産力の発展、すなわち巨大化した社会的物質代謝を持続可能なものにする制御力の発展が求められているのである。それは、「力の最小の消費によって、自分たちの人間性に最もふさわしく最も適合した条件のもとで、この物質代謝を行う」[59]ことである。まさに、地球環境と人間に適合的な生産力への転換である。

それは、生産力の中心を人間に、人間らしい制御に取り戻していく道に他ならない。

7 人間発達をめぐる『資本論』と21世紀の対話

7.1 工場と人間発達への視座 ──『国富論』と『資本論』にみる世紀的変容

経済学の名著は、その奥深い基礎に人間と労働の問題、働く人間の発達の問題をおいている。A. スミス［1776］『国富論』、K. マルクス［1867］『資本論』（第1巻）は、その代表作といえる。

スミスの経済学は、社会内及び工場内における分業の考察から始まっている。分業は、一方で労働生産力と人間の熟練・技巧および判断力を高めるとともに、他方では人間が単純な作業に固定化されると、発明力、豊かな感性、判断力、勇気などが損なわれ、知的・社会的な徳が犠牲にされるといった二面性を持つことを明らかにした。そして、人々の中に人間の性格のより高貴な側面をよみがえらせるには、公教育の制度を確立する必要があると主張した。

スミスは、資本主義時代における分業と交換の普遍的発展が、諸個人の欲求の多様化を促し、社会的接触の拡大を通じて全体的欲求に目覚めた社会的人間をうみだすことを明らかにした。

産業革命を経てスミスからほぼ1世紀後の機械制大工業の時代を生きたマルクスは、大工業に特有の労働と生活の急激な変貌を目のあたりにする。資本主義的生産が、さまざまな貧困・格差・人間疎外をもたらしつつも、人々

の社会的欲求の体系を絶えず拡大し豊かにしていくことを通して新しい型の人間をうみだすことをより明確にした。

歴史的に刻々と変容する労働と技術、さまざまな人間像の舞台となった工場空間、それらを多面的・系統的に描き出したのが、『資本論』である。

十名直喜［2008］は、「第9章　人間発達の経済学としての『資本論』」[60] において、独自な視点から『資本論』を捉え直し、現代的に提示した。

それをふまえ、さらに発展させたのが、十名［2012］『ひと・まち・ものづくりの経済学』の第9章である。「第9章　工場と人間発達 ─『資本論』にみる労働と学びの原点」では、『資本論』の協業と分業から大工業に至る章に現代的な視点から光をあて、3つの俯瞰図として捉え直している。

「図表 9-1 工場（協業と分業）の経済学」、「図表 9-2 工場法と人間発達」、「図表 9-3 人間発達空間の創造」は、本邦初のオリジナルな図表とみられる。

図表 9-1 は、マニュファクチュアの協業、分業から大工業に至るプロセスで人間労働の新たな可能性が切り拓かれるとともに、細分化・階層化が強まり人間抑圧の手段に転化する構図を提示する。

図表 9-2 は、人間抑圧から人間発達へと転ずる、歴史的に出現した社会的な好循環の構図を提示したものである。大工業が出現し、工場労働の非人間的実態が顕在化する。それを規制すべく誕生した工場法（罰則付き）が、労働者の「自らの時間」「自由時間」を生み出し、多面的発達を促していく。

図表 9-3 は、工場法の教育条項と保健条項がもたらす労働児童の発達、工場環境の改善、その両者が促す人間発達の可能性と未来を、『資本論』と『経済批判要綱』をふまえて図式化して提示したものである。

『資本論』の人間発達論を読み解くには、上記のプロセスが必要とみられる。しかし、それだけでは、現代的な課題に応える人間発達論には至らないであろう。俯瞰的な歴史比較や産業論、価値論など多面的な視点から捉え直す必要がある。そこから、より豊かな像を汲み出すことができよう。

7.2 ニュートン力学とアインシュタインの相対性理論にみる 17 世紀と 20 世紀の視座

A. ニュートンは、友人あての書簡で「私がかなたを見渡せたのだとしたら、それは巨人の方の上に乗っていたからです」と述べている[61]。

静止物体に働く力のバランスを扱う静力学は、ギリシア時代から長年月にわたり蓄積されてきた。ニュートンは、それらをふまえ、物体の運動につい

ての動力学を構築した。17世紀のことである。地球上では、物体の早さが光速よりも十分に遅く、重力が十分に小さい、地球的自然においては、従来の宇宙観もニュートン力学で十分説明できる[62]。

一方、A.アインシュタインの相対性理論では、重力は質量が時空間を歪ませることによって生じるとみる。アインシュタインは、時間と空間を結びつけることにより、万有引力などの諸現象を、「時空連続体の歪み」として捉え直した[63]。アインシュタインは、ニュートン力学の宇宙観（静止体の光速≠動体、物質≠エネルギー、時間はどこも同じ）に対して、新たな宇宙観（光速不変、物質＝エネルギー、時間の流れは異なる）でもって捉え直したのである。

しかし、アインシュタインの相対性理論は、ニュートン力学の否定ではない。地球的自然をふまえたニュートン力学の法則を超えて、より広い宇宙の世界を俯瞰する理論であり、ニュートン力学の法則をも包含しているのである。

7.3 『資本論』にみる19世紀資本主義の解明と21世紀への示唆

ニュートンとアインシュタインの関係は、『資本論』と現代人の関係になぞらえることができるのではなかろうか。

平松民平［2021.2.23］は、『資本論』の意義と限界について、次のように指摘する。

「『資本論』でもマルクスが言わなかったことの中に、現代資本主義理解に必要な重要な事柄が存在していると思う。マルクスの50％の敬意尊重と50％の否定がマルクスの正しい歴史的形象だと思う。」

確かに、『資本論』は19世紀の産物であり、歴史的制約を免れないことはいうまでもなかろう。しかし『資本論』ほど、資本の運動法則、資本主義の本質を体系的に深く分析した書は、その後も見当たらない。現代もなお、『資本論』を超える資本論、資本主義論は出ていないとみられる。

情報通信技術や遺伝子技術などの発展、金融資本の巨大化、社会、産業、工場、労働などの変貌、環境問題や貧困・格差問題の地球的深刻化などは、19世紀とは異なる様相を呈している。しかし、『資本論』で解明された資本の運動法則が全面展開する世界でもある。それゆえ、『資本論』の「50％の否定」ではなく、その肩に乗って、より広い視点から見渡し捉え直す、すなわち19世紀と21世紀の対話が求められているといえよう。

7.4 人間発達論への現代的な視座 ── 『資本論』の世界を超えて

●『資本論』の世界への現代的眼差し ── 専門化と全面発達、熟練

　十名直喜［2012］『ひと・まち・ものづくりの経済学』の「終章　環境文化革命と人間発達」では、分離・文化から人間主体の再結合・融合化へという視点から、捉え直している。さらに、現代産業論として体系的に捉え直したのが、十名直喜［2017］『現代産業論』である。

　『資本論』の機械制大工業論、人間発達論に対し、一面的発達・専門化と全面発達、職人的労働と熟練論、環境文化革命と知的職人、労働価値論と固有価値論の視点から現代的に掘り下げたものである。

　一面的発達（専門化）と全面発達の関係について、『資本論』では、大工業が促す人間抑圧と労働転換、工場法が促す教育と自由時間の視点から捉えている。一面的発達と専門化は、ほぼ同義とみなされている。

　しかし、「専門化」と部分労働への「特化」、「固定化」は、重なり合う部分も少なくないが、同義ではない。技を覚え身につけていくには、人は限られた専門（いわば「部分労働」）から入らざるを得ない。「一芸に秀でる」という言葉があるが、「1つの専門を究める」こととほぼ同義とみられる。さらに、「一芸は万芸に通ず」という格言もある。一芸を磨き究めるなかで、学びと創造のコツを見出し体得するからであろう。体得の意味を考え明示化するには、一般的な教養が必要で、教育の意義もここにある。

　『資本論』には、「一芸は万芸に通ず」、学びと創造のノウハウや手法などの視点はないとみられる。職人的熟練も、機械制大工業の下で破壊されたはずであるが、今も無限の可能性を秘めている。現代の熟練とは何かが問われている。筆者は、「システム的熟練」として提示している。

●労働価値論と固有価値論

　ものづくりは工業と農業にまたがっているが、工業に限定し、人工的な人間の営みとして捉える見方も少なくない。

　労働価値論は、無限の自然を前提に工業的産業における人間労働を対象にして、（リカードにより）一般化されたものである。18世紀後半から19世紀にかけて広がる作業労働（肉体労働）の同質性に着目した理論であり、当時の歴史的産物といえる。労働価値論における労働は、複雑労働と単純労働などに区分されるにとどまり、労働が生みだした財は「過去の労働」の塊とみなされる。

今や有限な地球という視点から、自然と人間の協働の営みとして、産業を捉え直すことが求められている。人間と自然の固有性に着目するラスキンの固有価値論は、示唆に富む[64]。

財を、「過去の労働」の塊としてみるだけでなく、働き様・生き様の凝縮したものとして、すなわち「型」として凝縮される習慣・伝統とそれを継承しつつ乗り越えようとする創造的な営みとして、文化的に捉え直すのが、固有価値論といえる。

● 環境文化革命と知的職人

十名［2012］の「図表終-1　産業・工場・主役の発展と環境文化革命」は、数百年にわたる社会、産業、工場、主役の変遷を俯瞰したものである。情報通信革命さらには環境文化革命への移行について、現代をその過渡期として位置づけている。

地球的自然と社会を保全し生かす方向で、農業と工業、サービス業の「高次な総合」システム化を進めていく。とくに、川を媒介に山・平野（里）・海の有機的なつながりと発展、人間との自然の豊かな関わり、人間らしい文化的な生活を再構築する。それを、環境文化革命として提示している。

資本主義的に疎外され分離・分化された状態から、人間的な再結合・融合化を図っていく。それを担う職人労働の現代的再生が欠かせない。それを担う主体として、知的職人、社会人研究者に注目する。

8 大工業論をめぐる20世紀と現代の視座
── 半世紀の時空間を越えて

8.1 半世紀前の大工業論文との再会 ──「25歳の自分」と向き合う

半世紀近く前に（ペンネームで）発表した拙稿を発掘されたのは、平松氏である。ICT論をめぐって対話している最中、「戸名直樹論文を発見」のメール（2021.2.13）をいただいた。戸名直樹（筆者のペンネーム）［1973］「大工業理論への一考察（上）」『経済科学通信』第7号および、同［1974］（下）『経済科学通信』第8号である。

その日のうちに平松氏へお送りしたお礼メールには、下記の文面をしたためている。その論文がもたらした、わが研究人生におけるインパクトの大きさを語ったものである。

「25歳、鉄鋼メーカーに勤めて2年半の頃に執筆し、掲載されたものです。

製鉄所での半年間の実習で体験した生産現場の迫力は、資本論の世界そのものでした。その衝撃を、資本論などに立ち返りつつ、芝田進午氏の理論と格闘したものです。

その後、本・論文・書評など200本・冊近く公刊してきましたが、最初の1本となったのが小論です。そこでの手応え、多くの反響が、その後の仕事・研究人生を方向づけたと言えましょう。」

1971年に鉄鋼メーカーに入社し製鉄所に配属されて、2年が過ぎた頃、大阪2部基礎研（森岡孝二氏主宰）に参加する。闊達な議論に刺激され、2〜3カ月で一気に書き上げた作品（上）である。公刊された初めての論文となる。

8.2 芝田進午氏の労働過程論＆科学・技術労働論

革新の息吹に満ちた1970年代初め頃、注目を集めたのが芝田進午氏の理論である。『資本論』をふまえて独自な労働過程論を提示し、切れ味鋭い科学・技術論や精神労働論を展開していた[65]。

芝田氏は、「研究の導きの糸となったのは、とくにマルクス主義の大工業理論（その一環としての科学・技術革命の理論をふくむ）ならびに大工業と資本主義の矛盾についての理論にほかならなかった」[66]という。

『資本論』では、資本主義的生産過程を「労働過程」と「価値増殖過程」の両側面から捉え、「労働過程」を自然と人間の物質代謝過程として位置づけている。一方、芝田氏は、労働過程を「労働の技術的過程と組織的過程の統一」として「労働過程の二重性」として把握する。

芝田氏のアプローチに対して当時、組織的過程を入れるということは、価値増殖過程を入れることになり、本来の「労働過程」論と異なり問題があるとの指摘もあったが、全体像に迫る批判はなかった。芝田氏の大工業論、科学・技術革命論に対して、異を唱えるのが難しい状況にあったとみられる。

しかし、製鉄所の生産現場からみると、「違和感」もすくなくない。「芝田氏が提示されるバラ色の力強い展望と現実の資本主義的矛盾の捉え方に対して、「ほんとうだろうか？」という疑問やひっかかり、あるいは一種の違和感」を懐く。その問題意識をもとに、正面から切り込んだのが、拙稿である。平松氏のメールで、半世紀近く前にタイムスリップし、当時の感触が脳裏をよぎる。

8.3 物質的富の生産と科学・技術の生産との関係 —— ICT論への視座

十名［1973］は、『資本論』第5章の「労働過程」について、次のように捉え直す。「物質的富の生産の「単純にして抽象的な諸要素」に関わる問題であり、社会的生産の特定の歴史的発展段階を前提とする機械制大工業あるいは科学・技術そのものの生産過程は直接の考察対象とはなっていない」。

一方には本源的（「人間の一切の社会形態に等しく共通」）な労働があり、他方には資本主義社会において発展した（「特定の社会的形態」の）科学・技術労働がある。芝田氏の理論には、両者の混同がみられる。

そのように批判した上で、芝田理論を超える新たな視点を提示する。

まず、「物質的富の生産と人間そのものの生産という史的唯物論の基本」視点から捉え直すことである。それをふまえ、「物質的富の生産と科学・技術の生産との間の分業という新しい観点」を提示する。

さらに、それをふまえ、独自な「科学・技術労働」論を提示する。「科学・技術労働は、科学・文化・技術の生産として、人間そのものの生産にかかわる問題」である。「科学・技術労働は元来、人間の生産力＝生命活動の普遍性に由来するものであり、全体労働者としての人間の機能に属する」。

「物質的富の生産…にあたって持ち込む分業は、労働の分割であり、細分化であり、部分労働の極限までの発展」である。「分業が、資本主義的価値増殖の担い手になった場合に、全体労働の役割はいかなるものか」と問いかけ、「ここにこそ、実は問題の核心がある」としている。

全体労働の一翼を担う科学・技術労働も、資本主義的価値増殖の担い手として組織される。その結果、剰余価値生産の持つ官僚的・支配秩序が、科学・技術・芸術など創造活動の領域まで浸透する。人間の自由な創造的領域、内面の自由な世界にまで、剰余価値秩序が浸透し、深刻な疎外状況を生み出すに至っている。

今や市民生活にまで深く浸透し、大人から子供に至るまで、数時間から十数時間にわたって、スマホなどに縛られている。巨大 ITのシステムが、公的な情報交流のプラットフォームを占有し、人間の自由時間、思索、内省の領域にまで浸透・管理するに至っている。それがもたらす疎外の深刻さ、闇の深さは、想像を絶するものがあると推察される。

芝田氏との論争で扱ったテーマは、より現代性を帯びているといえよう。

8.4 科学の普遍性、大工業＆情報財の革命性と人間発達

　芝田進午氏は、「科学・技術労働＝全体労働を、物質的富を生産する部分労働から捨象してきて、一般的に労働過程として取り扱い、本来、この労働は価値増殖の担い手たりえない」という。芝田氏の科学・技術革命論は、「価値増殖の担い手たりえない」とみなしての科学・技術労働の「革命性」に依拠したものである。

　芝田氏は、「科学の普遍性」に注目する。科学の普遍性は、階級社会における不均等発展の法則を止揚する、共同体的ならびに私有財産的制限を超越する本質をもつ、共産主義を志向している、というのである。

　上記にみる芝田氏の見解は、情報財をめぐる平松氏の見解と共鳴し合うように感じられる。平松氏は、情報財のもつ革命性を次のように捉えている。

　物質財から情報財へのシフトに伴い、所有も変容する。物質財は所有（私的、社会的所有）を伴うが、情報財は共有でき私的所有なしに自由に利用できる性質をも持つ。情報財は、「所有なき財」である。それゆえ、「資本主義に不適合な財」であり、「超共有」の共産主義に適合する財である。

　平松氏は「情報財の共有性」が共産主義に適合するとし、芝田氏は「科学の普遍性」が共産主義を志向するという。両者は、いずれも共産主義と未来社会を見据えて論じられているといえよう。

　芝田氏は、科学の普遍性、大工業および科学・技術労働の革命性など、それぞれに内在する本来性が資本主義の終焉をもたらすという。

　芝田理論に対して、十名［1973］は、部分労働と全体労働の視点、およびそれをふまえての人間発達の視点から批判する。

　『資本論』における大工業の革命性は、その技術的革命性だけにあるのではない。労働者階級に全体性回復への手がかりと物質的基礎をあたえる点を重視し、そのような人間発達が資本主義社会の止揚を迫る。

　部分労働と全体労働の概念は、資本主義的な協業を媒介にして出てきたものである。分業によって、両者は対立的に発展する。さらに、大工業のもとでのその極限までの発展は、全体労働の発展にも障害となる。「その矛盾は、部分労働（個別的人間労働）における全体性の復活＝全体労働への止揚＝人間本来の諸機能のより高次な段階での回復、によって真の解決を見る」（十名［1973］）のである。

　十名［1973］は、部分労働の全体性回復、人間発達が資本主義社会の変革

のカギを握るとみたのである。

半世紀近く前の芝田・十名論争は、種々の限界をはらみつつも、現代的な課題とも切り結ぶ側面を有しているとみられる。

それは、ICTと資本主義との関係を問い直し、ICTの技術とその発展・利用のあり方をどう評価するのかを考える上でも、示唆を与えている。

9 おわりに

9.1 平松＆芝田氏との対話が切り拓くICT論

平松氏の「資本主義とICT」論は、生産力と生産様式、技術と組織・経営、労働、大工業とICTなど論点は限りなく広く深い。さらに、半世紀近い前にペンネーム（戸名直樹）で発表した小論（十名［1973］「大工業理論への一考察」）を発掘されて、それへのコメントもいただく。小論は、期せずして、それらを俎上に載せての考察となった。

十名直喜［1973］は、芝田進午氏の科学・技術革命論、精神労働論と対峙するなかで、生産力と生産様式、大工業、技術と組織、科学・技術と労働、全体労働と部分労働、人間発達などについて論じている。今日、本章での考察のほとんどが、そこで論じられているのである。半世紀前の自分と対話し、驚きつつ学ぶ直す今の自分、という構図に注目したい。

芝田氏と平松氏が取り上げる論点も、半世紀の隔たりはあるが、重なり合う部分が少なくない。『資本論』を軸にして「現代」と「未来」を論じている部分も共通する。

半世紀前には、芝田理論への違和感（製鉄所現場とのずれ）が、十名［1973］の起点となりバネとなった。21世紀の今、それによく似た感覚を、平松氏のICT論に懐いたのである。その違和感を起点にまとめたのが、本章である。それゆえ、平松氏が十名直喜［1973］に注目されたことに、半世紀にまたがる絆を感じざるを得ない。芝田理論と平松理論に共鳴し合う側面も感じた次第である。

芝田氏は、科学・技術労働の本来的性格は資本主義と矛盾すると捉え、科学・技術革命の推進力になるとみた。平松氏は、ICTの技術が資本主義を終焉に導くという。両者の類似性に思いが及んだのも、平松氏の小論発見のおかげといえよう。

芝田氏は、哲学・経済学・社会学、そして科学・技術・労働などにまた

がる屈指の理論家であり、知の巨人である。平松氏は、ソニーで40年近く働きつつ（『資本論』などを）学び研究してきた技術者＆社会人研究者である。ICT現場での知見をふまえた考察には、独自な深みと迫力がある。芝田理論と出会った半世紀前の興奮を想起させる。

半世紀ぶりの（25歳の自分との）対話、さらに現代的視点からの議論、それに基づく考察は、スリルに富む。それを促す場となったのが、働学研（博論・本つくり）研究会である。第17回働学研（2021.1.23）に平松氏が参加されたのが、起点となった。

9.2 聴濤氏との対話が誘う生産力論の新地平

第19回働学研（2021.3.20）には、聴濤弘氏が新たに参加された。「第2分科会　資本主義と人間発達—生産力＆物質代謝論の新地平」に興味を持たれてのことである。

その夕方、聴濤氏から電子メールをいただき、そこから新たな研究交流が始まる。

「まさにいま私が中心的に考えている問題でした。私はマルクスのいう「生産力」とはそもそも何かを捉え直し、今日出た諸問題を論じた本を、つい先日、「かもがわ出版」から上梓しました。」

そこで、お互いの近刊本の交換をお願いすると、新刊本（聴濤弘［2021.3］『マルクスの「生産力」概念を捉え直す』かもがわ出版）を送っていただいた。それに対するコメントを早速お送りする。

「生産力、情報、技術、労働、物質代謝などについて、マルクスの膨大な著作をふまえて、実に深く創造的に考察されています。…

最新の議論や研究も織り込まれ、実に鮮やかな切り口と拝察します。みずみずしい感性と視点は、85歳を感じさせない迫力があります。」

一方、十名［2020.2］『人生のロマンと挑戦』社会評論社および十名［2021.1］「産業イノベーションと環境文化革命」『SBI大学院大学紀要』に対して、聴濤氏からコメントをいただいた。

「ご論稿、拝読しました。大いに共鳴します。基本的論点である、技術革命と社会革命の両立と新たな結合、産業イノベーションと環境文化革命というご主張に全く賛成です。ということは基本点で共鳴するということです。

各論に入ったところで「型」、「有形」、「無形」問題について「無形」の価値がますます増大していることについても大いに賛成です。私は「生産性」

を強調しましたが（拙著では労働者の問題と環境問題に限って論じていますが）、文化・産業のあり方も視野に入れなければならいと教えられました。「生産性」の内容を現代にそって豊かにするということです。

　とても重要と思ったのは、私は「生産性」を我がものにとりかえすことを強調しましたが、それはまさに社会人が「働き・学び・研究する」ことであると思いました。企業の経営を学びとることをしなければ、我がものにすることはできません。個人の人生ということにとどまらない問題だと感じました。また社会の転換期には哲学が必要というのも卓見と思いました。」

　聴濤氏との本・論文の交換、そして読後感の交流は、さらに聴濤弘［2021.3］書評会の提案・実施へと展開する。

　聴濤弘［2021.3］には、平松氏の作品も取り上げられている。そこで、平松氏にはそれへのリプライも含めて書評をお願いするとともに、聴濤氏には書評へのリプライをお願いする。そして、両者へのコメントを小生が担当する。

9.3　働学研での対話の魅力とダイナミズム

　そのような形での書評会を、第20回働学研（202.4.17 オンライン）の第3分科会で行い、刺激的で示唆に富む議論がなされた。

　書評（平松）、リプライ（聴濤）、総括コメント（十名）をふまえての全体討論（20数分）では、多くの方から貴重なご指摘をいただいた。

　「生産力については、消費者の欲求に適合したあり方を考えるべし」（小野）。

　「地球環境破壊や人間の生存の危機を招いている今日の生産力は、生産力の発展といえるのか（野口）。

　「環境容量の枠内での技術、システムのあり方を考えるべし」（槌田）。

　「史的唯物論ということで唯物論を前提に議論されているが、年齢を重ねるほど心の重要性を感じている。これをどう解くのか」（岩田）

　「物質的労働が基本をなす一方で、非物質的な生産や労働の比重が高まり、人間発達や幸せのあり方への欲求の強まりがみられる。両者を統合的にどう捉えていくか。」（中谷）など。

　第3分科会の熱気と手応えは、終了後も続く。9本（報告者相互4本、参加者5本）のメールが、研究会終了後の1日以内に届いた。参加者の感想・コメント5本（濱、藤井、中野、小野）は、質量ともかなり高く重いものがある。

　これらの論点や課題については、小論でも取り上げているが、すべてに応える時間＆能力もない。働学研で共有し、これからも発表や議論を通して多

面的な角度から取り上げていきたい。

　小論はまさに、そうした多様な出会い、学びあい、磨き合いの知的空間、交流の広場から誕生したものである。

【注釈】

8　平松民平「資本主義の余命はどれくらい残っているか…」2020.10.04 基礎研大会報告。
　　平松民平［2021.5］「第2章　大工業から AI、NET 革命へ—相対的剰余価値の生産」基礎研編『時代はさらに資本論　—資本主義の終わりのはじまり』昭和堂。
9　十名直喜［2012］『ひと・まち・ものづくりの経済学—現代産業論の新地平』法律文化社
　　十名直喜［2017］『現代産業論—ものづくりを活かす企業・社会・地域』水曜社、他。
10　平松民平「十名直喜「ICT が問い直す生産力、技術、露道、物質代謝論—平松民平氏「資本主義と ICT」論をふまえて」を読んで」（2021.2.25）
11　十名直喜［1973］「大工業理論への一考察（上）」『経済科学通信』第7号十名［1974］「（下）」第8号。戸名直樹のペンネームで発表。
12　十名直喜「1993」『日本型フレキシビリティの構造』法律文化社。
　　「第4章1　日本型企業社会にみる前近代性の構造—渡辺治『『豊かな社会』日本の構造』の検討をふまえて」＆「第5章　日本型ヒューマンウェアの内と外—島田晴雄『ヒューマンウェアの経済学』へのコメントを通して」。
13　十名直喜［2021.1］「産業イノベーションと環境文化革命—ポストコロナ社会への歴史的視座」『SBI 大学院大学紀要』第8号。
14　質問1：社会変革なしの自動的変革論であるが、現実は IT 化により bullshit ジョブは増大している（竹内）。
　　質問2：デジタル社会においても、やはり物質は重要である（高田）。
　　質問3：「生産力の中心は技術、ICT が社会主義をつくる」とあるが、生産力の中心は人間であり、組織である（十名）。
　　質問4：富に関して情報と通信サービスに限られていて、富を狭く捉えている（吉田）。
　　質問5：情報が資本と所有から離れているというが、現実は逆とみられる（野口）。
15　フリー百科事典『Wikipedia』「原子」、「原子論」、「電子」、「電子工学」、「レプトン」参照（2021 年3月28日アクセス）。
16　中村静治［1987］『情報の技術と経済学』有斐閣。
17　Y.N. ハラリ［2011］『サピエンス全史—文明の構造と人類の幸福（上）』（Sapiens : A Brief History of Humankind by Yuval Noah Harari）柴田裕之訳、河出書房出版社、2016 年、第1章。
18　Y.N. ハラリ［2011］、前掲書、第2章。
19　J.M. スミス /E. サトマーリ［2001］『生命進化の8つの謎』長野敬訳、朝日新聞社。
20　S. オッペンハイマー［2003］『人類史の足跡 10 万年全史』（Out of Eden ; The Peopling of the World by Stephen Oppenheimer）仲村明子訳、草思社、2007 年、

「エピローグ」。

21 S. オッペンハイマー［2003］、前掲書、第 2 章。

22 L. マンフォード［1952］『芸術と技術』（Art and Technics by Lewis Mumford）生田勉訳、岩波書店、1954 年、1 芸術と表象。

23 L. マンフォード［1966］『機械の神話』（The Myth of the Machine Technics & Human Development by Lewis Mumford）樋口清訳、河出書房新社、1971 年、第 4 章。

24 フリー百科事典『Wikipedia』「文字」参照（2021 年 4 月 8 日アクセス）。

25 クーリエ・ジャポン「「文字の誕生」で人類は何ができるようになったのか？」https://courrier.jp/columns/104945/。(2021 年 4 月 8 日アクセス)。

26 阿辻哲次［1991］『知的生産の文化史』丸善、序章。

27 阿辻哲次［1991］、同上、第 2 章。

28 阿辻哲次［1991］、同上、第 4 章。

29 H. アーレント［1958］『人間の条件』志水速雄訳、ちくま学芸文庫、1994 年。

30 フリー百科事典『Wikipedia』「物質代謝」参照（2021 年 3 月 28 日アクセス）。

31 K. マルクス『資本論』第 1 巻、第 1 章。「労働は素材の富の父であり、土地はその母である」というウィリアム・ペティの名句も付している。「土地」は、自然を意味する。

32 K. マルクス『資本論』第 1 巻、第 5 章。

33 K. マルクス『資本論』第 1 巻、第 14 章。

34 D. コイル［1997］『脱物質化社会』（The Weightless World by Diane Coyle）室田泰弘他訳、東洋経済新報社、2001 年。

35 D. H. メドゥズ他［1972］『成長の限界』大来佐武郎訳、ローマ・クラブ「人類の危機」レポート、ダイヤモンド社、1972 年。

36 芝田進午［1973］「「地球破局」論と科学＝技術革命」（『現代と思想』第 12 号、1973 年 6 月。

37 中村　修［1995］『なぜ経済学は自然を無限ととらえたか』日本経済評論社。

38 L. ワルラス［1874,77］『純粋経済学要論』久武雅夫訳、岩波書店。

39 中村　修［1995］、前掲書、第 3、4 章。

40 中村　修［1995］、前掲書、第 2 章。

41 K. マルクス［1867］『資本論』第 1 巻第 13 章。

42 史的唯物論が確立するのは K. マルクス /F. エンゲルス［1845-46］『ドイツ・イデオロギー』、それを定式化したのが K. マルクス［1859］『経済学批判』「序言」、さらに「序言」を理論的に実証しようとしたのが『資本論』、とみられる（聽濤弘［2021.3］『マルクスの「生産力」概念を捉え直す』かもがわ出版）。

43 斉藤幸平［2020］『人新世の「資本論」』集英社新書、第 4 章。

44 平松民平［2021.2.21］「斉藤幸平『人新世の「資本論」』を読んで」。

45 F. エンゲルス［1884］『家族・私有財産・国家の起源（村井康男・村田陽一訳、国民文庫、大月書店、1954 年）序文。

46 河上　肇［1930］『第二貧乏物語』改造社（新日本出版社、2009 年）。置塩信雄［1986］『現代資本主義と経済学』岩波書店。社会科学辞典編集委員会編［1992］『社会科学総合辞典』新日本出版社。

47 K. マルクス『資本論』第 1 巻、第 1 章。「とくに労働者の技能の平均度、科学と

その技術的応用可能性の発展段階、生産過程の社会的結合、生産手段の規模および作用能力によって、さらにまた自然事情によって、規定されている」(大月書店、1968年、54ページ)。

48 十名直喜［1981］「技術論争—資源浪費と技術跛行をめぐって」『講座 現代経済学V』青木書店。北条豊のペンネームで発表。

49 十名直喜［2012］、前掲書、および十名直喜［2017］、前掲書。

50 聴濤弘氏は、マルクス／エンゲルス［1845-46］『ドイツ・イデオロギー』をふまえ、「生産力」を4点に整理している。聴濤弘［2021］『マルクスの「生産力」概念を捉え直す—社会変革の新しい道筋のために』かもがわ出版、60-1ページ。

51 聴濤 弘［2021］、前掲書、第5章。

52 K.マルクス［1867］『資本論』第1巻第10章。

53 K.マルクス［1894］『資本論』第3巻第48章。

54 かつて日本企業の生産性向上運動は、「(B)より多くのアウトプット」の追求には力を入れるも、「(A)より少ないインプット」の追求は相対的に軽視された。労働強化やサービス残業によって(A)の見かけの増大を防ぐなど問題点も少なくなく、本来の生産性向上とは程遠いものであったとみられる。

55 聴濤 弘［2021］、前掲書、「まえがき」＆序章。

56 十名直喜［1981］「第5章 技術論論争—資源浪費と技術跛行をめぐって」、前掲書。

57 K.マルクス［1867］『資本論』第1巻第5章。

58 十名直喜［2012］、前掲書。および、十名直喜［2017］、前掲書。

59 K.マルクス『資本論』第3巻第7編第48章。

60 基礎経済科学研究所編［2008］『時代はまるで資本論』昭和堂の第9章(十名直喜「第9章 人間発達の経済学としての『資本論』」)参照。

61 フリー百科事典『Wikipedia』「巨人の肩の上」参照(2021年4月1日アクセス)。

62 フリー百科事典『Wikipedia』「ニュートン力学」など参照(2021年4月1日アクセス)。

63 フリー百科事典『Wikipedia』「一般相対性理論」「アインシュタイン」など参照(2021年4月1日アクセス)。

64 池上 惇［2003］『文化と固有価値の経済学』岩波書店、第1章。

65 芝田進午［1971］『科学＝技術革命の理論』青木書店、芝田進午［1966］『現代の精神的労働(増補版)』三一書房他。

66 芝田進午［1971］、299ページ。

第3章
生産力至上主義と「無限の自然」仮説を問う
― わが半世紀の産業・企業研究と経営哲学をふまえて ―

1 はじめに ── 「私の1冊」と仕事・研究人生

　故・川西重忠氏（前アジア・ユーラシア総合研究所代表理事・桜美林大学名誉教授）との出会いと交流は2年余と短いが、限りなく深いものがある。その余韻は、今も美しい調べを奏でている。

　「あなたの1冊は何ですか」。川西氏から質問されたのは、経済社会学会（2017年9月）の昼食時のことである。直前の共通論題において、筆者は「日本的な働き方と変革への視座──働くことの意味とあり方を問い直す」というテーマで主催校を代表して報告した。「実に良かった」と過分なお褒めをいただく。

　質問は、その直後のことであった。突然の真摯な問いかけに、思わず食べ物が喉に詰まりそうになる。少し間をおき、「『資本論』といえるかもしれません」とお応えした。研究人生に踏み出す最初のきっかけを与えてくれた本であり、わが青春の匂いがそこに込められているからである。

　ただ、「私の1冊」を『資本論』というのは、おこがましくも感じる。青春時代は、そう言えるかもしれないが、その後は『資本論』をひも解くことも減っていくからである。しかし、『資本論』との出会いは、働学研の仕事・研究スタイルの起点となり、紆余曲折を経つつも、わが産業・企業研究の隠れた砥石になってきた。そうみると、「私の1冊」との直感は、的を射ていたのかもしれない。

2 製鉄所現場の息吹と『資本論』

　大学では「マルクス経済学」を学び、1971年、高炉メーカーに入社する。日本鉄鋼業の最盛時で、「鉄は国家なり」と称された。製鉄所に配属され、半年間にわたる新人実習中に、独身寮の部屋で初めて紐解いたのが、K.マルクス『資本論』（第1〜3巻）である。

巨大な高炉や転炉、圧延工場などの労働現場は、まさに『資本論』が描く世界そのものの如く目に映る。難解な論理も、それほど気にならない。鉄鋼生産現場の最前線に踏み込んだ衝撃の深さが、また1970年代初めという時代的雰囲気が、そうした行動に駆り立てたのかもしれない。

　半年余の現場実習の後、鉄鋼原料管理の仕事に就いた。その後、退職するまでの21年間、高炉を擁する製銑部門（技術部門）で働き、事務・技術・技能が渾然一体となった現場でのホットな体験や知見に学びつつ産業研究を進めた。

　そうした中から紡ぎ出された最初の拙稿が、十名［1973］「大工業理論への一考察—芝田進午氏の所説に触れつつ（上）」である。鉄鋼生産現場の視点から、科学・技術・労働の関係を理論的に考察したもので、入社後、3年目のことであった。

　大工業において、労働過程および科学技術をどのように捉えるべきか。このテーマをめぐって、注目を集めていた芝田進午氏の所説（『科学＝技術革命の理論』や『現代の精神的労働』など）に焦点をあてる。生産力と生産様式、技術と組織、科学・技術と労働などについて、マルクスの『資本論』や『経済学批判要綱』に立ち返り、物質的富の生産と科学技術、部分労働と全体労働の分業という視点から捉え直した。

　そこでの手応えが、生産現場での研究へとわが身を駆り立てていく引き金になった。それを機に、大工業論、資源論、技術論、労働論へと働きつつ研究を進めていく。製鉄所勤務の20代半ばから30代初めにかけてのことである。

　半世紀を経た今、新たな論稿「ICTが問い直す生産力、技術、労働、物質代謝論—ポストコロナ社会への歴史的視座」をまとめて公刊したが、主要な論点の多くはすでに半世紀前に提示し論じていることに、驚いている。

3 理論から実証そして体系化へ —— わが原点に立ち返る

　十名［1973］は、最初の論文で、働学研の人生を切り拓いた記念碑的作品なった。それと一緒に掲載されたわが随筆が、「働きつつ学び研究することの意義と展望」である。

　「諸産業分野の労働者が自らの手でもって、内在する諸問題を解明し、政策化し、積極的に組織化していく」ことの歴史的な意義と必要性を訴えている。

「働きつつ学び研究する」という言葉は、「労働は生命のランプに火を注ぎ、思考はそれに火を点ずる」というジョン・ベラーズの名句（『資本論』第1巻第13章）から閃いたものである。

なお、製鉄所現場で働きながら、経済理論だけで研究を続けていくことは難しい。そこで、抽象から具象へ、そして臨場感をもって日々取り組むべく、自らが従事する仕事、産業、技術、経営を研究対象としたのである。原料管理の仕事を通して鉄鋼原料問題の実証分析へ進む。

そうした働学研の仕事・研究スタイルは、日本の財界リーダーであった鉄鋼業とくに大手高炉メーカーの労務管理の枠組みを踏み越えていたとみられ、厳しい処遇を余儀なくされる。そこでの悩みと葛藤は、研究や生き方などの悩みへと波及する。何とかギリギリで凌ぎつつ、鉄鋼産業をモデルとして実証研究を深めていった。それにつれて『資本論』離れも進む。

そうしたなかから紡ぎ出したのが、鉄鋼3部作（『日本型フレキシビリティの構造』法律文化社 1993.4、『日本型鉄鋼システム』同文舘 1996.4、『鉄鋼生産システム』同文舘 1996.9）である。

その後、四半世紀を経て、『資本論』に立ち返ったのが、『ひと・まち・ものづくりの経済学』（法律文化社 2012.7）である。『資本論』が示す人間発達論、工業と農業の「より高次な総合」論などに光をあてつつ、克服すべき論点、視点にもメスを入れる。産業研究を深めるなか、青春時の研究の出発点であり原点でもある『資本論』に立ち戻り、広義の「ものづくり経済学」としてまとめたものである。

『資本論』から離れて探求するなか、立ち戻ったのが、わが青春に深い彩を与えた『資本論』への新たな眼差しであった。

そうした紆余曲折を経ての『資本論』である。それゆえ、「私の1冊」と呼べるかどうか。はなはだ心許ないが、川西氏からの突然の質問に、思わず飛び出したのが『資本論』であった。そこから新たなドラマが始まる。

4 ポストコロナ社会への歴史的視座
──川西氏との出会いが紡ぎ出すドラマ

川西氏にお会いして対話したのは、1時間足らずにすぎない。しかし、その出会いが、様々なドラマを紡ぎ出すことになる。「私の1冊」は早速、ご編著（川西重忠編［2018.2］『生涯読書のすすめ（増補改訂版）』アジア・ユーラシア

総合研究所）に掲載していただく。そして、十名直喜［2019.2］『企業不祥事と日本的経営─品質と働き方のダイナミズム』（晃洋書房）を献本するや、その経営倫理に共鳴され、SBI大学院大学の「経営哲学」担当にご推薦いただいた。

「経営哲学」講義の準備と8冊目の単著書の出版に向けて、追い込みに入っていた2019年12月、川西氏の訃報に接する。急きょ追悼文（下記）をまとめ、十名直喜［2020.2］『人生のロマンと挑戦─「働・学・研」協同の理念と生き方』社会評論社の「エピローグ」に織り込んだ。

「SBI大学院大学に導いていただいた同学教授川西重忠氏（桜美林大学名誉教授、アジア・ユーラシア総合研究所代表理事）が急逝されたのは、昨年12月初めのことである。彼が担当されていた「近代日本の代表的経営者論」を急きょ引き継ぐ。その味わい深い講義録に接しながら、彼を偲び学ぶ日々を送っている。本書を、川西重忠氏の墓前に捧げたい。」

川西氏に架けていただいたSBI大学院大学への橋は、新たな論文へとつながる。十名直喜［2021.1］「産業イノベーションと環境文化革命─ポストコロナ社会への歴史的視座」（『SBI大学院大学紀要』第8号）である。短くも限りなく深く温かい交流と学恩を偲び、あらためて追悼文として小論を、川西氏に捧げる。

川西氏との出会いが継ぎ出すドラマは、まだ終わっていない。これからが本番、そして収穫の秋に出来ればと思っている。

5 知的職人・社会人博士育成の新たなドラマづくり
──コロナ禍の挑戦

働学研（博論・本つくり）研究会、略称：働学研は、研究の初心者から熟達者に至る社会人研究者の多様なニーズに応え、楽しく真摯に議論できる研究交流の場として、2019年7月に発足した。定年退職（同3月）後の新たな出発である。

近年、在野の社会人研究者の受け皿、すなわち彼らの研究成果を受けとめ洗練化の指導を行ったうえで学位（論文博士）を出すことが、難しくなってきている。本研究会は、近隣大学院とも連携してそうした時代状況を切り拓き、博士論文つくり、博士号の取得、単著書出版などを、社会人研究者が実現できるように支援する研究会である。

京都市民大学院の成徳学舎にて産声を上げ、2つの学会（国際文化政策研究

教育学会、基礎経済科学研究所）他にも広げている。月例会を、月1回開催しており、2020年7月以降はオンライン開催をベースにしている。21年4月には、第20回目となる。

月例会は、数名から出発し、最近は20〜30数名が参加している。コロナ禍のなか、オンライン開催を通して、新たな広がりや盛り上がりもみられる。参加者の多様な仕事・人生現場の息吹を追体験しつつ、学びあい磨き合う場となっている。

主宰者（十名直喜）の想定を超えて、多彩な研究交流や出会い、自己実現が生まれている。そうした他者実現への支援は、わが研究への知的刺激になるという好循環も生まれつつある。自然と人間の物質代謝の視点から、生産力、技術、労働、情報などを改めて問い直す研究も、2021年1〜3月の働学研月例会での議論が触媒となっている。

6 生産力至上主義への批判的眼差し
──「生産」と「生産力」を問い直す

「生産力とは何か」という問いが、いま注目を集めている。「生産力の発展」が、自由の拡大、社会発展につながるとみるのが、マルクスの思想（史的唯物論）である。ベストセラーの斉藤幸平［2029］『人新世の「資本論」』は、それを「生産力至上主義」とみなし、定常型ゼロ成長社会をめざす新しい社会の障害になると批判する。

「生産力」と聞くと、経済成長やGDPをイメージする人も少なくない。地球社会の環境破壊や格差・貧困が深刻化するなか、経済成長志向＝生産力至上主義とみなし、「生産力」そのもの、さらには「生産力の発展」への厳しい眼差しや批判へと連動する。

「生産力」そのものを問うには、「生産」とは何かをまず問わねばなるまい。まず「生産」という目的があり、それを担う手段、能力として「生産力」があるからである。

「生産とは何か」を考える場合、F.エンゲルス［1884］『家族・私有財産・国家の起源』の「序文」が示唆に富む。それを手がかりに、次のように定義する。「生産」とは、社会が存立するための最も基本的な人間の活動である。その根幹をなすのは、人間の生命・生活の生産と再生産である。生産は、広義には①（生殖と子育てによる）生命の生産と再生産、②労働による生活資料

の生産、から成る。両者は、根源的には統一されていた。しかし、生産の発展の過程において両者が分離・分化していくなか、②の優位性が高まり、①を規定するようになる。

「生産力至上主義」論およびその批判論者のいずれも、「②労働による生活資料の生産」視点に偏っているとみられる。最も基本であるべき「①（生殖と子育てによる）生命の生産と再生産」は軽んじられ、ほとんど視野に入っていないのではなかろうか。

それでは次に、「生産力とは何か」が問われよう。生産力とは、社会が存立するための人間の活動力のことであり、社会・経済を構成する各種の組織が行うことのできる生産の能力のことである。

7「生産力の発展」とは何か——あるべき生産力への視座

GDPや経済成長の指標は、生産力の量的側面の一部を表しているが、「生産力の発展」といえるのかどうかが問われねばなるまい。

巨大金融資本本位の大量生産、大量消費が地球を覆い、環境破壊や社会の格差・貧困がかつてなく深刻化して、社会の存続そのものが根底から脅かされている。生産力とは、社会が存立するための諸能力のことである。社会の存立を危うくする諸力の拡張は、「生産力の発展」とはいえまい。生産力の劣化あるいは退化といえるかもしれない。

本来の生産力とは何か、生産力の発展とは何かが、あらためて問われているのである。『資本論』は、生産力のあるべき姿を次のように提示する。「最小の力の消費によって、自分たちの人間性に最もふさわしく最も適合した条件のもとでこの物質代謝を行うこと」。

それを、現代的にどう読み解くかが問われよう。「最小の力の消費」とは、「資源と労働の最小の消費」である。それを、「自らの人間性に最もふさわしく最も適合した条件のもと」で行う。

そこには、量的および質的な生産力の統合のあり方が示されている。それは、生産性にとどまらず、人間らしい労働、生産、消費などをも包括した物質代謝のあるべき姿、すなわち「生産力」の本来のあり方に他ならない。

「生産力」概念を、人間本来の「生産」概念に立ち戻り、本来のあるべき姿として捉え直し提示すること、すなわち「生産力」概念の再生と復権が求められているのである。

8 経済学の「無限の自然」仮説を問う

地球の有限性が明らかになり、地球の温暖化など地球環境の深刻な劣化を、誰もが日々痛感する時代を迎えている。

これまでのような経済成長が今後、永遠に続かないことは明白であるにもかかわらず、経済成長論に囚われる人は今も少なくない。それはなぜか。

経済理論の前提に「無限の自然」観があるのが、主な理由の1つとみられる。永遠で一様な時間と無限で摩擦のない均質な空間というニュートン力学の仮説が、「劣化しない無限の自然」という経済学仮説のベースになっている。

「生産力至上主義」をめぐる議論は、『資本論』や史的唯物論を俎上に載せているが、近代経済学、マルクス経済学のいずれもの前提＝仮説とされる「（劣化しない）無限の自然」観そのものを問う議論には至っていない。

問い直すべきは、今日の無意識の前提となっている経済学仮説、すなわち「劣化しない無限の自然」仮説ではなかろうか。

ニュートン力学は天上の運動を論じたが、地上の運動を論じるには産業のために発展した熱力学が不可欠であり、21世紀の経済学においても求められている。

経済は、生物である人間が行う地上の活動であり、自然の生産を基礎にした活動である。それゆえ経済活動は、熱力学の法則と自然の物質循環から免れることはできない。むしろ、非可逆的な自然の法則をふまえることで、従来の経済学に対して新たな知見や示唆（さまざまな制約と可能性）が与えられるとみられる。

9 おわりに ──半世紀を経ての新たな対話と研究創造

新たな論稿「ICTが問い直す生産力、技術、労働、物質代謝論」をまとめたが、主要な論点は、すでに半世紀前の小論（十名［1973］）で提示し論じていることに、驚いている。

資本主義と情報通信技術（ICT）をめぐる議論は、限りなく広く深いものがあり、生産力、技術、労働、組織、情報、物質代謝、非物質代謝、金融資本主義へと展開する。それぞれの定義、あり方まで俎上に載せることになった。期せずして、『資本論』などの古典に立ち返るなど、わが研究の出発点

からのより深い再考を促している。

　「25 歳の自分」（十名 [1973]）との半世紀ぶりの対話、さらに現代的視点からの議論、それに基づく考察は、スリルに富む。それを促す場となったのが、働学研（博論・本つくり）研究会である。2021 年早々の新たな交流を機に生まれた作品であり、これまでにはない知的な新地平を切り開くことができればと思っている。

第2部

産業イノベーションと
仕事・研究・人生

新型コロナの感染拡大は、社会経済活動に深い打撃を与え、社会や生活の前提をも揺るがしている。コロナ禍は、生活様式や産業構造を急激に変えつつあり、情報通信革命の進行を加速させながら、さらに環境文化革命への波及を促していくとみられる。

第4章は、産業イノベーションの視点から、数百年の産業の発展・変容を俯瞰するとともに、産業・企業研究をめぐるわが半世紀の歩みを総括する。

第5章は、仕事と人生の視点から、半世紀にわたる「働学研」の人生とその意味を捉え直したものである。自己実現と他者実現の視点から、仕事・研究のロマンに挑戦する。

第6章は、働学研に関わる書評とリプライの紹介を通して、働きつつ学び研究することの魅力とノウハウ、21世紀的な意義に光をあてる。

第4章
産業イノベーションと環境文化革命
— ポストコロナ社会への歴史的視座 —

1 はじめに —「経営哲学」講義からの眼差し

　新型コロナの世界的な感染拡大は、世界の人流・物流を分断し、社会経済活動に大きな打撃を与えている。人と人の接触制限をはじめとする「新しい生活様式」を前提とする社会経済活動の長期化も予想される。テレワークによる在宅勤務が広がり、遠隔教育やオンライン診療の取り組みなども始まっている。情報通信技術を媒介とする大小のイノベーションを軸にしながら、産業構造が大きく変わろうとしている。コロナ禍を機に、情報通信革命がより広く深く進行しつつある。在宅勤務などテレワークを機に、「会社とは何か、仕事とは何か、自分は何のために働くのか」という本質的なことを考える人も増えている。自然、社会、経済の危機を体験するなかで、自分の人生を社会のために活かしたいという考えも広まっているとみられる。

　こうしたなか、2020年秋にスタートしたのが、「経営哲学」講義である。「経営哲学」は、実業界もさることながら、学界ではとくに、なじみが薄い。経営学の他の領域に比べて、研究されることも講義科目にされることも少なかった。経営学の理論的深奥をめぐる論理の複雑さ・難解さ、個々人の思想内容にも深くかかわり一般化の困難さ、などによるとみられる。

　筆者の学術的素養も、経営哲学についてはゼロに近い。先行研究をサーベイしていくにつれ、わが冒険の無謀さを痛感し、「経営哲学」講義をどう組み立てていくか四苦八苦する。何とか辿り着いたのが、次の2つのアプローチである。

　1つは、経営、哲学、経営哲学を本質に立ち返り、等身大で捉え直すことである。経営は、人間の協働的な目的追求の営みである。哲学は「なぜ」を問い続けて本質に迫り、経営哲学は、経営者の実践哲学をふまえ経営や仕事の意味や方法論を探求する。「不易流行」という格言がある。「不易を知らざれば基立ちがたく、流行を知らざれば風新たならず」、しかも「その本は1

つなり」という[1]。コロナ禍の影響で、仕事や経営、生活スタイルなどが急激な変化に直面しているが、変わらないもの、変えてはいけないものも少なくない。不易とは何かを見極めつつ流行を感知し先手を打つ姿勢と洞察は、仕事の本質を追求するなかでこそ可能になるとみられる。それはまた、経営や仕事のイノベーションにつながる。本質に立ち返っての仕事と経営、それを担う経営哲学が求められているのである。

2つ目は、これまでの仕事と研究をめぐる筆者の半世紀にわたる体験・思索、その羅針盤となってきた「働・学・研」協同の理念と生き方、をベースにすることである。とくに、退職前後の2年余に出版した総括的な単著書3冊を起点にして、経営哲学の視点から捉え直す。

本章および第5章は、「経営哲学」講義の準備と収録を機に編集したものであり、その序章といえる。本章では、コロナ禍の真只中にあって、産業イノベーションの視点から数百年の産業の発展・変容を俯瞰し、産業革命から情報通信革命へ、さらに環境文化革命へと展開する歴史的な展望を提示する。それをふまえ第5章では、わが半世紀の産業・企業研究とその歩みを、「働・学・研」協同の視点から総括する。

それらを通して、自らの研究イノベーションとは何か、それはポストコロナ社会と21世紀にどのような示唆を提示するのか。資本主義および産業、経営のあり方がかつてなく深刻に問い直されている状況をふまえ、資本主義の原点と理念に立ち返り、明らかにしたい。

2 産業イノベーションの過去・現在・未来

2.1 産業・社会の大変革とイノベーション —— 産業革命からの視座

イノベーションは、革新と訳されることが多い。技術革新とみなされることも少なくない。経営の世界において、イノベーションの具体的な概念を最初に示したのは、J.A. シュンペーターである。経済発展をもたらす要因を新結合（neue kombination）と名づけた。すなわち異なるものを新しく結びつけるという意味である。これを行うものを企業者(unternenehmer)と呼んだ。「企業者の機能は生産要素を結合し、総合すること」にあり、その遂行を終えた経営者には「企業者という言葉を使わない」という[2]。

イノベーションの核心は、新しく結びつけること、新しく組み合わせることにある。それが新しい製品を生み出し、新しい市場を創り出す。シュンペー

ターは、⑴ 新しい財貨の生産、⑵ 新しい生産方法の開発、⑶ 新しい販路の開拓、⑷ 新しい供給源の獲得、⑸ 新しい組織の実現、の 5 つの類型を挙げている[3]。

　しかしイノベーションは、経営の世界にとどまらない。企業を超えて各産業に波及し、産業構造、政治・経済、さらに社会をもダイナミックに変えていく。その典型例が、18 世紀後半に起こったイギリス発の産業革命である。「機械」という画期的な技術の出現に伴う道具から機械への労働手段の転換、それを軸とする機械制大工業の確立が、綿工業から始まる。地下資源である石炭の利用、コークス製鉄法による素材革命、ワットの蒸気機関の発明による動力・輸送革命などによって、産業構造が一変するなか、資本主義社会が成立する。画期的な技術の出現とその波及が、産業構造を一変させ社会を大きく変えていく。技術革命と社会革命がダイナミックに新結合する、まさに壮大なイノベーションがそこにみられる。

　ここ数百年における産業の発展・変容の推移は、イノベーションの壮観なパノラマであり、産業イノベーションの変遷とみなすことができよう。

　産業の発展・変容の歴史的なプロセスを、技術革命、社会・仕事場・担い手などを軸にして俯瞰したのが、「**図表4-1　産業・社会の変遷とイノベーション―過去・現在・未来**」である[4]。

　縦軸は、農業社会から工業社会、知識社会へとシフトする社会変化を表す。工業形態は、産業革命さらには情報通信革命により、家内工業から工場制手工業（マニュファクチュア）、機械制大工業へ、さらにはシステム制ネットワーク工業[5]へとシフトする。

　一方、横軸は、家庭と仕事場、農業・工業・サービス業、さらに主役、工場イメージが社会の変化とその下での工業形態の変化に伴い、どのように変化するかを分離・分化と再結合という視点から捉える。工場は、農家の一角（家内工房）であったものが、工場制手工業へ移行するなか、家庭から分離され独自に発展し始める。機械制工業の出現に伴い、工場は大規模化・遠隔化して家庭との分離を加速化するのみならず、技術者・技能者、事務・管理者などへの階層分化、さらには工場とオフィスへの分離など、分離・分化を極限的に進めるのである。

図表 4-1　産業・社会の変遷とイノベーション─過去・現在・未来

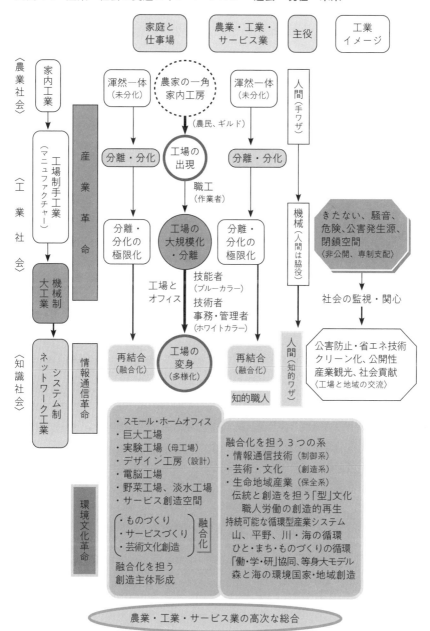

2.2 情報通信革命の光と影
—— 技術革命としての産業イノベーションと社会的課題

　制御技術であるコンピュータの出現と発展は、技術の垣根を低くするとともに、ハードウェアとソフトウェアへの分離と再結合を多様な形で促した。さらに、情報通信手段の発展と結合してネットワーク化をもたらし、産業融合を促すなど再結合・融合化を進める触媒となっている。

　情報通信革命によって、工程間のシステム化や工場内、工場間、さらにはメーカーとユーザー間などのネットワーク化が進むなか、工場の形態は巨大工場から実験工場、SOHO（Small Office/Home Office）、電脳工場など多様化してきている。食の安全・安心への関心が高まり、工場野菜として注目を集め広がりつつある植物工場などは、農業と工業の融合化の端緒的な形態とみることもできる。工場はまた、ものづくりの場にとどまらず、生産サービスの場へと質的に変わりつつある。

　工業の主役は、長らく人間（すなわち手ワザ）にあったが、機械制工業の出現に伴って機械にその座を奪われ、人間はわき役を余儀なくされる。しかし、システム制ネットワーク工業に基づく知識社会にあっては、再び人間が、その知的創造性すなわちその知的ワザが、主役となりつつあり、その担い手としての人間の全面発達が問われるに至っている。

　情報通信技術による技術革新は、雇用を生みにくいばかりか人からそれを奪う懸念も少なくない。情報通信革命は、人間の「知的」活動領域にまで浸透し、人間に固有とみなされてきた知的な諸機能をも機械とくにシステムへと転換させる。技術のシステム化に伴い、（人間の五感に基づく）技能ばなれ、いわば人間離れも進行しつつある。とくに、AI（人工知能）の急速な発展は、人間の知的な仕事の補完さらには代替を促している。

　情報通信技術は他方で、株主第一主義の資本主義経営と結びついて金融資本の利潤拡大の手段としても機能し、地球温暖化や生物多様性の危機、富の偏在と格差の拡大、社会分断などを深刻化させている。情報通信革命は、その機能的成果と富を社会に再配分するという社会革命を伴わない片肺飛行、いわば技術革命の次元にとどまっているといえよう。

　人間の労働力にとって代わるのではなく、人間が創造的に働く機会や場を生み出すなど、人との共生を促す技術革新が求められている。安全で環境にやさしく、人を活かし大切にする技術へのシフト、それを促す投資および経

営が求められている。

2.3 環境文化革命とSDGs —— 産業イノベーションの現在・未来

●持続可能な開発とステークホルダー資本主義

　国連は2015年、「持続可能な開発目標（SDGs：Sustainable Development Goals)」を掲げた。地球温暖化を止める、生産と消費のバランスをとるなど17のゴールで、未来のかたちを示したものである。この共有意識を企業のなかで育むことが、自らの持続可能性を高める。

　富の格差や社会の分断、地球の温暖化などの問題に、企業自身が真剣に向き合わないと、自らの存在基盤そのものが崩れかねない。株主利益の最大化を第一義にしてきた従来の資本主義は、再定義を迫られている。

　1970年のダボス会議で、ミルトン・フリードマンは「企業の唯一の目的は、株主価値を最大化することだ」と訴えた。その後は米英が主導し、短期的な利益の追求が資本主義の原動力となってきた。

　それを深く反省し、大きな軌道修正を図ったのが、2019年8月、米国経営者団体ビジネス・ラウンドテーブルである。従来の株主第一主義を見直し、顧客や従業員、取引先、地域社会といった利害関係者に広く配慮した経営により、長期に企業価値を高めることを宣言したのである。

　この「ステークホルダー資本主義」は、2020年1月の世界経済フォーラム（ダボス会議）年次総会でも取り上げられ、社会の利害関係者に広く配慮した「ステークホルダー資本主義」が議論の中心になった。20年1月の会議では、企業は株主利益の最大化ばかりに目を奪われ、不平等と地球環境の緊急事態を招いたとの声が上がり、社会の分断や環境問題に向き合う「ステークホルダー資本主義」を指針に掲げたのである[6]。

●環境文化革命の理念と経営

　いま問われているのは、技術革命と社会革命の新たな結合とその進展である。小論では、それを環境文化革命として提示する。SDGsはその社会理念＆政策であり、ステークホルダー資本主義はその経営理念といえよう。

　技術革命としての情報通信革命に社会・文化革命を結びつけ、さらに環境文化革命へと波及させていくことが、日本のみならず世界的に求められている。

　工業と農業は、資本主義的な発展のもとで有機的なつながりを断たれ、進歩も、自然と人間の「豊度の不断の源泉を破壊することに進歩」として現れる。

工業は、その死活的な課題として、農業との再結合、「一つの新しい、より高い総合」を進めことを求めるに至る[7]。今日的に言えば、地球的自然（人間をも含む）を保全し活かす方向で、農業と工業さらにサービス業の高次な総合いわばシステム化を進めるべしということになろう。とくに山・平野・海のバランスのとれた発展、人間との豊かな関わりを再生するシステムの再構築が問われているのである。それは、まさに環境文化革命にほかならない。

　21世紀の環境文化革命は、再生可能エネルギーを軸に農林水産業を生命地域産業として位置づけ、文化的な労働と生活を創造しつつ農業と工業・サービス業の高次な融合を推進する。さらに、森と海の再生と循環、共生と融合の視点から改革を進め、そうした良循環モデルを担う主体としての全面的に発達した人間の形成を求め促す。その受け皿としての企業と経営が求められている。

　フランスは、2019年に新法を制定し、利益以外の目標を達成する責任を負う「使命を果たす会社」を新たな会社形態に取り入れた。上場企業で第1号になったのが仏食品大手ダノンである。「まず自然があり、経済を回すときには中心にお金ではなく人間がいる。…すべての生命を支え尽す会社になる」（エマニュエル・ファベール会長兼CEO）という。まさに、環境文化革命のあり方を語ったものといえよう。同社は、循環型の「食品サイクル」への変革に向けて、他の世界大手企業やOECDとイニシアチブを立ち上げるなど、各種の連携も積極的に進めている[8]。

●問われる日本発の環境文化革命

　コロナ禍は、生活様式や産業構造を急激に変えつつある。テレワークなど情報通信革命の進行を速めつつ、環境文化革命への波及を促していくとみられる。環境や社会問題への関心が高い欧州では、国連が掲げるSDGsに関連する企業を育てる機運が高い。EUは、新型コロナ復興に向けて創設する7500億ユーロ規模の基金で、電気自動車の普及や水素技術の育成に力を入れる[9]。

　国際エネルギー機関（IEA）は、2020年10月に公表した報告書で、2050年に世界の温暖化ガス排出を実質ゼロにするため2030年までに必要な道筋を示した。IEAは、個人の行動を変えることも提言しており、在宅勤務（労働者の2割が週3回以上）なども推奨している[10]。

　企業には、環境社会貢献も求められるようになっている。CSR（Corporate Social Responsibility：企業の社会的責任）は、生産者である企業のあり方と責任

を問うものである。企業は、世の中をどう変えたいかを明確にし、そのためにビジネスで何をなすべきかを説明する。ビジネスを通じた社会的責任の遂行が、企業に求められているのである。それは生産者だけでなく、消費者にも問われている課題といえる。消費者は自分の利益だけでなく、国内外の人びとや子孫にも配慮した商品選択をすることが求められているのである。

日本では、顧客や従業員、取引先、地域社会など様々なステークホルダーを広く意識した経営の考え方が、底流に流れている。日本資本主義の父と称される渋沢栄一が掲げた「道徳経済合一説」は、まさにそれにあたる[11]。

しかし日本全体では、低炭素・脱炭素社会に向けた足取りや技術・文化のイノベーションも鈍い。「戦略なき技術開発」「ドメスティックな戦略思考」が、日本企業の著しい国際プレゼンス低下をもたらしている。日本の電気通信産業は、技術の標準化競争には力を入れるも、「どのようなビジネスでもうけるか」という戦略が欠如していたとみられる[12]。

優れた省エネや電池の技術で環境先進国と言われてきた日本だが、脱炭素社会の進展とともにあっという間に中国や欧州に市場を奪われるなど、その地位が大きく揺らいでいる。「温暖化ガス排出ゼロ」を世界が競うなか、技術革新を起こせるかどうかに日本の将来がかかっている。

日本企業に求められているのは、2050年排出ゼロを規制や負担と捉えずに、成長をもたらす機会としてSDGsを生かす姿勢と創意工夫である。地球や社会の要請に良識をもって応えていく経営のイノベーションが求められている。

脱炭素につながる事業を経済復興の柱に据える「グリーン・リカバリー」は、世界の趨勢となっている。日本をモデルとする三位一体型の環境文化革命は、それをより深く担うものであり、グリーン産業社会をめざすものといえよう。

3 現代産業論への視座と研究イノベーション

3.1 個別産業分析とオリジナルな分析手法
—— 日本型フレキシビリティ論&産業システム・アプローチに基づく鉄鋼産業分析

日本における産業研究は、個別産業分析から出発し横断的な産業分析へさらには産業論へと展開してきた。わが産業研究も、その道筋を辿ってきたと言える。

個別産業論としては、鉄鋼産業論（十名［1996.4］［1996.9］）および陶磁器産

図表 4-2　最盛期（1970 〜 80 年代）にみる日本鉄鋼産業システムの構造と機能

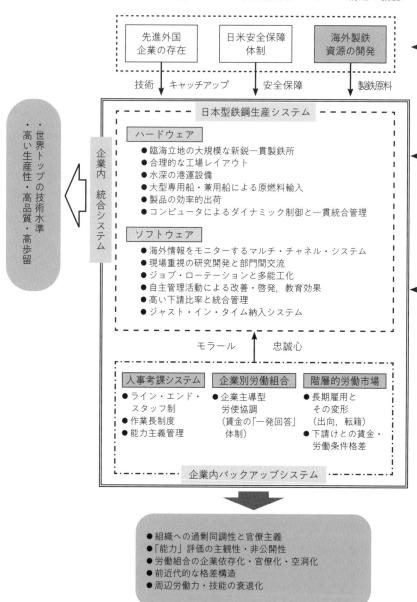

注：十名直喜 [1996]『日本型鉄鋼システム―危機のメカニズムと変革の視座』同文舘、6-7 ページを一部校正。

社会的なバックアップシステム

政策的支援
財政的支援

技術・技能
の相互育成

マーケット
の相互育成

政府とのネットワーク
- 政府の役割の変化
  直接的介入・指導から「仲介機関」へ
- 業界団体を窓口に政府との定常交流
- 行政指導による企業間協調体制促進
- 生産計画ガイドラインによる生産調整
- 許認可権を通じての管理・調整
- 「天下り」によるインフォーマル「政策ネットワーク」

鉄鋼業界内の水平的ネットワーク
- 業界の盟主の存在（八幡→新日鉄）
- 政府との仲介，業界の協調・とりまとめ機関としての業界団体
  （日本鉄鋼連盟，鋼材倶楽部，日本鉄鋼協会など）
- 主要分野を網羅する協調体制
  - 海外製鉄原料の長期契約・共同購入方式
  - 共同研究開発・技術交流・技能交流
  - 各種調整システム
    生産計画，設備投資，販売（価格・数量）
  - 労使交渉

関連産業・企業との垂直的ネットワーク
- 商社との多角的互恵活動
  - 海外製鉄原料の開発・購入
  - 製品の国内販売・輸出
  - 各種情報のマルチ・チャンネル
- 大口ユーザーとの長期継続取引
  - 共同開発
  - 「ひも付き」契約
- 下請・関連企業とのヒエラルキー連携
  - 管理の階層性
  - フレキシビリティ
- 大学との産学協同
  - 日本鉄鋼協会，日本学術振興会などにおける活発な共同研究
  - 優秀な人材の供給
    （鉄冶金工学の講座充実）

・協調と競争のダイナミズム
・鉄の威信（「鉄は国家なり」）

- 同質化競争の弊害
  過剰な設備能力，採算割れの過剰品質志向
- インフォーマル・カルテルの体質化
- 新規参入障壁
- 企業の自立性の弱さ（国家への依存）
- 独創性，開拓者精神の弱化

業論（十名［2008］）の 3 冊にほぼ集約される。いずれも、個別産業論であり
ながら、そこにとどまらず統合型産業論としての一面を内包しているとみる
ことができる。

　神戸製鋼所に入社し退職するまで 21 年間、加古川製鉄所で鉄鋼原料管理
に携わった。3 年目の 1973 年、最初の論文「大工業理論への一考察（上）」
と随筆「働きつつ学び研究することの意義と展望」を執筆し公刊される。25
歳のことで、それを機に仕事を研究対象にして働きながら研究していくスタ
イルが始動し、鉄鋼産業の資源・技術・技能・生産・労働・労使関係・経営
などの研究を進めていく。しかし、個別論文はかけても、それらを体系的に
まとめることは出来ない。すなわち、独自のコンセプトでもって新結合を図
るという研究イノベーションが切り拓けなかったのである。

　1992 年、名古屋学院大学に赴任して、転機が訪れる。翌年、それまでの
方法論的な作品を編集して、1 冊目の単著書（十名［1993］『日本型フレキシビ
リティの構造—企業社会と高密度労働システム』）にまとめて出版する。日本的経
営・生産システムの光と影にメスを入れ、両側面を統合的に把握して本質を
えぐり出そうとしたものである。

　この日本型フレキシビリティ視点から日本鉄鋼産業に光をあて、資源・技
術・技能・生産・労働・労使関係・経営を捉え直す。さらにシステム・アプ
ローチによって各構成要素として位置づけ体系化し、2 冊目（十名［1996.4］『日
本型鉄鋼システム—危機のメカニズムと変革の視座』）、3 冊目（十名［1996.9］『鉄鋼
生産システム—資源、技術、技能の日本型諸相』）の単著書に結実する。それを集
約的に示したのが、「**図表 4-2　最盛期（1970 〜 80 年代）にみる日本鉄鋼
産業システムの構造と機能**」である。質・量ともに世界最強と自負した最盛
期（1970 〜 80 年代）の日本鉄鋼業、それを支えた内外の環境・システムは、
今や大きく変容し、見る影もない様相を呈している。その落差を歴史的かつ
俯瞰的にどう捉え直すか、が問われているといえよう。

　90 年代半ばに出版した 3 冊は、鉄鋼 3 部作と呼んでいる [13]。質・量ともに
世界最強とされた日本鉄鋼業の強みとともに、そこに内在する弱みと課題を
俯瞰的に捉え、浮かび上がらせたものであり、その後の産業システム・アプ
ローチの原点となっている。

3.2 陶磁器産業分析が切り拓いた「型」論アプローチ
——「有形」と「無形」の統合的な視座

鉄鋼3部作が対象としたのは、資本集約型の大企業体制、海外資源と輸出に依拠したグローバル産業である。中小企業や地域への視座は弱い。製鉄所に働く当事者としてアプローチするも、第1次資料として利用するのが難しいといった制約もあった。こうした課題を超えようと試みたのが、4冊目の単著書（『現代産業に生きる技—「型」と創造のダイナミズム』［2008]）である。

「型」論の視点から陶磁器産業（瀬戸ノベルティ）にアプローチし、それまでの技術・技能に加えて芸術・文化の視点も織り込み、より包括的な視点から捉え直したものである。

鉄鋼産業研究から陶磁器産業研究へのシフトは、グローバル産業・大企業論から地域密着型産業・中小企業論へのシフトを意味する。それはまた、資源・技術・技能・労働主体の視点から「型」・文化・地域を包括した視点へのシフトに他ならない。

十名［2008]『現代産業に生きる技』は、この両側面に、独自な「型」論の視点からアプローチし、陶磁器産業をモデルにして包括的・体系的に分析したものである。

これまで芸術・芸能分野では、無形の「型」が文化として伝統的に取り上げられてきた。一方、技術・工学分野において有形の「型」が技術として論じられるようになったのは、比較的近年のこととみられる。

それに対し十名［2008]は、両者すなわち「有形」と「無形」を統合し、さらに技術と文化の両側面から包括的に捉え、「型」を次のように社会科学的に定義し直した。すなわち、「型」とは、人間の知恵や技を一定の基準（規範）に洗練化した手段や方式およびその意味で、有形と無形からなる。

「型」論は、わが現代産業論においてもオリジナル性が最も高いものの1つである。「型」の定義は、技術や技能の再定義を促し、さらにものづくりの独自な定義へと展開する。ものづくりを、「有形」と「無形」の視点から捉え直し、「人間生活に有用な秩序と形あるものをつくりだすことであり、何をつくるかを構想設計し、形ある（有形の）ものに具体化する営み」として定義する。

大企業・グローバル産業と中小企業・地域密着型産業を比較分析し、「型」産業として捉え直すことにより、「産業」を新たな視点から捉え直すに至る。

3.3 ものづくり経済学の提唱と現代産業論の体系化

　「型」論は、産業を複眼的な視点から捉え直すことを可能にし、現代産業論の体系化へ道を切り拓いたといえる。『ひと・まち・ものづくりの経済学—現代産業論の新地平』[2012] は、「産業」の独自な定義に基づき、現代産業論としての新たな展開を図ったものである。

　産業とは何かは、現代産業論の出発点をなす。日本語の「生業」には「生きるために身につけた仕事およびその力量」の意味が含まれ、英語のindustry の原義には「熟練、独走、技巧等の技を伴う仕事」がみられる。産業は、古より人々の労働・生活と深くかかわってきた。

　産業は、「人間の社会生活全体を維持・発展させるために必要な財貨・サービスを生産する活動」であるが、「そこで培われた多様なノウハウ・文化の塊」でもある。前者を産業の機能的側面、後者を文化的側面とみることができる。この両側面から成り立つのが、産業に他ならない。すなわち産業は、ものやサービスを生産するための活動（機能的側面）であるとともに、そうした活動にかかわる人々が職場や生活の場で織りなす働き様や生きざま、そこに築かれたノウハウや生活文化の総体（文化的側面）でもある。両側面にまたがる包括的な視点から、産業を捉え直すのである。

　現代産業において重要な意味を持つ「文化」とは何か、が問われよう。英語の culture、独語の Kultur は、ともに文化と訳されるが、含まれる意味合いは微妙に異なる。独語の Kultur には物質文明に対する精神文化という意味合いがある。一方、英語の culture は人々の生活様式（way of life）と定義される[14]。日本語で文化というとき、両方の意味が混在し、便宜的に使い分けられている場合が少なくない。

　そこで現代産業論では「文化」を、人々の生き方（way of life）として、すなわち働き様や生きざま、いわばライフスタイルや働き方として、捉える。文化には、芸術・芸能・学問などの精神文化、より広く価値観・制度・思考様式なども含まれる。

　産業は、これまで機能的価値（実用性・利便性）に重きが置かれてきたが、文化的価値（芸術性・信頼性など）の比重が急速に高まってきている。両者を包括して捉えることによって、より現実に根ざした奥深い現代産業の実像を捉えることができる。

　そのような現代産業論の視点から、「型」論をさらに深化・発展させ、も

のづくり経済学へと発展させる。さらに、まちづくり、ひとづくりへと視野を広げ、見学調査および実践を通して検証を重ねた。そのプロセスから紡ぎだされたのが、ひと・まち・ものづくりの経済学である。

　有形と無形の視点は、時間と空間の視点とも深くかかわり、両者が交差するところに、現代産業が存在する。ものとサービスは、有形と無形に区分されるが、時間と空間の視点からみると瞬間性と定常性として捉えることが出来る。瞬間性と定常性の区別は、五感に基づくもので、ニュートン力学によるとみられる。一方、アインシュタインの相対性理論からみると、その「定常性」も、「瞬間性」に限りなく近い。

　現代産業論は、有形と無形、時間と空間という複眼的視点から産業・地域を俯瞰的に捉え直すことを促す。「**図表4-3　もの・サービスづくりと型・技術・産業・地域**」は、時間と空間を縦軸に、有形と無形を横軸にして、産業と地域を包括的に捉えたものである。型、科学・芸術、技術・技能も、コアとして位置づけている。

図表4-3　もの・サービスづくりと型・技術・産業・地域

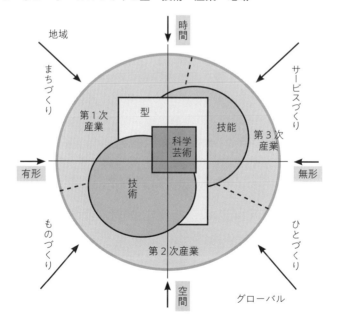

注：十名直喜［2017］『現代産業論―ものづくりを活かす企業・社会・地域』水曜社、99ページ。

十名［2017］『現代産業論―ものづくりを活かす企業・社会・地域』は、「ものづくり」を概念的に捉え直し、ものづくり経済学として、さらに現代産業論として理論的に整理し体系化したものである。なお、「型」論の視点を織り込み、ものづくり経済学、現代産業論への理論化・体系化を図った上記の3冊は、1990年代の「鉄鋼3部作」に対し、「産業3部作」と呼んでいる[15]。

3.4 「無形」概念と無形資産への新たな注目

●「有形」と「無形」概念 ——「型」論による区分と統合

　「無形」概念および「無形資産」への関心の高まりは近年、コロナ禍でさらに加速しているとみられる。その中で、無形とは何か、無形資産とは何かがあらためて問われている。筆者がこのテーマに注目したのは、十名［2008］の「型」論においてであり、十名［2012］では「型」を現代産業論のキー概念に位置づけている。

　有形と無形の区分と統合は、「型」論の軸をなすが、芸術の分類においても根幹に位置するとみられる。有形と無形および時間と空間の両視点から、芸術を3分類したのは、柳宗悦である。

　第1の「時間の芸術」（文学、音楽）は、時間性を基礎とするものであって、「無形」の芸術とされる。第2の「時空間の芸術」（舞踊、演劇、歌劇、映画）は、「時間に加うるに空間性を以ってするもの」で「動的芸術」とも呼ばれ、「無形の世界」に足場を置いている。一方、第3の「空間の芸術」（建築、絵画、彫刻、工芸）は、「空間に依る芸能」であり「有形の世界」とみなされ、「造形芸術」とも呼ばれる。動作を主としないため「静的芸術」とみなされ、「時間の芸術」と相対する[16]。

　有形と無形を横軸、時間と空間を縦軸にして、柳宗悦による芸術の3分類を図式化したのが十名［2012］『ひと・まち・ものづくりの経済学』である。さらに、もの・サービスづくりと型・技術・産業・地域を、両軸をもとに図表5（前掲）として俯瞰的に捉え直したのが、十名［2017］『現代産業論』である。

　1950年、世界に先駆けてつくられた日本の文化財保護法では、文化財は「無形文化財」と「有形文化財」に大別される。「無形文化財」は、「演劇・音楽・工芸技術その他の無形の文化的所産」を対象とする、人間の「わざ」そのものであり、具体的にはそのわざを体得した個人または個人の集団によって体現される。これに対し、「有形文化財」は、「建造物・絵画・彫刻・工芸品・書籍・典籍・古文書その他の有形の文化的所産」を指し、このうち建造物以

外のものは総称して「美術工芸品」と呼んでいる[17]。「有形」が、建造物および美術工芸品といった造形の世界を指すのに対し、「無形」は時間と身体を基礎とする人間のわざに着目する。

●無形資産への関心と比重の高まり

文化経済学において D. スロスビー［2001］は、文化資本の形態を有形と無形に区分し、後者を「集団によって共有されている観念や慣習、信念や価値といった形式をとる知的資本」と捉えた[18]。

「無形資産」への関心が高まるなか、無形資産とは何か、経営にどう活かすかが問われている。土地、建物、機械設備などの有形資産に対して、無形資産は物的な実態を伴わない資産とされている[19]。特許や商標権、著作権といった知的資産、従業員がもつ技術や能力などの人的資産、企業文化や経営管理ノウハウなどの組織的資産などがあげられる。

米国では 1990 年代に無形資産投資が有形資産投資を上回って以来、両者の差は拡大する一方である。米国のマイクロソフトが、有形資産ではトヨタの半分以下の規模にとどまりながらも、時価総額ではトヨタの 8 倍近くに達しており、知財や人材への豊富な投資が注目される。日本の株式市場で高い評価のキーエンスは、主力製品がセンサーや計測機など一見地味な企業であるが、高い利益率を維持し、無形資産由来の価値が 6 割を占めるとみられる[20]。

●「見えない資産」としての無形資産

無形資産への関心の高まりは今や、株式市場での評価にも反映している。しかし他方で、無形資産は「見えない資産」とも呼ばれ、日本会計基準、米国会計基準、国際会計基準（IFRS）など、どんなものさしを用いても補足が難しい厄介な存在でもある。例えば、テスラのソフトは課金でかなりの収入を得られるが、利益を生む資産でありながら貸借対照表（Balance Sheet：BS）上ではその価値が見えにくい。

専門家によると、「企業の無形資産には実際の価値の 1 割程度が計上されていればいい方」とのことである。「見えない資産」といわれるゆえんである。歴史的には長きにわたり、ソフトが事実上のコストと考えられ、BS では損益計算書（PL）の文脈で処理されてきたことが影響しているとみられる。

それでも米欧の調査会社や投資運用会社は、「潜在的無形資産」の大きさに関心を示し、企業の株価と実質的な無形資産の規模を関連づける考え方に傾きつつある。会計基準のあり方は今後、大幅に見直される可能性があるという[21]。

3.5 無形資産を活かす経営と寡占化規制の新たな流れ

● 無形資産を活かす経営への転換

ソニーは、日本で初めてリチウムイオン電池を商用化した会社であり、自動運転者の目となる CMOS（相補性金属酸化膜半導体）と呼ばれるセンサーの最大手メーカーでもある。電気自動車（EV）「VISION-S」を国内で公開したが、徹底した分業手法にみる開発や考え方が注目される。ソニーは全体のデザインを担う一方で、さまざまな重要部品はボッシュ、ZF などの内外大手部品会社に、最終組立はオーストリアのマグナ・シュターヤーという受託製造会社に任せる。「車でも水平分業が可能かもしれないという手応えを持てた」とソニー開発責任者はいう。それは、ソニーが近年、エレクトロニクス事業の構造改革で掲げてきた、資産を極力持たないアセットライト（Asset light：資産軽量化）の路線に沿うものとみられる。

有形固定資産で比較すると、独フォルクスワーゲン 14.3 兆円、トヨタ 10.6 兆円で、EV 専業の米テスラ 1.1 兆円だが、株式時価総額では逆転し、米テスラが 2020 年 7 月にトヨタを抜いて自動車産業のトップに立った。EV の製造資産は、従来の内燃機関と比べて低い。部品点数は 1/3 で済み、エンジンなど高度なシミュレーションの必要な部品もない。一方、ソニーの有形固定資産は 0.9 兆円で、自動車向けは少ない。自動車産業の高い参入障壁はエンジンなどによるものだが、内燃機関車から EV へのシフトが進むと、自動車産業の参入障壁は低くなり、固定資産を絞ったソニーのような企業になる可能性が高い。

より重要なのは、資産が拡大する方向で、有形から無形へと転ずる可能性が高い。トヨタのバランスシートには無形資産の項目が存在しない（2020 年 3 月期）が、ソニーには有形資産とほぼ同規模の無形資産が計上されている。トヨタは営業利益を有形資産で生み、ソニーは無形資産で過半を稼ぐ。アセットライトとは、有形資産を単に削ることではなく、価値ある無形資産に転換することでもある[22]。

無形資産を活かす経営が世界的潮流となるなか、有形資産への投資が中心にあった日本企業は、大きな変革を迫られている。

● 無形資産の寡占化進行に問われる規制のあり方

米国 IT 大手企業の主要 4 社（グーグル、アップル、フェイスブック、アマゾン・ドット・コム）は、ビジネスの根幹をなす「プラットフォーム」（システムやサービ

スの土台や基盤となる環境）を提供する事業者であり、各分野で高いシェアを獲得している。GAFAと呼ばれ、近年注目を高めているが、背景にあるのはIT大手の急成長である。2019年までの5年間に、主要4社の売上高は2.2倍に、純利益も2倍に増えている。コロナ禍の中でも業績は堅調で、在宅勤務や電子商取引の利用も増えて、寡占がさらに強まるとの見方が広がっている。

　米国では、個人情報の利用などでIT大手に事業を進めやすい環境を提供し、産業の発展を促してきた。一方、蓄積された富が一部の富裕層に集中し格差が深刻化するなか、批判と規制論も強まっている。米国では、強い調査権を持つ司法省、さらに米連邦取引委員会、各州の司法長官が調査を進めてきた。反トラスト法に基づいてIT大手を調査してきた米議会下院の司法委員会は、20年7月29日に公聴会を開き[23]、続いて10月6日、巨大IT企業に対する反トラスト法の調査報告書をまとめた。「大きすぎる支配力は適切な監視と（法律の）執行で抑えなければならない」としている[24]。

　しかし、反トラスト法（米国独占禁止法）にも課題がある。従来は、消費者が高値掴みを強いられていないかを重点的に監視してきたが、IT大手のサービスは無料か安価な場合が多い。データが競争力を生む時代になるなか、市場支配力を高めたIT大手に反トラスト法の適用を、さらには反トラスト法の見直しを求める声が高まっている。

　反トラスト法の解釈と運用には、紆余曲折の歴史がある。1970年代半ば、製造業で日欧が躍進し米国の優位性が揺らぐ中、当局は競争の結果としての独占に寛容になった。理論的な支えとなったのがシカゴ学派と呼ばれる経済学者らで、消費者利益の保護を競争政策の目的とし、価格に重点を置いた。

　近年、独占の構造が変質するなか、米国でもシカゴ学派に代わり、納入業者や労働者を含む全体の利益を重視するブランダイス学派の考え方が注目されている。恩恵が特定の企業に偏らない市場構造を保ち、いびつな勝者総取りを防ぐというものである[25]。

　リナ・カーンは、従来の反トラスト法の解釈と運用に大きな問題があると批判する。短期的な消費者の不利益、つまり価格のつり上げがなければ違反とみなされにくいが、それでは現代のオンライン経済での市場支配力を抑えることができない。例えば、物流網の寡占や膨大なデータにより競合相手を押しつぶすアマゾンの手法は、小規模ビジネスや起業家、社会全体に損害を与える。たとえ低価格が実現していても、規制すべきだという。1890年に

できた米国の反トラスト・反独占法は、富や権力の集中を防ぐためのものだった。その原点、理念に立ち返り、再生させる必要があるという[26]。

4 品質不祥事と日本的経営——経営イノベーションに向けて

4.1 現代産業論に問われる品質と働き方——光と影への統合的アプローチ

　ものづくり大企業に相次ぐ品質不祥事が顕在化したのは、『現代産業論』出版の直前のことである。産業3部作は、中小企業・地場産業の先進的モデル（いわば光の側面）に焦点をあてるも、その影の側面へのアプローチは十分とはいえない。とくに、品質不祥事や過労死問題など、ものづくり大企業の影の側面に深く切り込めていない。自らの研究の至らなさを鋭く突かれたのが、（わが仕事の故郷ともいえる）神戸製鋼所における品質不祥事問題の発覚である。

　十名［2019］『企業不祥事と日本的経営—品質と働き方のダイナミズム』は、その反省をふまえ、光と影の両側面にメスを入れ統合的に捉え直すという課題に再挑戦したものである。ものづくり産業、日本的経営の根幹をなす品質不祥事と「働き方改革」をめぐるホットな諸問題に、正面から深く切り込む。品質と働き方に焦点をあてた現代産業論であり、そのグローバル大企業版といえる。

　働き方は、近年とみに聞かれる言葉で、「どのように働くのか」（いわばhow）を意味し、働くスタイルを指す。それは、「なぜ働くのか」（why）、さらに「働くとは何か」（what）という、より深い問いにもつながっている。その出発点に位置する「働き方」を問うことは、「生き方」を問うことでもある。

　一方、品質とは何かがあらためて問われている。品質の意味や対象は、従来の工場・ハード中心から、社会・ソフト中心へと広がるなど、時代とともに変わってきた。「性質・性能」の水準から「要求事項を満たす程度」へのシフトもみられる。品質とは、「要求されている基準と達成した基準との差異」であり、「要求事項が満たされる度合いまたは程度」である。品質の本意は、社会のニーズにどう応えるかにある。それは、働きがいの核心にも触れるものであり、それらに応える品質経営の創造が求められている。

　日本的な働き方システムと品質の「好循環」は、1950年代後半から80年代前半の「高〜中成長」期にみられた。品質と働き方の「好循環」を可能に

した要因は何か。「好循環」はなぜ続かなかったか。さらに近年目立つ悪循環は、どうして生み出されたのかが問われよう。

4.2 品質と働き方の好循環システムと日本的経営論

ものづくりを軸とする日本的経営は、かつて高度成長の推進役として、いわば打ち出の小槌の如くみられ、内外の注目と評価を集めた。そして、それを定式化した日本的経営論は、大企業を中心とする日本企業の強みに焦点をあてたものであった。「強み」のコアとみなされたのが、高品質（＆低コスト）経営であり、メイド・イン・ジャパンは高品質の象徴とされた。

日本経済が低成長へ転じ長期低迷するに伴い、企業不祥事が相次いで顕在化する。とりわけ、ものづくり大企業に続発する品質不祥事は、日本的経営のみならずメイド・イン・ジャパンの品質ブランドを根底から揺り動かしている。

企業不祥事とりわけ品質不祥事をどう捉えるかがあらためて問われている。不祥事とは「関係者にとって不名誉で好ましくない事柄・事件」のことで、企業不祥事とは ①反倫理的・反道徳的、②違法、③社会・大衆が驚き呆れ返ることである。②違法でなくても、①③が揃えば、企業不祥事とみなされることも少なくない。品質をめぐって、違法でなくても、ユーザーや社会の信頼を揺るがすような不正や事故が起こると、品質不祥事とみなされる。

日本企業および日本産業に対して、日本的経営論は光の側面から焦点をあてたもの、企業不祥事論とくに品質不祥事論は影の側面からメスを入れたもの、と特徴づけることができよう。まさに光と影（あるいは明と暗）をなすのが、日本的経営論と品質不祥事論である。両者の対照的構図に注目したい。

日本的経営論は、主に大企業をベースにして語られてきたものである。長期雇用、年功賃金、企業別組合は、日本的経営の「3種の神器」と呼ばれ、日本的雇用システムの主要な3要素をなしてきた。

それが適用されるのは、正社員のみである。新規学卒定期採用でメンバーシップ入りすると、職務内容、勤務時間、勤務地は会社に委ねるという「無限定労働」を前提に、定年退職に至るまで「長期雇用」される。「年功賃金」は、能力開発による企業内熟練アップをベースに、家族を養う男性社員をモデルに生活給的な側面も有してきた。「企業別組合」は、労使協調の受け皿とされ、非正規労働者は対象外とされてきた。

長期雇用、年功賃金、企業別組合の3要素は、「**図表 4-4　高成長期にお**

図表 4-4　高度成長期における品質と働き方の「好循環」システム

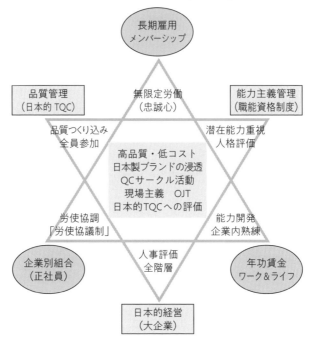

長期雇用
メンバーシップ

品質管理
（日本的 TQC）

無限定労働
（忠誠心）

能力主義管理
（職能資格制度）

品質つくり込み
全員参加

潜在能力重視
人格評価

高品質・低コスト
日本製ブランドの浸透
QCサークル活動
現場主義　OJT
日本的TQCへの評価

労使協調
「労使協議制」

能力開発
企業内熟練

企業別組合
（正社員）

人事評価
全階層

年功賃金
ワーク＆ライフ

日本的経営
（大企業）

注：十名直喜[2019]『企業不祥事と日本的経営―品質と働き方のダイナミズム』晃洋書房、108 ページ。

ける品質と働き方の好循環システム―日本的経営・品質管理・能力主義管理
の三位一体的関係」の正三角形にみるように、雇用システムの側面から「日
本的経営」を支えてきた。

　一方、逆三角形にみるように、品質管理（日本的 TQC）と能力主義管理（職
能資格制度）は共鳴し合い、正三角形の 3 要素を内実化させる機能を担い、
日本的経営を三位一体的に支えてきた。

　労使協調の水先案内の役割をも果たしてきたのが、QC サークル活動を軸
とする品質管理である。すなわち日本的 TQC は、高品質・低コストを実現
し、メイド・イン・ジャパンの評価を一変させた。さらに、その手応えをふ
まえ、労使協調をベースとする日本的労使関係を前提に理論化されたのが能
力主義管理であり、それを運用できるように具体化したのが職能資格制度で
ある。能力主義管理は、QC サークル活動の手応えと労使協調的な労使関係
の浸透をふまえて理論化された。

職能資格制度とそのコアをなす能力主義管理は、1970年代の2度にわたる石油危機を通して、日本の労務管理の基本システムとして広く浸透していった。

　正・逆の両三角形は、相互に支え合い共鳴し合って高品質・低コストのメイド・イン・ジャパンをつくりだすなど、高成長期の「好循環」システムを生み出してきたのである。

　日本的TQCと能力主義管理は相互に共鳴しながら、日本的経営を支え、図表4-4にみるように高品質・低コストの好循環を生み出してきた。他方において能力主義管理は、根幹にかかわる難題も内包していた。人の「能力」を重視するが、評価の対象項目は多岐にわたり、やる気や忠誠心など主観的なものまで含まれる。それらを、誰がどう評価するかが問われてきたのである。

　評価の難しさと非公開性は、深くつながっている。その非民主性を支え可能にしてきたのが、「労使協調」を謳い文句とする経営主導の労使関係、すなわち日本的労使関係である。「文句の言えない」労使関係と経営風土が、能力主義管理の「無理」を通し、強大な人事権を生み出してきたのである。その下で、無限定労働が職場に広く深く浸透し、働きづらく産みづらい社会をつくりだしてきた。

4.3　日本的な品質管理と働き方システムの変遷と課題
—— 高品質から不祥事への変容とその背景

　日本的な品質管理と働き方は、日本的労使関係などを媒介にして歴史的・システム的に深くつながっている。光と影の両側面を内包しており、その特徴とメカニズムを明らかにすることが求められている。

　日本的な品質管理と働き方（労務管理・労使関係）のダイナミックな関係と変遷を図式化したのが、「**図表4-5　日本的な品質管理と働き方システムの変遷と課題—高品質から不祥事への変容とその背景**」である。左側面に品質管理、右側面に労務管理・労使関係を配し、それぞれ（及び相互）の関係の歴史的変遷を示したものである。

　まず、左側面の品質管理からみてみよう。戦前から戦後復興期にかけて、日本製品といえば「安かろう　悪かろう」のイメージで、安物・低品質の代名詞とみなされた。それを根底から覆す契機となったのが、デミング・システムと呼ばれる品質管理の思想と創意的な実践である。

図表 4-5 日本的な品質管理と働き方システムの変遷と課題
　　　　　　—高品質から不祥事への変容とその背景

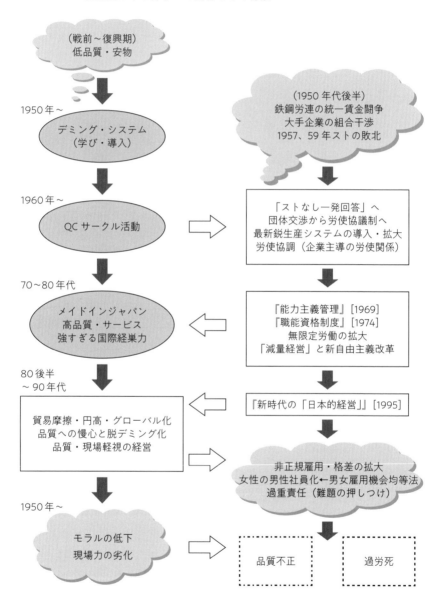

注：十名直喜 [2019]、前掲書、130 ページ。

1950 年代前半は、デミングの来日・品質管理指導（1950 ～ 52 年）、デミング賞の創設（1951 年）などにみられるように、デミング・システムを学び吸収した時期にあたる。

日本的な特徴をもつ品質管理活動に踏み出したのは、1950 年代後半〜 60 年代前半のことである。全社的な品質管理活動（TQC）の一環として、製造現場でも活動が始められた。第一線現場の強い要請を受けて、『現場と QC』（日本科学技術連盟）が 1962 年に発刊され、それを機に誕生したのが、QC サークルである。それを起点に、日本的 TQC は全開するに至る。

1960 年代中頃〜 80 年代前半は、日本的 TQC の発展〜最盛期にあたる。品質のつくり込み、全員参加、継続的学習、全国的な推進センターという 4 つの特徴が明確になり、定着・浸透・新展開がみられた。

日本企業の品質経営に変化がみられたのは、80 ～ 90 年代においてである。生産現場における小集団活動から熱気が薄れていく。その背景には、次のような事情があるとみられる。

第 1 は、円高とグローバル化に伴い国内工場の減量合理化が極限的に進められ、小集団活動を展開する余力が大きく減殺されたことである。

第 2 は、中国をはじめ後発国の品質が高まり、さらに米国などで品質への取り組みが活発化するなか、日本企業の品質優位性が低下し、品質重視経営へのインセンティブが低下したことである。

第 3 は、減量経営の下、品質管理はマスター済みというおごりや錯覚とも重なり、脱デミング現象など品質軽視の動きも顕著になる。1980 年代中頃〜 90 年代には、日本的 TQC も衰退期へと転じて限界や問題が顕在化し、QC サークルの解散など TQC からの撤退が相次いだ。それらは、欧米でのデミング重視の動きと好対照をなし、日米再逆転の呼び水ともなるのである。

2000 年代に入ると、問題噴出期に突入する。コスト重視・品質軽視の経営がいっそう強まり、一方での現場軽視、他方での「強い現場」への依存、いわば形を変えての無理難題の現場への押しつけが常態化する。現場の疲弊が進むなか、倫理の低下さらには現場力の劣化が広がり、重大な品質事故や品質不正が相次いで発覚するなど、深刻な様相を呈するに至っている。

次に、右側面の労務管理・労使関係をみてみよう。「労使関係」はかつて、日本的経営さらには日本経済の要に位置していた。高度成長期には日本的経営を支える中核に位置し、春闘が社会の注目と期待を集めパイの再分配機能の役割を担った。

日本的な品質管理と能力主義管理は、理念的にも共鳴し相互に支え合いながら、日本的な働き方のみならず労使関係の浸透・拡大に大きな影響を及ぼした。種々の問題を内包しながらも、経済成長期には日本製品の品質と信頼を確かなものにし企業の国際競争力を高める推進力となった。

　1970~80年代には、日本的経営ブームが起こるなか、日本的労使関係も高く評価された。そのような素晴らしいはずの労使関係の下で、過労死が広がり、バブル経済が発生し崩壊へと至るなど、企業不祥事は後を絶たなかった。さらに、近年の品質不祥事続発へと続いている。

　日本的労使関係は何か、何だったのかが、あらためて問われている。その典型をなすとみられるのが、1950〜60年代に形成・確立された日本鉄鋼業（とくに大手高炉メーカー）における労使関係である。当時、日本最強といわれた鉄鋼労使が創り出したシステムには、日本的労使関係の特徴と本質が如実にしかも体系的にみられる。70年代以降には、（日経連による）能力主義管理の体系化、職能資格制度への定式化が進み、さらに（2度にわたる）石油危機を機に、他産業へ急速に広がっていく。

　他方、能力主義管理の普及と厳格な運用は、労働者相互の「能力」発揮競争を激化させ、日本社会に無限定労働の際限ない拡大をもたらした。強すぎる国際競争力は、一方では円高・グローバル化、他方では日本企業の慢心をもたらした。グローバル競争の激化は、減量経営、非正規雇用の拡大、品質軽視を促し、現場力の劣化と過重責任などが重なり、過労死さらには品質不正を深刻化させていく。

　そうしたなか、約20年を経て一斉に噴き出てきたのが、日本企業の品質不祥事である。日本を代表する企業に起きた相次ぐ品質不正は、日本ものづくりの原点が見失われ、現場力の低下や経営機能の硬直化など、組織的な劣化が進行していることへの警鐘と受けとめねばなるまい。

　品質不正は、日本的な品質管理および能力主義管理とも深く関わっているとみられる。品質管理の現場任せ、無理な要求の押しつけは、能力主義管理をベースとする職能資格制度に起因する無限定労働と過重責任の延長線上に位置するといえよう。

　以上にみる、品質と労働の関わりをめぐる歴史的な変遷と課題を概括的に示したのが、前掲の**図表4-5**である。

4.4 品質と働き方の好循環システム創造 ── 日本企業の再生に向けて

　品質不祥事および働き方問題にどう対処していくべきであろうか。ワーク・ライフ・バランスの視点から品質管理および働き方改革のあり方を構想し、中長期的な視点も含めた品質経営および働き方システムの日本型モデルを提示する。

　まず品質管理については、品質重視の経営に立ち戻り、品質管理を全社的に進める体制づくりや専門家の育成、品質の測定やデータ収集、解析の自動化などを進めていくことが求められる。

　科学や技術の進歩、社会や時代の変化をふまえた、品質基準の見直しも求められている。大学や研究機関も含めオールジャパンで取り組む必要がある。

　品質管理活動の理念についても、価値観の変化などをふまえ見直す必要があるとみられる。個性や創造性、公正など、「自主」や「全員参加」をつなぐ、あるいは代位するコンセプトが求められている。

　次に働き方については、能力主義管理の理念や職能資格制度のあり方についても、見直しが求められている。「能力」および「潜在能力」とは何か。人や潜在能力をどう評価するのか。その客観化と結果のフィードバック、本人の納得をどう保証するのかが根底から問われている。

　人事評価を経営の恣意性に委ね、無限定な働き方に安住する従来のあり方は、そもそも能力主義管理の理念に反するものといわねばなるまい。それはまさに、労使関係への慢心に他ならない。その慢心はまた、日本企業の懸案である説明能力やドキュメント力を組織的に鍛え磨くという場や機会をも閉ざし、自ら放棄してきたといえよう。そこに、日本企業の四半世紀にわたる低迷、後塵を拝する構造的要因がある、と筆者はみる。

　能力主義管理の理念や職能資格制度のあり方は、働く側の権利とフレキシビリティを広げることと結びついてこそ、その本来的機能を発揮するのではなかろうか。

　労使関係のあり方、とくに労働組合のあり方と企業の関係も、根底から問われている。労働組合の人事まで実質的に関与する会社製組合の闊歩は、憲法で保障された労働組合のあり方から大きく逸脱するものといわねばなるまい。より対等な労使関係の構築に腐心した日本資本主義の父・渋沢栄一も、さぞや嘆いていることであろう。

　「働く」をはさんで、強い立場（経営側）と弱い立場（個々の労働者）が対を

図表 4-6　新たな品質管理と働き方システムの創造
　　　　　―品質と労働の不祥事を超えて

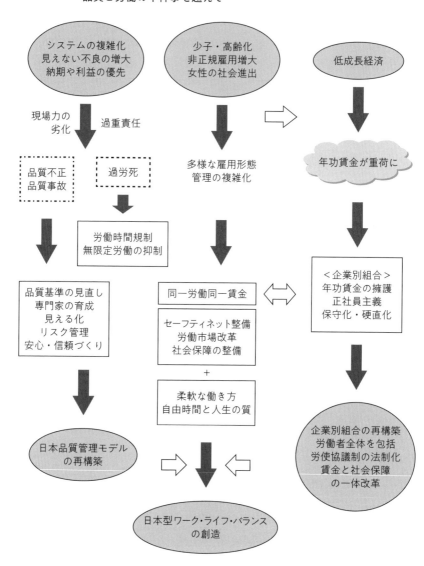

注：十名直喜 [2019]、前掲書、190 ページ。

なすアンバランスな構図は、成長期には労働者（および家族）のリジディティの上に企業のフレキシビリティを高めてきた。しかしその矛盾は今や、企業不祥事や生産性の低迷、少子高齢化問題など、企業や社会のリジディティへと広がっている。

　日本の企業別組合は今日、その存在意義が根底から問われている。その一方で、かつてなく大きな役割が託されており、それにどう応えるかが問われている。政府の「働き方改革」では、「同一労働同一賃金」と社会的格差の是正が提起されている。それを実現していこうとすると、日本の賃金制度、さらにそれと一体化した社会保障制度の改革が不可欠となる。その課題を担う受け皿あるいは社会的存在として期待されるのが、企業別組合である。ただし企業別組合を、正社員のみの利害代表組織から、関係する労働者全体をカバーする代表組織へと再構築していくことが不可欠である。労使協議制の法制化は、その第一歩となるであろう。

　経営側の創造的戦略と働く側のフレキシビリティをベースに、高い労働生産性と創意工夫を促す日本的なフレキシビリティをどうつくり出すか。いわば、日本的な品質経営とワーク・ライフ・バランスの創造が深く問われ、切実に求められている。

　以上にみる品質管理と働き方システムのあり方をデッサンしたのが、「図表4-6　新たな品質管理と働き方システムの創造―品質と労働の不祥事を超えて」である。

5　おわりに
── 日本資本主義の原点と21世紀品質経営のフロンティア

5.1 ESGにみる21世紀品質経営のフロンティア

　金融自由化、グローバル化とともに株主資本主義がいっそう強まったのは、1980年代のことである。それを主導した米英で、年金基金、保険会社などの機関投資家が力をつけ、株主への企業利益の還元を強く求めたことに始める。

　米国では上位1％の富裕層が総資産の4割を占めるなど、株主資本主義を主因とする格差拡大に対する人びとの怒りは、世界の政治、経済、社会を揺り動かしている。

　2019年8月、米国主要企業の経営者で構成するビジネス・ラウンドテー

ブルは、株主資本主義への決別とともに、すべてのステークホルダー（利害関係者）の重視や脱炭素社会をめざす、ESG（Environment Social Governance：環境・社会・統治）主義への歴史的転換を宣言した。

投資分野では 06 年に国連が ESG を指針とする責任投資原則を提唱した。日本の年金積立金管理運用独立行政法人（GOIF）など世界の 2400 の年金、運用機関が参加し、18 年の世界の ESG 投資残高は 31 兆ドルに及ぶ[27]。

ESG の「E＝環境」は、気候変動問題として扱われることが多いが、気候変動以外にも広げようという動きが出始めている。生物多様性の保全や水不足といった課題に、ESG 投資を活用しようというものである。英金融大手の HSBC は、傘下のアセットマネジメント部門を通じて、「自然資本」分野への投資を始めることを決めた。ESG 専門の投資グループ、英ポリネーションと共同でジョイントベンチャーを設立し、森林の保全、持続可能な農業技術、清潔な水源の確保といった投資分野を対象に、より広範な環境問題に取り組む。ポリネーションの共同創業者、マーティジン・ワイルダー氏は、「自然資本なしで経済は成り立たない」と語り、「熱帯雨林や河川、生物多様性を必要不可欠な資産」と捉え、自然資本への投資の重要性を訴える[28]。

ESG は、社会の期待とニーズを追い風に 21 世紀社会の切実な環境品質目標として、株主資本主義に代わる企業の基本理念の担い手として、世界に広まりつつある。21 世紀品質経営のフロンティアも、そこにあるとみられる。

5.2 危機のたびに注目される「日本資本主義の父」渋沢栄一
—— その理念と生き方

世界で猛威をふるうコロナ禍があらためて突きつけたのは、社会および個々の企業における「持続可能性」の問題である。企業にとって、持続可能性がこれほど重く問われたことはないし、株主第一主義の経営にはその答えもない。多様なステークホルダーへの配慮とバランスの中で、自らの価値を見つめ努力を重ねる経営が、かつてなく必要になっている。

ステークホルダーを広く意識した経営の考え方は、日本でも脈々と流れ今日に至っている。近江商人の「三方よし」、渋沢栄一が掲げた「道徳経済合一」「義利合一」の理念は、まさにそれにあたる。渋沢は、企業の目的は利益の追求にあるが、その根底には道徳が必要であり、国や人々の繁栄に対して責任を持たなければならないといい、当時、欧米で全盛だった利益至上主義と一線を画した。

しかし1世紀以上経った今日、日本企業による品質や労働の不祥事は枚挙にいとまがない。渋沢が先取りしたはずの、企業の社会的責任やコーポレートガバナンスは、欧米から対応の遅れを問われている。

　渋沢栄一が、あらためて注目されている。経済危機が起きたり、不祥事で企業のモラルが問われたりするたびによみがえる。先の見えない変革期の指針として、人物や著作への関心がかつてなく高まりをみせるなか、新1万円札の肖像画に選ばれ、2021年のNHK大河ドラマでも取り上げられる。

　渋沢は、若いころから、私益と公益を両立させる「道徳経済合一」という考えを持っていた。1867年のパリ万博に随行し、この思想を形にできる「合本組織（株式会社）」に出会う。渋沢は、この仕組みが身分制度や官尊民卑の風土を打ち破る強力な道具になると確信する。帰国後、官職につくも3年後に実業界へ転じ、多くの会社設立に動いた。その際、公利公益を重んじる一方、目先の利ばかりを追う日本人、とくに経済人の人格向上の必要を訴えた。

　今日注目されているのは、そのような渋沢の考え方であり生き方である。日本資本主義の出発点となり原点となった発想と積極果敢な行動が、今やより深く求められている。

【注釈】
1　「不易流行」は、松尾芭蕉が『奥の細道』の旅の間に体得した概念といわれる（「「無用の用」と「不易流行」」http://www.tt.rim.or.jp/~ogiue/essay/math.html（2020.6.26）。
2　J. A. シュンペーター［1912］『経済発展の理論』（J. A. Schumpeter［1912］Theorie der Wirtshaftlichen Entwicklung）塩野谷祐一他訳、岩波書店、1980年、164-6ページ。
3　J. A. シュンペーター［1912］『経済発展の理論』、前掲書、152ページ。
4　「図表4-1　産業・社会の変遷とイノベーション―過去・現在・未来」は、十名［2012］『ひと・まち・ものづくりの経済学』の「図表終-1　産業・工場・主役の発展と環境文化革命」284ページを一部見直したものである。
5　「システム制ネットワーク工業」は、筆者が命名したものである。
　　情報通信革命が進行するなか、工業の主要労働手段は、機械からシステムへ、大規模化からネットワーク化へとシフトする。それに伴い、工業形態は、「機械制大工業」から「システム制ネットワーク工業」へとシフトする。
6　「ダボス会議、格差・環境が転機」日本経済新聞、2020.1.23。
7　K. マルクス［1867］『資本論』第1巻第13章。
8　「人・自然重視の資本主義に」日本経済新聞、2020.8.9。
9　「グリーンテック　欧州で存在感」日本経済新聞、2020.6.29。

10「脱炭素へ大競争時代」日本経済新聞、2050.10.27。

11「SDGsから考える未来」日本経済新聞、2020.4.30。

12 長内　厚「世界見据えた企業戦略を」日本経済新聞、2020.6.24。

13 鉄鋼3部作とは、下記の3冊を指す。

　十名直喜［1993］『日本型フレキシビリティの構造—企業社会と高密度労働システム』）法律文化社。

　十名直喜［1996.4］『日本型鉄鋼システム—危機のメカニズムと変革の視座』同文舘。

　十名直喜［1996.9］『鉄鋼生産システム—資源、技術、技能の日本型諸相』同文舘。

14 S.P. ハンチントン［2000］『文明の衝突と21世紀の日本』鈴木主悦訳、集英社。

　および川勝平太［2002］『「美の文明」をつくる』ちくま新書。

15 産業3部作とは、下記の3冊を指す。

　十名直喜［2008］『現代産業に生きる技—「型」と創造のダイナミズム』勁草書房。

　十名直喜［2012］『ひと・まち・ものづくりの経済学—現代産業論の新地平』法律文化社。

　十名直喜［2017］『現代産業論—ものづくりを活かす企業・社会・地域』水曜社。

16 柳　宗悦（1942）22-26ページ。

17 文化庁 http://www.bunka.go.jp/1hogo/frame。

18 D. スロスビー［2001］『文化経済学入門』（David Throsby［2001］ "Economics and Culture", Cambridge University Press）中谷武雄・後藤和子監訳、日本経済新聞社、2002年、81-5ページ。

19「資産」は、「経済的便益の源泉たる経済的資源」である。資産の有形・無形を区分するのは、「物理的実体の有無」である。国際財務報告基準（第38号）によると、無形資産とは「物理的実体のない識別可能な非貨幣性資産」と定義されている。「所有持分を表象するものや、価値の交換手段として用いられる契約上の権利等」とみなされる金融資産、識別可能とみなされない「のれん」、等は「無形資産」から除外されている（企業会計基準委員会「無形資産に関する論点の整理」2009年12月 www.asb.or.jp/asb/asb_j/documents/summary_issue/intangible_assets/）。

20 中山淳史「「無形の力」映すキーエンス」日本経済新聞、2020.6.16。

21 中山淳史「「衰退の5段階」と闘うトヨタ」日本経済新聞、2020.10.20。

22 中山淳史「無形経済の道　ソニーは走る」日本経済新聞社、2020.8.22。

23「米GAFA 寡占けん制」日本経済新聞、2020.7.30。

24「巨大IT 規制強化を　米下院報告書」日本経済新聞、2020.10.7。

25「巨大ITに包囲網　米下院、規制強化へ報告書」日本経済新聞、2020.10.8。

26 リナ・カーン「アマゾンの反トラスト・パラドックス」日本経済新聞、2020.9.23。

27「株主資本主義からESG優先へ」日本経済新聞、2020.6.19。

28「ESG投資「自然資本」にも」日本経済新聞、2020.8.28。

第5章
仕事・研究・人生のロマンと
イノベーション

1 はじめに —— 仕事・研究を総括し開示することの意味

　ゲーテ[1811 ～ 33]『詩と真実』は、世界の3大自叙伝の1つといわれる。ゲーテは、自叙伝を書くことの心構えを、「伝記を書こうとする者は自己と自己の時代を知らなければならない」という。

　自叙伝は、自伝、伝記あるいは自分史ともいわれる。日本では、自分史を書く運動が1970 ～ 80年代に大きく高揚し、いまも深く続いている。人生をふり返り総括するなかで、生きることの意味を見出したいとの思いは、老年期に強まるといわれる。それは、自分史あるいは回顧録や物語としてまとめるという創造的な形で現れることもよくある。

　自分史や自叙伝は、「自己表現の最たるもの」である。それをまとめることにより、「自分の信念と過去の経験を整理して1つに統合すること」が可能になる。まとめることは、「独自な手法によって世界を再構成する」ことであり、「内的世界による外的世界の再生産」であると、24歳のゲーテはいう。自らの仕事や生活をふり返り総括することは、研究者のみならず企業や自治体などで働く社会人にとっても、大切なことである。仕事や研究の意味を見直すなかで、新たな視点やイノベーションの機会になることも少なくなかろう。さらに、総括を開示することで、その効果もより確かなものになるとみられる。

　大学教員の多くは、自らの研究の手の内、台所事情は明かさないといわれる。なぜ研究者個人のバックグラウンドや手の内を明かさないのか。

　その理由の1つは、研究のバックグラウンドやノウハウなどを開示するのは、超一流の研究者がやるべきことで、そうでない者がやるのはおこがましい、恥ずかしいことだ、という見方が少なくないことである。しかし、それではいつまでたってもできないし、「おそらく生涯にわたって部品の如き役割しか果たせない人で終わるだろう」という厳しい指摘もみられる[29]。『徒

然草』にも、よく似た警句がある。自己の実現と開示を先延ばしにする人は、明日を知らぬ人という。それは、研究者だけでなく企業や自治体などで働く社会人にもあてはまる警句とみられる。

　もう１つの理由として、科学への見方の偏りがあるとみられる。経済学や経営学の目的は、社会科学として法則の発見・解明にある。自然科学も然りで、科学は客観的なもので個人的な事情（主観的なもの）によって左右されるべきではないという。しかし、経済学も経営学も科学である前に、人間学であり、人間とは何かなど価値観いわば哲学が重要な位置を占める。むしろ、人間の不在、哲学の不在がいま深刻に問われているのである。

　それに対して、人間や文化の視点を重視するのが、わが現代産業論である。すなわち、機能と文化の両側面から産業を捉え、働き様や生き方そのものを産業の文化的な側面とみなし、不可欠な要素として織り込んでいる。

　研究者は大学人・企業人を問わず、国や企業、大学などの研究費を使って研究・教育活動をしている。それゆえ、研究成果という機能的な側面だけでなく、研究の思いやノウハウなどの文化的側面についても、積極的に開示し交流していくことが求められている。それは、研究のイノベーションなどにもつながるであろう。

2 仕事・研究人生の総括と再創造

2.1 自己実現欲求と社会的ニーズの邂逅が生み出すイノベーション

　イノベーションの本質は、独自な結合にある。イノベーションの着眼点を見出すのは、目の前の現実を問題＝課題として捉え、それが解決された状態を招き寄せようとする者のみである。「問いかけ」すなわち問題意識を持った人間にのみ、イノベーションの世界は開かれる。本質思考とは「問いかけ」であり、「問いかけ」の方法論である。意味への「問いかけ」すなわち哲学が、イノベーションを可能にする[30]。

　自己実現の欲求に導かれる人間と社会の出会い、すなわち社会的テーマの発見がイノベーションを生む。自らの問題意識と社会のニーズがぶつかったときに飛ぶ火花、これが新結合となる。欠乏動機から成長動機への転換、自らの社会的テーマ、使命感、独自性の発見、さらにその具体化が、事業となり事業の独自性となる[31]。

　仕事や研究において、人は自己実現を図ろうと試みる。そして、社会的な

大義とのつながりを見出そうとする。それは、仕事を哲学する道であり、イノベーションを求めるプロセスとみることもできよう。自らの仕事・研究の半世紀をイノベーションの視点から総括してみたい。

2.2 定年退職が促す仕事・研究人生の棚卸し

「棚卸し」と聞けば、青・壮年期の製鉄所時代にタイムスリップする。製鉄所では原料管理の仕事柄、期末になると原料在庫の棚卸しを行い、種類・数量・品質を確定する。棚卸しは、企業経営の節目で意識する仕事言葉であった。それは、人生の各節目で意識する人生言葉でもある。仕事や人生の節目、棚卸しとは何か、が問われよう。

人生の節目の1つに、定年退職があげられる。筆者は、2019年3月に27年務めた名古屋学院大学を定年退職した。70歳（古希）と定年退職という2つの節目が重なる。退職前後2年余の間に、5回（①〜⑤）にわたり、自らの仕事・研究人生を棚卸し（総括）する機会に恵まれた。下記にみる、2つのイベント（①、②）と3冊の単著書の出版（③、④、⑤）という、5つの機会である。

① 最終講義［2019.1］、②『名古屋学院大学論集』十名退職記念号・特集［2020.1］、③『現代産業論』［2017.11］、④『企業不祥事と日本的経営』［2019.2］、⑤『人生のロマンと挑戦』［2020.2］。

③『現代産業論』［2017.11］では、産業・企業研究において機能と文化の両側面からアプローチすることの重要性を提示している。上記5機会のうち、③と④が機能的側面に力点をおいて総括したものであるのに対し、①②⑤は文化的側面から光をあてたものといえる。

①最終講義は、その直後に出版された④『企業不祥事と日本的経営』をテーマに据え、大学での27年間の研究・教育をふり返る。そして、②退職記念号の小論（「「働・学・研」協同の理念と半世紀の挑戦」）は、半世紀にわたる総括の枠組を提示したものである。さらに、それを第2部として再編集したのが、⑤『人生のロマンと挑戦』である。

本章は、⑤の刊行（［2020.2］）をふまえ、製鉄所と大学にまたがる半世紀の仕事・研究・人生を現代産業論の視点からまとめたものである。

2.3 研究・教育活動の総括と再出発 —— 最終講義＆退職記念号のインパクト

最終講義は、2019年1月11日に、「現代産業論」（金曜1限目）と「産業社

会学」（金曜2限目）の合同講義として行われた。最終講義の柱は、27年間の研究・教育を総括し、さらに製鉄所時代を含む半世紀の仕事・研究を総括することである。

最終講義の準備と並行して進めたのが、7冊目の単著書づくりである。十名［2019］『企業不祥事と日本的経営—品質と働き方のダイナミズム』が出版されたのは、最終講義の3週間後のことである。

本のタイトルを最終講義の題目とし、本のエキスを講義の柱（7割）とし目玉にする。

さらに、仕事・研究・教育人生論（3割）を織り込み体系的に提示したことが特徴的である。名学大27年間の研究・教育（図表5-1）と、製鉄所21年間の仕事・研究を含む「働・学・研」協同の半世紀（図表5-2）を提示する。なお小論の図表5-1には、その後の1年（特任、非常勤）を含めている。

「**図表5-1　大学での研究と教育の推移（1992 ～ 2019 年度）**」は、縦方向（時代）に沿って1990年代と21世紀に大別し、横方向（内容）では研究と教育に分けて、わが研究・教育の歩みを俯瞰したものである。学部講義は1992年、工業経済論と技術論にてスタートし、2008年に現代産業論とものづくり経済論へ再編集する。1999年より後期博士課程開設に伴い、博士論文指導を担当し、わが研究・教育にも大きなインパクトをもたらすのである。

1990年代には、製鉄所時代の「働・学・研」をふまえ3冊の単著書（鉄鋼3部作）をまとめ出版する。21世紀の大学時代は、鉄鋼から地場産業への研究対象の転換、さらに普遍化・体系化を図り、産業3部作にまとめる。さらに退職前後には2冊の単著書を出版し、それまでの足らざるを補い、半世紀の総括を行った。

「**図表5-2　わが研究と教育の循環関係とダイナミズム**」は、丸い円を4コマ（現場体験・調査、研究、学部教育、博論指導）に分割し、4コマのフィードバック循環を通して、「働・学・研」協同の探求プロセスを浮かび上がらせたものである。製鉄所時代における「働・学・研」協同の試行錯誤とくに30代における「悪循環（30代）→基盤づくり」（右側）を何とか凌ぎ、「好循環（60代）→体系化」（左側）へとシフトするプロセスを示している。

1971年、高炉メーカーに入社以来、半世紀にわたり製鉄所および大学という両舞台を中心に、試行錯誤しながら「働・学・研」協同にトライし、そのあり方を探求してきた。それを総括したのが、『人生のロマンと挑戦』［2020］である。

図表 5-1　大学での研究と教育の推移（1992 ～ 2019 年度）

	研究（単著書）	学部教育	備考
1990 年代	1993『日本型フレキシビリティの構造』 法律文化社 1996.4『日本型鉄鋼システム』 同文館 1996.9『鉄鋼生産システム』 同文館 ＜以上、**鉄鋼3部作**＞	1992「工業経済論」 （その後「産業経済論」） 1992　「技術論」 （その後「現代技術論」）	1992 就任 経済学部 大学院経済経営研究科 97 修士課程 99 博士課程 ＜博論指導＞
21 世紀	2008『現代産業に生きる技』勁草書房 2012『ひと・まち・ものづくりの経済学』 法律文化社 2017『現代産業論』水曜社 ＜以上、**産業3部作**＞ 2019『企業不祥事と日本的経営』晃洋書房 2020『人生のロマンと挑戦』社会評論社 ＜8冊目、**集大成**＞	2008「現代産業論」 2008「ものづくり経済論」 （全国唯一の科目） 2016　「産業社会学」 2017「人間発達の経済学」 （全国唯一の科目） 2019.1　**最終講義** 2019 4科目講義（非常勤）	2015 発足 現代社会学部 2019.3　定年退職 2019 年度 学部講義（非常勤） 博論指導（特任）

注：十名直喜［2020］『人生のロマンと挑戦』図表 3（165 ページ）を一部修正。

図表 5-2　わが研究と教育の循環関係とダイナミズム

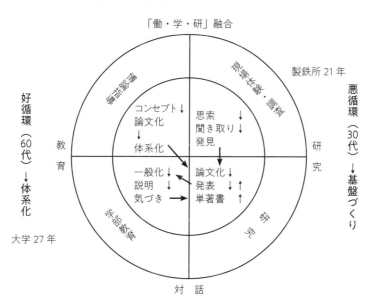

注：十名直喜［2020］『人生のロマンと挑戦』図表 4（165 ページ）に基づく。

主要な舞台は、第1部では製鉄所であったが、第2部では大学となる。大学に転じた頃は、製鉄所とは異次元の世界のように感じられ、すべてが新鮮で学生たちがまぶしく映った。それにとまどいつつも、研究と教育の結合という新たな課題と懸命に向き合う。そして、いつの間にか28年が過ぎた。学部授業を通しての学生たちとの交流、「現代産業論」「ものづくり経済論」講義、博士課程での社会人博士の育成、学部と博士課程との連携授業、最終講義での統合なども思い出深い。

　定年退職および退職記念号「特集」を機に、「働・学・研」協同の半世紀をふり返る。自らの3次元体験のみならず、博論指導を通して、社会人研究者の多様な思いや実践モデルにも触れることができた。彼らの自己実現への支援、いわば他者実現を通して、自己実現を追求してきたプロセスでもあった。

2.4 人生の節目で問い直す仕事・研究
――『人生のロマンと挑戦』の3層構造アプローチ

　人生の節目あるいは社会の転換期において、人はしばし哲学的となる。原点、本質に立ち返り深く問い直すことが求められるからである。それは、コロナ禍の渦中にあって、仕事や生活が大きく揺れ動き先行きの見通せない今日においても、言えるであろう。

　定年退職という人生の節目において、半世紀にわたる仕事・研究の歩みと思いをふり返りまとめたのが、『人生のロマンと挑戦―「働・学・研」協同の理念と生き方』[2020]（社会評論社）である。「働・学・研」協同の視点から光をあてたもので、自らの仕事・研究人生を問い直すという挑戦でもあった。それはまた、現代産業への文化的アプローチとして位置づけられる。

　本書は、「図表5-3　『人生のロマンと挑戦』の構造」にみるように3層構造から成る。仕事・研究という人生ボール（球）が、タマネギ状に3つの層をなしているのである。

　まず、中心核にあるのが第1部と第2部で、1つ目のコア層をなしている。次にそれを包んでいるのが序章と終章で、2つ目の中間層をなしている。表層に位置するのが、3つ目のプロローグとエピローグである。表層で人生をひも解き、中間層で仕事・研究に分け入って「働・学・研」を理論的に俯瞰し、コア層で「働・学・研」の現実世界を追体験する。

　第1部は、鉄鋼メーカーに就職してから退職するまでの21年間、大学に転じての5年余、計26年余にわたる仕事・研究人生の歩みを、「49歳の自分」

図表 5-3 『人生のロマンと挑戦』の構造

3層構造	プロローグ　人生とロマンの探求
	序章　仕事・研究・人生の意味と「協同」のダイナミズム
	第1部　働き学ぶロマン
	―製鉄所と基礎研で育まれた仕事・研究の夢とスタイル―
	第2部　「働・学・研」協同の理念と半世紀の挑戦
	―仕事・研究・人生への創造的アプローチ―
	終章　青・壮・老を生き抜く「働・学・研」協同
	―生きがい創造と熟年への視座
	エピローグ　「自己」の探求と邂逅

注：筆者作成。

がまとめたものである。

　第2部は、定年退職を機に半世紀にわたる仕事・研究・教育の歩みを、「71歳の自分」が第1部とも対話しながらまとめたものである。

　鉄鋼マンとしての仕事・研究史を軸に自分史として編集したのが、第1部である。それに対して第2部は、その後の研究・教育実践を織り込み「働・学・研」協同として理論化し、半世紀の歩みを「働・学・研」協同論、さらに現代産業論・研究教育論として捉え直したものである。

　両者のつながりを、先行研究をふまえつつ理論的・思想的に明示したのが、序章と終章である。さらに、原点に立ち返って問い直し、人生論として俯瞰するのが、プロローグとエピローグである。

3 「働・学・研」の理論と「協同」の思想

3.1 「働きつつ学び研究する」勤労者像とその理念・政策

　19世紀前半のイギリス工場労働者は、小学校も出ておらず字の読めない肉体労働者が大半を占めていた。1833年の工場法（とくに工場児童への学校教育の義務化）を起点に学校教育制度の整備が進められていく。

　その後、百数十年を経て先進資本主義国では高学歴社会が到来し、仕事にもより高度な知識や創造性が求められるなど知識労働の比重が高まる。技術

革新がスピードアップし、それに対応する知識や技能が職場でも不断に求められるようになる。そうしたなか、学校卒業後も「働きつつ学ぶ」ことが常態となり、さらに「働きつつ学び研究する」ことが求められるに至る。

「働きつつ学び研究する」はまさに、発達した資本主義社会における勤労者の働き方であり、学び方といえる。その鼓動が日本社会で感じられるようになるのは、高学歴の団塊世代が一斉に社会進出した 1970 年代初めとみられる。1971 年、大学を出て鉄鋼メーカーに入社した小生も、そうした時代の息吹を感じていた。

「働きつつ学び研究する」活動を、勤労者の働くスタイルとして、また勤労者と大学研究者が学び合い高め合う研究協同の理念および政策として提示した[32]のは、1973 年秋のことである。製鉄所で働き始めて 3 年目、25 歳の時であった。そこには、初の研究論文[33]を仕上げた手応えをバネに、大企業の生産現場で働きながら経済学研究を進めていこうという意気込み、いわば青春の「働き学ぶロマン」が垣間見える。1975 年には基礎経済科学研究所の「働きつつ学ぶ権利を担う」理念へ、「夜間通信研究科」開設などへと展開していく。

製鉄所から大学へと舞台を転じ、「働きつつ学び研究する」活動を続けるなか、30 数年の実践をふまえて、「働・学・研」融合として理論化する[34]。さらに 10 年の実践と思索をふまえて、十名［2020］『人生のロマンと挑戦』では「働・学・研」協同として捉え直すに至る。「働く」、「学ぶ」、「研究する」というそれぞれの意味やあり方を問い直し、分離・分化しがちな現状を乗り越え、3 者の再結合・協同化を図っていくノウハウや理論、政策を提示したものである。そのエキスを紹介したい。

3.2 働く・仕事・労働

人生百年といわれる今日、長い人生を通してどのように生き、どのように働くのかが、かつてなく深く問われてきている。どのように働き、どのような仕事をしたのかが、その人の人生になる。そして、どのような仕事をしたいのかが、その人の夢になる。いまやどのように働くのかが、人生の中心テーマとして問われている。

「働く」とは何か。その意味は多岐にわたり、限りなく深いものがある。「働く」ことは、「学ぶ」ことであり、さらには「研究する」ことでもある。「働きつつ学び研究する」というライフスタイルは、仕事を見つめ直し職場や産

業を捉え直す契機となり、イノベーションにつながる可能性を秘めている。さらに、仕事と人生を主体的・創造的に捉え直すロマンを内包している。

「働・学・研」すなわち「働く」「学ぶ」「研究する」は本来、深くつながっており、相互に助け合い共鳴し合うダイナミックな関係にある。資本主義の下で分離・分化が進行して機能不全が顕在化し、現代社会のニーズに深く応えられなくなっている。その課題に深く応えようとするのが、「働きつつ学び研究する」という活動、ライフスタイルである。「働きつつ」の「つつ」には、「働・学・研」を意識的につなげていこうとする主体の思いと努力が込められている。

「働・学・研」協同（略称：働学研）は、「働く」「学ぶ」「研究する」を主体的につなげていく活動である。それは、資本主義的な分離から人間的な再結合への道でもある。

「働く（work）」には、「仕事をする」という意味が含まれている。人間の「労働」や「作業」、「仕事」など関連する言葉を貫通するキーワードである。また、「自然の働き」や「引力が働く」など法則や原材料、設備などが「効果をあらわす、作用する」といった意味でも広く使われるなど、包括的な響きと意味合い、膨らみをもっている。

一方、「労働」は「ほねおり働く」の意で、（「苦しい仕事」が原義の）laborに照応するとされる。自然のリズムのなか、社交と労働の混合する伝統的な農作業に比べて、近代のはたらき方を表す「労働」は、「組織のなかでの労働」としての性格をもち、ある種の不自由さがある。

「労働」という言葉は、経済的な意味合いが強い。労働は、生産のための資源の１つであり、労働者は労働力の担い手である。労働者にとっても、労働は生活のための手段、快のための苦という経済的行為とみなされる。「労働」には苦痛と労苦をともなう活動という意味合いがつきまとう。

一方、「働く」ことは、経済的資源や生活の手段、手段としての苦痛という以上の意味を持っている。生きることとも深く関わり、生活や人生の全体とつながっている。「仕事」という言葉は、「働く」ことの意味合いをより強く帯びている。「良い仕事」という言葉が、望ましい働き方を考えるキーワードとして提起されている[35]。日本社会の今日的課題として大きな関心を集めている働き方改革も、あるべき方向に「良い仕事」が位置するとみられる。

実社会で「働く」場合、むしろ「労働」の側面が強いが、そこに「働く」（「はたらく」）ことの本来的な意味合いをいかに織り込んでいくかが、各位に求め

られている。そこで重要な役割を担うのが、「働きつつ学ぶ」さらには「働きつつ学び研究する」生き方である。

3.3 学ぶ・研究・創造のダイナミズム

　「学ぶ」（learn, study）という言葉には、「経験に学ぶ」や「自然に学ぶ」といった表現にもみられるように、「まねぶ」「習う」「勉強する」「研究する」などの意味合いを包括した含みと柔らかさ、謙虚さがある。「学ぶ」は、「学び研究する」を包括したものとみることもできる。

　一方、『論語』では、「学ぶ」「習う」「思う」などを区別してみることの大切さも説かれている。「学びて思わざれば即ちくらく　思いて学ばざれば即ち始し」の警句もある。

　「学ぶ」と「習う」は別次元のことで、その両方が必要である。「学ぶ」には知る楽しさがあり、「習う」には体得する喜びがあるという。自分なりに噛み砕き、工夫することによって、体得する[36]。

　一方、「学ぶ」ことと「思う」こと、すなわち知識を収集・蓄積することと思索をめぐらすことは、いずれも大切であるという。『論語』は、両者のバランスのとれた営みを何よりも重んじている。「思う」こと、とは何か。学んだことが、社会の出来事や体験とどのようにつながっているのかなど、思索をめぐらすことである。それは、論理的に思考することでもあり、その過程で、ひらめき、インスピレーションとも呼ばれる「科学的直観」もしばし訪れる。創造的活動へ、研究へとつながっていくのである。

　「研究する」は、「学ぶ」と「思う」の良循環、いわば弁証法的な発展、とみることができる。「研究する」ことは、自然および社会における未解決の課題にアプローチし、新たな知見を示すことである。

　「学ぶ」ことの奥義ともいえる「学問する」は、「創造」と深く関わり、「研究する」の核心に位置する。両者に共通するのは、「挑戦する」ことである。

　創造するには、長い修練の時が必要である。ニーチェ（『ツァラトゥストラはかく語りき』）は、「人間精神の三様の変貌」を語る。人類の膨大な知識を習得するラクダの人生、既成の知識と格闘するライオンの人生、小児（童心）にみる遊びの精神と無心の人生である。それはまさに、忍耐の人生、勇気の人生、そして創造の人生という[37]、「創造に至る人生3段階」説に他ならない。

3.4 「働きつつ学び研究する」への文化的発展と「働・学・研」協同

　それらの示唆には、「働きつつ学び研究する」活動、その核心に位置する「研究する」ことの意味と極意が凝縮して示されている。

　「学ぶ」には、「まねぶ」「習う」「勉強する」などの初歩的、受動的、半強制的な意味合いも含まれ、それらと同一視する見方も少なくない。『論語』は、そうしたことに警鐘を鳴らしている。「学ぶ」と「習う」「思う」などを区別し、さらにバランスよく統合的に実践することの大切さを説いているのである。

　他方、「研究する」には学術的、高踏的な側面もあり、庶民には近寄りにくいものと見なされがちである。そうしたこともあって、「学ぶ」と「研究する」は別次元のものと見る傾向も少なくない。

　しかし研究そして研究活動は、学者や研究者と呼ばれる人たちの専売特許ではない。今や、日々の仕事や生活における創意的な工夫や改善など、庶民の営みの中にも広く見られるものである。ものづくり、まちづくりなど企業や地域の経営において、創意工夫を凝らし発展させていくことが求められている。

　企業や地域の諸課題と向き合う創造的な活動は、研究過程と重なる特徴も随所に見られ、広く研究活動とみなすことができる。

　それらを「小研究」とみれば、科学や技術における画期的な発見や発明、それに学術的な研究活動などは「大研究」と呼ぶこともできよう。

　「働・学・研」協同（「働きつつ学び研究する」）の「研究」は、「小研究」をベースにしているが、それにとどまらない。幅広い裾野からなる「小研究」群は、産業活動の活性化とイノベーションを促し、「大研究」を生み出す基盤ともなる。

3.5 「働く」「学ぶ」「研究する」の分離から再結合へ

　「働く」「学ぶ」「研究する」は、深くつながっているが、日本社会では近代化の進行に伴い分割・分離して捉える傾向が見られた。「学ぶ」は学校、「働く」は企業や自治体、「研究する」は大学や研究所など学術・研究機関にて行われる。あるいは、ものづくりは企業、ひとづくりは学校、まちづくりは地域や自治体にて行われる、というように。

　「働きつつ学び研究する」活動、すなわち「働・学・研」協同による仕事の進め方は、「働く」「学ぶ」「研究する」を主体的につなげていく活動とい

える。それは、資本主義的な分離から人間的な再結合への道であり、「手づくり」による等身大の産業・地域システムづくりに他ならない。わが産業研究のプロセスも、等身大のアプローチとして位置づけることができる。

4「働・学・研」協同の秘訣と展望

4.1 社会人のハンディキャップと強み

　働くこと自体が懸念される昨今、「働きつつ学び研究する」ことなどとても、と感じる方も少なくなかろう。しかし、働くことは学ぶことであり、学ぶことは研究することと深くつながっている。こうした時代であるからこそ、本道を歩む気概と努力が大事になり種蒔きが欠かせないといえよう。

　定型的な仕事がAIなどの機械へシフトしていくなか、新たな発想や創意工夫など創造的な働き方が求められ、そうした仕事の比重が高まっている。創造的な働き方を支えるのが、「学び」であり「研究する」という姿勢と努力である。あらゆる産業や地域で、社会人研究者が求められているのである。

　しかし、社会人研究者の道を歩もうとしても、一見ないないづくしのオンパレードである。学ぶ時間は少ない、仲間も場も見当たらない、文献・資料をどう探すか見当がつかない、金や精神的ゆとりもない。しかし、社会人研究者は自らの内に、それらのハンディキャップを克服する資源や可能性も有している。それに、ほとんど気づいていないだけといえるかもしれない。

　働くゆえの狭隘さというか限界も、少なくなかろう。しかし、このテーマでしか勝負できない、自らの労働体験へのこだわりといった限定性は、そこに特化せざるをえないという集中力（＝強み）に転化しうる。人間的な発達・向上欲求、自己実現欲求などは、制限され抑圧されるなかで、かえって刺激され潜在的に強まる、という面もみられる。

　何よりも、働く現場は情報と経験知の宝庫といえる。生きた現場情報の膨大な渦の中にあって、五感を通して体験・入手できるという、何物にも替え難い強みがある。こうした強みを自覚し、明瞭な問題意識や視点と結びつけると、限られた時間・文献などのハンディキャップを乗り越え、ユニークで奥深い研究が可能になる。

　長年の仕事体験を通して、膨大な暗黙知（個々の体験・思い・情報・知識・ノウハウなど）の塊が体内に頭脳の内に蓄積される。まさに、暗黙知の地下鉱脈という無形資産を内に秘めているのである。労働の中、仕事の現場（職場、

企業、産業）の中にこそ汲みつくせぬ研究の源泉があるといえよう。

4.2 社会人大学院にチャレンジする意義

　社会人大学院にチャレンジする意義は、何であろうか。ここでは、次の3点をあげたい。

　1つは、社会人研究者へと変身を遂げる機会となる。指導教員や仲間とのフェース・ツー・フェースの議論が、潜在的な問題意識を掘り起こし、火をつける。文献資料については、口コミやインターネットで検索し活用するなかで、感覚やノウハウが磨かれる。学会や研究会への出席や研究発表などを通して、知的な交流や人脈を得るなど、企業、業界の枠を超えた知的ネットワークづくりが可能となる。

　2つは、人生と仕事の質・創造性を高める契機になる。研究論文として、自らの仕事や企業、産業を捉え直すことにより、より広く深い視点や発想が育まれる。思いを込めた修士論文は、人生と仕事の質・創造性を高め、イノベーションの孵化器にもなりうる。また、質の高い修士論文は、博士論文の土台となり跳躍台にもなる。

　3つは、博士論文への挑戦への道を切り拓くことができる。博士論文は、高度な創造性・専門性・体系性を磨き、創造的な人生と仕事を切り拓く。

　修士論文と博士論文の違いは何であろうか。修士論文は、研究入門あるいはローカル版といった側面がみられる。それが博士論文になると、質的にも数段アップし、体系的かつ独創的な研究が求められる。全国版さらにはグローバル版といった色彩が濃くなる。

　博士論文という高い山への挑戦と達成は、創造的な人生と仕事の画期を呼び込むことになるであろう。そうした事例を、幾つも見てきた。「そんな高い山登りなどとても…」としり込みする方も少なくなかろう。しかし、強い思いと粘りさえあれば誰でも挑戦でき、しかも適切な指導があれば、かなりの確率で完成可能といえる。3次元の体験と原型づくりを通して得た、わが確信である。

4.3 博士論文が切り拓く社会人の仕事・研究・人生の新地平

　『名古屋学院大学論集（社会科学篇）』第56巻第3号［2020.1］は、「十名直喜教授退職記念号」として発刊された。そこに組んだのが、「特集　「働・学・研」協同の仕事・研究・人生」である。「特集」は、17人の社会人研究者が、仕事・

研究・人生について「働・学・研」協同の視点から深く考察したものである。「特集」は、「働・学・研」協同の理論と思想を検証しているが、日本社会における近年の博士課程離れに対する処方箋とそのヒントも多面的に示すものとなっている。

　1999 年に名古屋学院大学大学院経済経営研究科後期博士課程が開設され、20 年になる。その間、30 人余の社会人博士を輩出してきた。私自身も産業システム研究指導にあたり、博士課程十名ゼミを開いてきた。産業システム研究会としてゼミ OB や他ゼミ、社会人研究者などにも門戸を開いてきた。十名ゼミから、14 人の博士（課程博士 11 人・内留学生 4 人、論文博士 3 人）を送り出している。

図表 5-4　博士論文が切り拓く社会人の仕事・研究・人生

白　　明：「働・学・研」協同でつかんだ夢の人生 　　　　　　　―自己実現から他者実現に向けて
杉山友城：出逢いは宝―この瞬間が「働・学・研」の場
井手芳美：人生と仕事を切り拓く源泉 　　　　　　　―働きつつ学び研究する意義と未来への展望
太田信義：シニア時間を知的に楽しむ―「働・学・研」で得た生き方
古橋敬一：人と社会を見つめ、自らの人生を歩む 　　　　　　　―まちづくりで学び、働き、研究する
櫻井善行：社会人研究者としての歩みとこれからの課題 　　　　　　　―博士論文完成までの経緯
冨澤公子：私の研究人生―塞翁が馬
藤田泰正："学び"と"実務"の相互啓発関係 　　　　　　　―ある産業用機械メーカーの再生事例をふまえて
程　永元：「働・学・研」協同論における博士づくり 　　　　　　　―点・線・面の視点をふまえて
納富義宝：「働・学・研」協同こそが人生―走り学んだ半世紀

注：筆者作成。網掛けは、60 歳代以降に博士（経営学）を取得された方である。

博士論文に一から挑戦し、働きながら様々な苦難を乗り越え博士論文を仕上げていく道のりは、人によって異なるも、それぞれが壮大なドラマである。道半ばの方、もう少しの方などのドラマも、手に汗握るものがある。それらに寄り添い、共に悩み喜びを分かち合いながら伴走してきた。その中心に位置したのが、現役院生たちである。

そうした研究交流を20年間にわたり続けてこられたことは、今にして思えば珠玉の体験であり時空間であったと感じている。中堅私学においては、学部教育や大学運営、学会活動などで精一杯である。そうした中にあって、多くの社会人研究者や博士を生み出す壮大な交響楽を奏でることができたことは、奇跡といえるかもしれない。

産業システム研究会に参加した方々は、そうした体験をどのように受けとめてきたのか。彼らにとって、博士論文への挑戦や共有の体験はどのような意味をもち、彼らの仕事と人生にどのようなインパクトや彩を与えてきたのか。そのような視点から、産業システム研究会（博士課程十名ゼミ）に参加した方々に、各位の仕事や研究、交流体験、思いについて綴ってもらったのが、筆者の「退職記念号」特集（第1・2・3部）である。寄稿者は、17人に上る。「「働・学・研」協同の仕事・研究・人生」という共通テーマを軸に、各人各様の歩みや思いを自由自在に語っていただいた。「**図表 5-4　博士論文が切り拓く社会人の仕事・研究・人生の新地平**」は、社会人博士（経営学）10人の寄稿タイトルを示したものである。彼らの博士論文は公開されており、その多くはさらに洗練化をはかり単著書として出版されている[38]。

4.4 社会人研究者育成の心得と醍醐味 —— 大学人へのメッセージ

社会人研究者のテーマは、出版された本のタイトル一覧（注38）に垣間見えるように実に多様で、奥行きも深い。彼らの置かれた状況や背景を配慮しての、柔軟かつきめ細かな粘り強い指導が必要である。また、原石に潜む宝石を見出す目利きの如きハイレベルの研究指導能力が求められる。

筆者の博士課程ゼミでは、次のようなやり方をとるなど工夫を凝らしてきた。博士論文については、テーマは何か、構成はどうあるべきか、各章のポイントはどうか、何を軸にしてどのように展開すべきか、が決め手となる。そこで、そうした点について、毎回のように報告してもらい、議論を重ねる。3年以内で首尾よく書き上げるのは、簡単ではないが、クリアする人も少なくない。書き上げた後も、さらに洗練化を図る必要がある。この過程が重要で、

執筆者の構成力や表現力が磨かれる絶好の場となる。（数ヶ月～１年近くに及ぶ）洗練化を終えて、ようやく申請する。

それによって、厳しく真摯な審査にも揺るがない骨組みが固まり、結果として高水準の取得率につながるのである。しかし、万全を期しても、予備審査では厳しい指摘や注文が他の審査員から出される。それらの課題をクリアすることを通して、博士論文はさらに深化し洗練化されるのである。

一方、社会人研究者の博論指導に大学教員が本気で取り組もうとすると、自らの研究とも正面から向き合わざるを得ない。いずれも時間と根気を要するゆえ、避けるが無難とみえるかもしれない。また、本気で取り組むということは、自らの長所と社会人研究者の強みのハイブリッド化につながるなど、自らを超える研究を受け入れる度量も求められる。上記のような困難な環境を、教員の立場からどう打開していくかが問われよう。学び合うという発想への転換がポイントになるとみられる。

現場情報と専門知識に富む社会人に対しては、「指導」という上からの目線ではなく、一緒に考え学ぶという同じ目線、いわばスタンスの転換が求められるように思われる。これまで「博論指導」あるいは「研究指導」という表現で通してきたが、「指導」というより「助言」の方がマッチしている。研究アドバイザー、研究ガイド・伴走者といえるかもしれない。

社会人研究者の多彩な現場経験と目を通して、多様な現場を追体験し、一緒に学び研究する。そのような得難い機会を得ることができるのである。大学という教育現場、そして机上の研究を越えて、現場の最前線の息吹に触れつつ共に学び研究することができる。まさに、宝石の如き時空といえるかもしれない。博論指導の醍醐味も、そうした中に潜んでいるといえよう。

博士論文指導、博士号の授与が、大学にとって持つ意義もそこにある。現場と大学のつながりを深め、相互の活性化を通して、現場のイノベーションを促し、大学の品格を高める。「働・学・研」協同は、そのような好循環をうみだす力になるであろう。

5 青・壮・老を生き抜く「働・学・研」協同

5.1 仕事・人生の喜び（青・壮年期）と勇気（老年期）
——「働・学・研」協同の贈り物

青・壮・老を創造的に生き抜くロマンと挑戦とは何か。そうした課題につ

いて問い直したのが、十名［2020］『人生のロマンと挑戦』である。

　同書の第1部、第2部は、いずれも「働・学・研」協同の歩みを軸にして、「過去の自分」との対話を通して紡ぎ出してきたものである。そこで得た仕事・人生哲学とは何か。そのエキスを紹介したい。

　「働きつつ学び研究する」という「働・学・研」協同のライフスタイルは、人生にどのような意味や色を付与するのであろうか。まず、青・壮年期の働き方・生き方により高い質をもたらし、青・壮年期の仕事を面白く意義あるものにしてくれる。それは、渋沢栄一が説く「趣味」の道に他ならない。

　現役で働く者にとって、組織のしがらみは複雑で逃れ難いものがある。自らのアイデンティティも見失いがちになる。しかし、仕事を研究対象にして学び研究するなかで、組織へのこだわりやしがらみが相対化され、自らの人生の質を大切にする基軸ができる。仕事の質を高め喜びを見出すことができるようになる。

　現役時代にそのような働き方・学び方を体得し磨いていくと、定年後の人生を創造的に楽しく生きていく道も切り拓いていくことにつながる。まずは、「過去の自分」との対話のなかに、そのヒントを見つけ出すことである。とくに、逆境にどう立ち向かい乗り越えてきたのか。その中に、老化に伴う肉体的・精神的な諸機能の低下という新たな逆境にどう立ち向かい、熟成という創造的な道を切り拓いていくかの知恵やノウハウ、勇気を見出すことができるであろう。

5.2 「老化」と「熟成」の協奏 ── 「機能」と「文化」を生かす熟年の知恵

　ポスト中年を指す言葉とされる「老年」には、「老化」に抱く不安を表す否定的な意味合いも言外に含まれている。「老化」とは一般的には、「成熟期以降に起こる生理機能の衰退を意味し…適応力が低下することで起こる変化」とされている[39]。中年以降を「成熟期」とするも、「衰退」「低下」のみクローズアップされている。

　「成熟期」の「成熟」とは何かが問われよう。そこで、「熟成」という視点から捉え直してみたい。「成熟」プロセスでは、「衰退」「低下」すなわち「劣化」とともに「熟成」も並行して進む。「熟成」と「劣化」は、表裏の関係にあるといえよう。「熟柿」という言葉にみられるように、果物は「熟成」が進むなか、美味しくなり栄養価も高まる。「熟成」は、原材料を取り扱うものづくりにおける産業用語の1つでもある。適当な条件の下で置いておく（す

なわち「材料を寝かす」）と、原材料は化学変化により品質の安定・向上が進む。熟成の視点は、人間の「老化」においてこそあてはまるはずである。老化のプロセスは、機能的にみると「衰退」「低下」など「劣化」が進むが、文化的にみると様ざまな体験を経て深まる「熟成」の側面がみられ、人間らしさの核をなすとみられる。機能的側面と文化的側面の両側面を統合して捉えることは、現代産業論においても重要な課題となっている[40]。

　日本のみならずアジアの文化では、人生経験豊かな長老の判断を、多数決原理以上に尊重するところもみられる。そうした慣習の根底にある老人の知恵とは何か。長い年月のなかで集積された人生の問題解決能力とともに、現実的な利害関係に縛られることが少ないことに拠るとみられる。老人の「知恵」というものが、老人の頭の中の熟成もさることながら、老人が置かれている状況すなわち比較的自由な社会的立ち位置から派生するものという[41]。両者のブレンドが醸し出す妙（文化イノベーション）に注目したい。

　「引退」後は、「心の奥底から直接湧き上がってくる興味を大事にして真剣にしかも楽しんでそれに専心でき…創造的な可能性に楽しく挑戦できる」。「今度は外部からの圧力とか金銭的必要からではなく、むしろ自分自身の創造的エネルギーが引き金になる」[42]。そのような老年期のあり様は、「熟年期」とみることができよう。

　人生が長くなり、多くの移行を経験する時代には、人生全体を貫く要素が何かを意識的に問うことが求められている。「働く」という意味や性格は、今や大きく変化しつつあり、「社会の役に立つ」活動という意味合いを強めつつある。有償労働だけでなく無償労働の比重も高まっている。さらに、楽しく働くことが求められている。

　「働く」ことはまさに、生涯にわたる活動となり、社会人として生きる証となりつつある。「働く」活動には、「学ぶ」、「研究する」活動も欠かせない。本書が提唱する「働・学・研」協同のライフスタイルは、その問いに応えようとするものである。

6 研究・教育・経営をつなぐ「無形」の懸け橋
—— 自己実現と他者実現の好循環に向けて

6.1 「自己実現」の探求から「他者実現」の支援へ

●原点としての製鉄所時代の「自己実現」追求

　製鉄所時代は、会社の仕事とアフターファイブの鉄鋼産業研究、両者の両

立、いわば自らの「自己実現」を懸命にめざした。大学に転じ、学士や社会人博士の育成を通して（彼らの自己実現すなわち）「他者実現」を後押しする仕事へと、舞台は大きく転回する。しかし、ベースとなり羅針盤となったのは、前者（すなわち製鉄所時代の仕事・研究を通じた交流体験）である。

この2つの舞台をつないだのが、1990年代半ばの数年間であった。3冊の単著書に仕上げて出版することにより、製鉄所時代における「自己実現」の試みを有形化する時空間に転化できたからである。それによって、社会人博士の育成という高次の「他者実現」に取り組む主体的条件ができたといえよう。

● 「他者実現」を支援する「働・学・研」協同論への発展

大学での博論指導により、「働・学・研」協同の試みは新たな段階に入る。自らの自己実現探究にとどまらず、社会人研究者（博士）の育成を通して彼ら（他者）の自己実現すなわち「他者実現」を支援するという新たな課題が加わったのである。

なお、「他者実現」は、筆者の造語である。社会人の博士論文作成・学位取得さらに社会での活躍を「彼らの自己実現」すなわち「他者の自己実現」とみなし、「他者実現」と名づけたものである。

自己実現をより深く追求していくと、他者実現とぶつかる。それとどう折り合いをつけていくかが問われる。むしろ、他者実現を支援することが、より深い自己実現にもつながってくる。そのことに気づかせてくれたのが、社会人研究者の博士論文づくりへの支援である。仕事と人生を賭けた彼らの挑戦は、いくつものハードルがあり、それを乗り越えていくには種々の支援も必要となる。それに応えることが、期せずして他者実現を支援することにつながっていく。

時間的・精神的な余裕が少なくなっている近年、博論指導は大学教員にとってもかなり重い仕事となっている。自らの研究や学部教育などに食い込んでくることも少なくない。しかし、懸命にやり繰りしていくなかで、新たな現場体験や視点に遭遇する機会も出てくるし、その緊張感が自らの研究に刺激を与えるのである。まさに、他者実現は自己実現とも深くつながっており、それに気づかせてくれる格好の場といえよう。

「他者実現」を通して「自己実現」を追求するという生き方は、社会人の博論指導において、筆者が心がけてきたものでもある。彼らの挑戦や創造性に深く学び、自らの研究にも長い目で活かしていこうというスタンスは、ユングの考え方や日本の循環思想にもつながっている。そのことに、あらためて気づいた次第である。

6.2 自分史から現代産業論、経営理念への発展と三位一体化
── 懸け橋としての「働・学・研」協同の理念と実践

● **自分史から現代産業論への昇華**

　「働きつつ学び研究する」こと、すなわち「働・学・研」協同の探求は、自らの働く職場・企業・産業と向き合うことになる。仕事の過程や組織の目的の全体像を把握し、仕事の位置と意味を理解して、全体を思慮できるようにすることにつながる。それは、本来の仕事や企業、産業のあり方の探求とも深く関わっている。それはまさに、「良い仕事」[43] の核心をなすものでもある。「良い仕事」を構成する条件は、職場の状況や仕事の内容などによって大きく左右されるが、仕事の担い手が自ら見出し創り出すものでもある。それゆえ、仕事への姿勢がより重要な意味をもつとみられる。

　「働・学・研」協同は、働くことの意味、本来の仕事や企業、産業のあり方、「良い仕事」の探求とも深く関わっている。わが半世紀近い歩みは、「働・学・研」協同を掲げ、その実現をめざしたものといえる。

　「働・学・研」協同論は、「自分史」（自己実現）と向き合い、博論指導など（他社実現）を通して深掘りするなかで育まれたものである。そこには、この半世紀の社会・経済の移り変わり、とくに1970〜90年代の鉄鋼メーカー、21世紀の大学が置かれた状況が反映されている。その中から紡ぎ出されたのが、独自な鉄鋼産業論であり、ものづくり経済学の提唱、現代産業論の体系化[44] である。

　そういう視点から見ると、「働・学・研」協同論は、自分史であるとともに、自分史を越えている側面もはらんでいる。別の言い方をすれば、「自分史」の中から紡ぎ出された「働・学・研」協同論を、さらに現代産業論の文化的側面として理論化し、捉え直したのである。それは、自分史から現代産業論への昇華、とみることができよう。

● **経営理念にみる自己実現と他者実現への視座**

　優れた経営者は、探求者でもある。人生と事業に自らの視点を明確に持ち、事業と経済への洞察力を高める努力を怠らず、独自の事業基盤を築こうとする。本質的な問いかけ（本質思考）は、経営領域や人生に独自性を与える。心の奥底に内在する基本理念を見つけ出し、経営理念として体化し、事業に独自性を与える着眼点を引き出す。

　事業は、社会のニーズや課題に応えるものであり、その本質は「自ら」から「社会」への転換にある。利他実現すなわち他者実現にも関わる側面を持

つといえよう。自己実現は人間のもつ可能性の限りなき実現であり、自己超越は自己を超える大きな価値への献身・同化を意味する。

　経営者のこだわり、事業への創造的な着眼点は、経営者の自己実現の結果として生まれる。さらに経営理念は、経営者のこだわり、事業への創造的な着眼点から生まれる。経営理念は、自己実現の産物として自分の内側から生まれながら、自分を超えて導く基準にもなる[45]。経営理念は、経営者の自己実現にとどまらず、自己超越さらに他者実現の橋渡しにもなるのである。

　経営理念の明示化・文書化は、設立10年前後、大企業に成長する前に、多く見られる。経営理念の公言は、理念に沿った一貫した行動を経営者および組織全体に促す。経営理念を明確にし、揺るぎないものにすることによって、経営の軸心ができ、それ以外のすべての変化・発展を促す作用をも果たすのである。ビジョナリー・カンパニーは、理念に徹する傾向が強く、理念と利益を同時追求する傾向が見られるという[46]。

　自己実現と他者実現の共鳴は、「働・学・研」協同の理念と活動の発展として見出したものである。それは、経営理念の核心にもなっており、ビジョナリー・カンパニーが体現しているものでもある。自己実現と他者実現の同時追求は、まさに研究・教育と経営をつなぐ「無形」の懸け橋といえよう。

7　おわりに——ポストコロナ社会への視座

7.1　産業イノベーションと情報通信革命の歴史的位置

　第2部（7、8章）は、2020年6月の産業学会全国大会報告（「現代産業論への視座と半世紀の挑戦—『人生のロマンと挑戦』[2020.2] 刊行をふまえて」）を下敷きにし、イノベーション論およびポストコロナ社会の視点から掘り下げ再編集したものである。

　数百年にわたる産業イノベーションの過去・現在・未来を俯瞰するとともに、産業イノベーションの視点から半世紀にわたる自らの産業研究を総括する。まず、日本型フレキシビリティ論と産業システム・アプローチによる鉄鋼産業論の体系化、「型」論および技術と芸術の融合論に基づく陶磁器産業研究の体系化など、個別産業研究とその体系化を進める。それらをふまえて、ものづくり経済学、現代産業論へと理論化・普遍化を図る。さらに、品質と働き方のダイナミズム、「働・学・研」協同論と半世紀の総括へと展開する。それらをつなぐ架け橋となったのが、現代産業への機能（技術）的・文化（社

会）的アプローチである。

21世紀の今日、私たちはどのような歴史的位置に立っているのであろうか。コロナ禍がさらなるデジタル化を促すなど、情報通信革命の真只中にいるとみて間違いなかろう。

新型コロナウィルスの感染が拡大するなか、政府の専門家会議は「3密（密閉・密集・密接）」回避が感染拡大を防ぐカギになると指摘した。しかしこれまでは、多様な3密こそ都市の魅力や活力の源とされてきた。多様な3密の場を介して、より高い効用、生産性、創造性を達成できるからである。

情報通信技術（ICT：Information and Communication Technology）が高度に発展した現在でも、なぜ人々は都市に集中し「3密」にこだわるのか。ICTと対面式（フェイス・ツー・フェイス）コミュニケーションは、相互に補完し合う関係にあるからである。確かに、新しい情報・知識の創造・波及活動において、形式知はICTでも交換できる。しかし、暗黙知を瞬時に組み合わせて新しい情報・知識を交換するには、対面式コミュニケーションが重要な鍵を握るとみられる。テレワークに加え、オンラインでの学習や仕事など、ICTと対面接触の最適な組み合わせによる新しいコミュニケーションの構築と社会システムの変革が求められている[47]。

情報通信技術は、技術や産業構造を一変させ、人々の労働と生活を大きく変えてきた。その一方で、株主第一主義の資本主義経営と結びついて、金融資本の利潤拡大の手段として機能してきた。その結果、地球環境破壊、富の偏在と格差の拡大、社会分断を深刻化させている。情報通信革命は、その機能的成果と富を社会に再配分するという社会革命を伴わない片肺飛行、いわば技術革命の次元にとどまっているといえよう。

いま問われているのは、技術革命と社会革命の両立さらには新たな結合である。第2部では、それを環境文化革命として提示した。脱炭素につながる事業を経済復興の柱に据える「グリーン・リカバリー」が世界の趨勢となっているが、日本発の環境文化革命は、それをより深く担うものでありグリーン産業社会をめざすものといえよう。

7.2 「サステナビリティ」と「共感」への視座
── 働学研と渋沢栄一の仕事論

コロナ禍が広がるなか、「サステナビリティ」（sustainability）とともに「共感」（あるいは「同感」：sympathy）が注目され、キーワードとして浮上している。

深い「共感」を軸に、社会の分断を防ぎ人の共生と連帯を促す「ソーシャル・リカバリー」が求められている。

ポストコロナ社会では、「サステナビリティ」と「共感」という2つの概念がより強く意識されるとみられる。投資先の企業を選ぶ条件は「サステナビリティ」が主流になり、社会と共生できる企業でないと注目されなくなるとみられる。「誰と一緒に仕事をするか」が重視されてくるし、優秀な人材を集めるためには人々の「共感」を得られる企業でなければならない。

イノベーションは、ITに強い人がいれば起きるというものではない。その分野の事情や構造に精通した挑戦者が不可欠である。業界に関する深い知識・経験とテクノロジー、両者の「共感」に基づく掛け合わせが、イノベーションを生む。リスクをとれる人がいないとその分野は変化しない。例えば、データ活用に必要な技術者を集めるには、命令ではなく「共感」が必要となる。データ活用を経営に活かすには、技術者だけではダメで、データ活用を具体的な戦略に落とし込んでいく中高年の人材が必要となるが、「共感力」を生み出せる人材すなわち「センスメーカー（sense maker）」となるとさらに限られてくる。

いまどういう状況にあり、これからどこをめざすのか。過去、現在、未来にまたがる、そうした流れに意味づけをし、それを通じて働く仲間に、いまここにいること、働いていることの「意味（sense）」を提示する。そうした「意味」の共有を通して，「共感」が生み出される[48]。

渋沢栄一は、どんな仕事にも「意味」を見出し、「ワクワクするような面白み」（「趣味」）を持たなければならないという。日々の仕事に、「理想や思い」を付け加えていくことの大切さを強調しているのである[49]。

「働・学・研」協同（略称、働学研）の理念と実践は、自らの仕事を研究対象とすることにより、「ワクワクするような面白み」を発見し「理想や思い」を追求する営みでもある。仕事や経営を深く問い直すことは、職場環境の改善を促し、本質の解明やイノベーションにもつながっていくとみられる。

働学研は、渋沢の仕事論とも深く通じるといえよう。「共感」（sympathy）とは何かが、あらためて問われている。A.スミスおよび渋沢栄一との対話を軸とする「共感」視点からのアプローチは、第3部において展開したい。

【注釈】
29 中野幸次［1988］『人生を励ます言葉』講談社現代新書。

30 宮田矢八郎［2004］『理念が独自性を生む―卓越企業をつくる 7 つの原則』ダイヤモンド社、78-9 ページ。

31 宮田矢八郎［2004］、前掲書、62-7 ページ。

32 十名直喜［1973］「働きつつ学び研究することの意義と展望」『経済科学通信』第 7 号。大企業内の厳しい境遇を鑑み、「一参加者」名で掲載。

33 十名直喜「大工業理論への一考察―芝田進午氏の所説に触れつつ（上）」『経済科学通信』第 7 号。「戸名直樹」のペンネームで掲載。

34 十名直喜編［2010］「"働きつつ学ぶ"現場研究のダイナミズムと秘訣（上）（下）」『経済科学通信』122,123 号。

35 杉村芳美［1997］『「良い仕事」の思想』中公新書。

36 長山靖生［2009］『『論語』でまともな親になる―世渡りよりも人の道』光文社新書。

37 梅原 猛［2002］『学問のすすめ（改定）』竧成出版会。

38 退職記念号に寄稿していただいた社会人博士 10 人のうち 7 人が、博士論文を下記の単著書として出版されている。

　藤田泰正［2008］『工作機械産業と企業経営―なぜ日本のマシニングセンターは強いのか』晃洋書房。

　太田信義［2016］『自動車産業の技術アウトソーシング戦略』水曜社。

　井手芳美［2017］『経営理念を活かしグローバル創造経営―現地に根づく日系企業の挑戦』水曜社。

　白　明　［2018］『複合型産業経営と地域創生―内モンゴルの 6 次産業化への日中比較アプローチ』三恵社。

　桜井善行［2019］『企業福祉と日本的システム―トヨタと地域社会への 21 世紀的まなざし』ロゴス。

　杉山友城［2020］『地域創生と文化創造―人口減少時代に求められる地域経営』晃洋書房。

　富澤公子［2021］『幸福な老いを生きる―長寿と生涯発達を支える奄美の地域力』水曜社。

39 公益財団法人長寿科学振興財団「老化とは何か」
https://www.tyojyu.or.jp/net/kenkou-tyoju/rouka/rouka.html（2019.11.4 閲覧）。

40 十名直喜［2012］、［2017］、前掲書。

41 高橋恵子・波多野誼世夫［1990］『生涯発達の心理学』岩波新書、63-4 ページ。

42 D.レビンソン［1978］『ライフサイクルの心理学（上）』南博約、講談社、77-79 ページ。

43 杉村芳美［1997］『「良い仕事」の思想―新しい仕事倫理のために』中公新書。

44 十名直喜［2019］『企業不祥事と日本的経営―品質と働き方のダイナミズム』晃洋書房。

45 宮田矢八郎［2004］、前掲書。

46 J.コリンズ／J.ポラス［1994］『ビジョナリー・カンパニー―時代を超える生存の原則』日経 BP 出版センター、1995 年（Built to Last, by Jim Collins and Jerry Porras）。

47 藤田昌久・浜口伸明「都市の強み「3 密」の変革促す」日本経済新聞、2020.7.8。

48 中川功一「関係者が働く「意味」を共有―不易流行の経営学⑥」日本経済新聞、2020.8.26。

49 渋沢栄一『論語と算盤』守屋淳訳、筑摩書房、105-6 ページ。

第6章
仕事・研究・人生をめぐる対話
─書評＆リプライを通して─

1 書評　池上惇『学習社会の創造』

1.1 はじめに

　本書の題名「学習社会の創造」は、実に壮大かつ味わい深いタイトルである。同名の書物（Creating a Learning Society; by Joseph E. Stiglitz and Bruce C. Greenwald ,2015）も、アメリカで出版され、大きな注目を集めている。「学習社会の創造という点では通底しながらも、また、違った、新たな日本流の学習社会構想」（312頁）として提示されたのが、本書である。

　本書には、半世紀を超える著者の研究成果とそのエキスが体系的に織り込まれている。なかなかの大作ゆえ、書評はかなりの難事業である。また著者は、敬愛する恩師であり、交流も半世紀に及び、社会人研究者の育成という共通の課題で深く結ばれている。それゆえ書評は、評者自らの研究と活動への深い問い直しを伴う。

　評者は、本書の半年前に類書（十名直喜［2020.2］『人生のロマンと挑戦─「働・学・研」協同の理念と生き方』社会評論社）を出版した。企業出身の社会人研究者の視点から描き出した「学習社会の創造」論といえる。

　本書の書評を通して、自らの視野と洞察の未熟さを痛感するとともに、本書のスケールの大きさと意義の深さを再認識する次第である。

1.2 本書の構成

　本書は、「はしがき」、序章、第1～8章、「おわりに」から構成されている。

はしがき ─ 穏やかな、ともに生きる健康長寿社会を目指す方々へ
序　章　自然からの学習と「学びあい育ちあう」社会を目指して
第1章　これからの学習社会 ─ 被災地での新たな活動をめぐって
第2章　学習社会の創造 ─ 日本の思想としての学習社会構想

　各章を通して、なぜ「生涯学習による全市民の知識人化をめざしたのか」が、多様な視点から説かれている。

1.3 各章のポイント

　はしがきでは、十数年に及ぶ市民大学院運動の経緯が簡潔に綴られている。「一般社団法人、文化政策・まちづくり大学校」を、数年前に支援者約500人とともに創設する。さらに、多くの期待と苦労の詰まった「マイクロ・ファンド」約1億円を生かして、2018年5月、被災地、岩手気仙郡住田町に学舎を新設し「ふるさと創生大学」を設立する。

　第1章では冒頭から、住田固有の文化との出会いの感動的な数々の事例が語られている。

　自然からの学びは、東日本大震災を契機とする岩手でのふるさと学校づくりを機に、より明確になり強調されるようになったとみられる。

　一方、企業社会から捉えた第3節（「3　社会人と留学生に博士の学位を―十名直喜氏の定年に思う」）は、評者がお送りしたお手紙である。

　第2章は、アメリカの学習革命と対比しつつ、日本における学習社会の構想とその理論的・実践的系譜が提示されている。

　生きるための生活技術を身につけさせ、学術を教えるという日本の伝統的かつ先進的な知識人の社会事業活動に注目し、その原型として行基に光をあてる。

　第3章は、学習権確立に向けた欧米での社会運動と理論的な系譜を取り上げている。

とくに第2節では、イギリス工場査察官の労働日研究に注目する。そもそも、工場査察官報告書の重要性に注目し、それに基づき工場立法の歴史的意義、人間の全面発達の可能性を展望したK・マルクス『資本論』をどう位置づけるかが問われる。

　第4章は、二宮尊徳の学習理論にスポットをあて、「報徳」というキーワードに注目する。

　著者は、尊徳の「報徳」理論と活動を、広義の学習活動と位置づけ、「日本固有の学習社会の創造」とみなし、その世界的な先駆性を強調する。

　第5章は、二宮尊徳の「仕法」を軸とする政策論・経営論であり、「報徳」の思想と理論を社会的に実践する政策論が体系的に提示されている。

　「報徳」の柱となるのが、「至誠、勤労、分度、推譲」であり、それを具体化したのが「仕法」である。「仕法」においては、生活権としての村が再生事業の対象となる。尊徳の出資や金融を基に、藩や住民の協力によって仕法金が集められ、地域のインフラと産業振興、福祉充実を軸とする、地域再生構想が生み出される。

　本章では、それを「信託財産システムによる地域づくり」と捉える。私有を残しつつ、信託財産の提供を受け、それを活用しながら、公共的な主体に財産を委託して、合理的で総合的な運用を図るというものである。

　第6章は、文化資本を生み出す学習社会についてA.スミスのコモン・ストック論と人的能力開発論に基づき考察したものである。

　スミスは、個々人の才能を開発する2つの局面について触れている。ひとつは財政を用いた教育の場づくり（学校知）、もう一つは「人的能力への投資」（実践知）である。これらの実践知と学校知が人的能力の向上に貢献すると、設備投資に並ぶ、高い生産性を実現できる。これがスミスの描いた展望と捉える。

　第7章は、「文化資本の経営：事始め」（著者の講義録）に対する社会人研究者・経営者5人のコメントから構成されている。

　講義録は、「文化資本の経営」20周年シンポジウム（2019年1月18日）の基調報告資料として提示されたものである。各コメントには、本書の特徴と核心への深い理解がみられる。

　第8章は、ラスキン、河上肇、T.ピケティ、A.センなどの現代的貧困論の視点から、人権と能動的な力量に光をあてたものである。

　とくに、A.センの能力貧困論を軸にして、身につけた力（エンタイトルメン

ト）を能動的な力（エンパワーメント）に変える道筋を提示する。

　「おわりに」では、「すべての社会人を知識人に」という小見出しに、本書のメッセージが凝縮して示されている。

1.4　本書の特長

　なぜ、「生涯学習による全市民の知識人化をめざしたのか」。その問いが、多様な視点から説かれているのが、本書である。

　出版前にワードのファイルを拝見させていただいたが、紙媒体の本になると、全体がいっそう立体化され、各章・各節、そして文字が生命力を高めている。各章や節が生き生きと躍動し、全体として共鳴し合い見事に調和しているように感じられる。

　これまで多くの単著書、編著書、共著書をまとめられ出版される中で培われた、知的熟練の技といえる。各節には、多くの方の文章や語らいが紹介され、名指揮者のタクトによって、見事な交響楽を奏でている。

　十数人に及ぶ社会人研究者との交流（論文、手紙など）もふんだんに織り込まれ、理論化・体系化の触媒にされている。

　「働きつつ学ぶ」は、本書のサブ・タイトルにもなるなど、学習社会創造の推進軸とみられる。評者が、仕事と人生という視点から、「働きつつ学ぶ」という生活スタイル、その理論と政策を提示したのは、1973年のことである（十名直喜「働きつつ学び研究することの意義と展望」『経済科学通信』第7号）。そのキーワードも、『資本論』第1巻から導き出したものである。基礎経済科学研究所において「「働きつつ学ぶ」権利を担う」理念の明示化、夜間通信研究科の開設（1975年）へと発展する引き金になったとみられる。

　本書は、その理論と理念を、経営・労働・研究の場にとどまらず、地域・人生へと視野を広げ深く展開されている。これまでの30数冊の単著書、そこに込められた理論・思想・政策・実践の集大成とみることもできよう。

　本書の特長として、次の3点をあげることができる。

　1つは、市民大学院運動が、多くの関係者との研究・活動交流記録を媒介に、彼らとの対話を通してリアルに深く語られていることである。

　2つは、行基や二宮尊徳、アダム・スミスやラスキンなど先人の理論や政策、社会運動などを体系的に提示していることである。

　3つは、その2点が響き合い壮大なハーモニーを奏でていることである。じっくり読むほど味わいが深まる。まさに熟成の域とみられる。

学びあい育ちあう道筋を示す本書は、混沌、殺伐とし先行きの見通せない現代社会にあって、知的市民のオアシス、変革のプラットフォームをなすであろう。

なお、池上惇［2017］『文化資本論入門』は、文化資本経営を自然・社会・地域・文化にまたがり広く深く掘り下げた逸品で、本書の触媒になったとみられる。

著者は、多様な知的資産を掬い上げ、そのエキスを体系的に編集されるとともに、多くの学会、研究所、研究会を立ち上げ、そのシステム化を図ってこられた。まさに、知の巨人であり、類まれなる知的プロデューサーといえよう。

1.5 本書の論点と課題 ── さらなる高みに向けて

本書は、記念碑的な大作である。その考察も広範囲にわたり深いものがある。さらなる高みに向けての論点と課題として、次の2点をあげておきたい。

第1は、著者の半世紀を超える創意的な研究活動について、体系的に示してほしいという点である。30冊以上にわたる単著書から見ると、これまでの多彩な研究活動にはいくつかの画期もみられるが、本書は何処にどのように位置するのか。

著者の研究史＆系譜について、評者は次のように俯瞰する。「国家独占資本主義論→日本資本主義論→人間発達の経済学→情報経済学→文化経済学→学習社会の創造」、あるいは「唯物史観・労働価値論→人間発達史観・コモン・ストック論→固有価値論─文化資本経営論」へ。

唯物史観から人間発達史観への展開は、保育問題や障碍者の人間発達研究を機に、『資本論』の独自の読み込み、A.スミスのコモン・ストック論を媒介にして、人間発達史観に至る。人間発達史観は、ラスキン＆モリスへの固有価値論への注目と再評価へ、さらには福原＆尊徳の文化資本経営論へと展開する。

労働の質と自然の価値に注目する固有価値論は、労働の量を重視する労働価値論と補完関係にあり、唯物史観と人間発達史観も同様の関係として捉えることもできよう。

本書は、人間発達の経済学、人間発達史観を起点にしているが、前半期を含めて捉え直すことによって、著者の苦闘に光があてられ、研究過程がより立体的に捉えられ、醍醐味を増すのではなかろうか。

第2に、本書はこの数年の研究・教育活動を軸に編集されているが、十数

年にわたる市民大学院の運動全体のなかで捉え直すとどうなるのか。とくに経営および組織論の視点から、市民大学院運動を総括してほしい。

　本書は、二宮尊徳の「報徳」思想と「仕法」に注目し、「信託財産システム」として捉え直す。「仕法」は、再建、復興の手法として編み出されたもので、その基礎をなすのは、これまでの記録と現場をふまえた徹底した調査（いわば総括）である。

　通信制社会人大学院大学の設立に向けた活動は、様々な障害に直面し、大学院の設立には至っていない。しかし、諸困難を乗り越えるなかで、市民大学院運動として新たに発展し深化した面も少なくない。本書は、それらの珠玉の結晶といえる。

　尊徳仕法を、より多面的な視点から深め、現代にどう具現化していくかが問われている。学びあい育ちあう市民大学院の経営、大学院設立などにも、ぜひ生かしてほしい。

　2020年度アカデミア賞が、著者に授与された。財政学や文化経済学分野における優れた研究業績だけでなく、「ふるさと創生大学」を立ち上げるなど市民大学院運動を通して、研究成果を地域振興と生涯教育の発展に生かしてきた社会活動が評価されたものである。

　本書には、知的な躍動とみずみずしい感性が息づいている。米寿を前にしての著書とはとても思えない力感あふれる作品である。大学院大学の設立さらには学習社会の創造に向けた熱情、そして熟成の知性が脈打っている。ぜひ、本書を紐解き、知の巨人の心の声を聴いていただきたい。

2 太田信義氏の『人生のロマンと挑戦』書評へのリプライ

2.1 はじめに

　定年退職（2019年3月）前後の2年余に、3冊の本を出版し、半世紀にわたる仕事・研究人生の総括をする機会を得た。その仕上げとなったのが、『人生のロマンと挑戦―「働・学・研」協同の理念と生き方』[2020.2] 社会評論社である。

　その書評を、井手芳美氏（『経済科学通信』）、太田信義氏（『国際文化政策』）にまとめていただくという幸運に恵まれた。そこで2本の書評を軸に、「働・学・研」協同のあり方とノウハウについての議論を、電子空間でやってみよう。オンライン研究会（働学研）は、そのような流れを受け2020年6月27日に

開催された。

　ご両人は、名古屋学院大学大学院博士課程十名ゼミで博士論文を仕上げられ、単著書も出版されている社会人博士である（井手『経営理念を生かしたグローバル創造経営：現地に根づく日系企業の挑戦』水曜社、2017。太田『自動車産業の技術アウトソーシング戦略：現場視点によるアプローチ』水曜社、2016）。井手氏は、在学時に企業のリストラに遭遇されるも、起業（コーチング）で乗り越え、今も研究や大学講義と両立させながら活躍されている。太田さんは、デンソーの元設計技術者、デンソーテクノ元社長で、今も精力的に研究を続けながら。名古屋学院大学大学院の「博士の会」会長として後進の指導に当たられている。

　リプライは、まず2本の書評へのリプライとしてまとめた。井手氏の書評は、博士課程ゼミでの研究交流、「働・学・研」協同の理論と実体験、自己実現のあり方などを中心にまとめられている。一方、それとは少し異なる視点から迫るのが、太田氏の書評である。渋沢栄一論、「働きつつ学ぶ」日本の実態などをふまえ、「71歳の目」や「心身のスランプ」論に注目されている。本リプライは、働学研やオンライン研究会での議論をふまえ、太田氏の書評に対するリプライとしてまとめ直したものである。

2.2 社会人研究者の学び合いと仕事・研究・人生

　博士課程十名ゼミでの研究交流、学び合い磨き合いの共有体験は、井手氏の書評で語られている。太田氏の書評では、ダブりを配慮して言及されていないが、それぞれの熱い思いは、深く共鳴し合っているように感じられる。

　名古屋学院大学大学院経済経営研究科後期博士課程が開設されたのは1999年で、21年になる。その間、30人余の社会人博士を輩出してきた。十名ゼミからも、14人の博士（課程博士11人・内留学生4人、論文博士3人）を送り出している。

　博士課程十名ゼミは、産業システム研究会としてゼミOBや他ゼミ、社会人研究者などにも門戸を開いてきた。現役院生を中心に博士OB、社会人研究者、大学教員などが集い、毎回数本の報告があり、活発な議論が展開された。

　博士論文に一から挑戦し、働きながら様々な苦難を乗り越え博士論文を仕上げていく道のりは、人によって異なるも、それぞれが壮大なドラマである。それらに寄り添い、共に悩み喜びを分かち合いながら伴走してきた。

　何人かが共に議論しながら磨き合っていると、同期化現象が起こることも

少なくない。1人の熱気が他の人にも伝染し、気合と集中力を高め合うのであろう。その不思議な現象に、何回か遭遇する。2011-12年には3人（古橋敬一氏、杉山友城氏、程永帥氏）、14-15年にも3人（太田信義氏、井手芳美氏、白明氏）が博士論文を一斉に仕上げている。中堅私学の1ゼミにおいて、それは快挙であるとともに大事件でもある。研究・教育・行政などの繁忙期とも重なり、博論1本でも大変なのに、どう対処するか。

　そこで閃いた2つの処方箋が、難局を切り拓いてくれた。1つは、3本をバラバラに指導するのではなく、小生を含めた4人グループとし、1人への助言、論文校正などすべて共有メールで開示したことである。これが、ノウハウの交流や相互理解、切磋琢磨を促したとみられる。

　2つは、ゼミの博士OBに支援をお願いしたことである。助言だけでなく、専門分野の近い論文の校正なども手伝っていただいた。現役の挑戦組にとっても、先輩の体験に基づくアドバイスは、大きな励ましになり癒しになったとみられる。

　そうした研究交流を20年以上にわたり続けてこられたことは、今にして思えば珠玉の体験であり、奇跡の時空間であったと感じている。

　産業システム研究会に参加した方々は、そうした体験をどのように受けとめてきたのか。彼らにとって、博士論文への挑戦や共有の体験はどのような意味をもち、彼らの仕事と人生にどのようなインパクトなり彩を与えてきたのか。

　『名古屋学院大学論集（社会科学篇）』第56巻第3号［2020.1］は、「十名直喜教授退職記念号」として発刊された。そこに組んだのが、「特集　「働・学・研」協同の仕事・研究・人生」である。「特集」は、17人の社会人研究者が、自らの仕事・研究・人生について「働・学・研」協同の視点から深く考察したものである。

　17本には、各位の多様な歩みや思いが込められており、「働・学・研」協同のあり方や理論を検証する材料ともなっている。そこに寄稿された2人による書評は、検証をさらに深めるまたとない触媒と感じられる。

2.3 第1部にみる青・壮年期の思いと「71歳の目」：　「補助線」が促す世代間の協奏

　本書の原稿を出版社に打診する時、一番心配だったのが第1部であった。自分史文学賞に応募した22年前（49歳）の作品をベースにしており、社会

科学的なスタイルでまとめたその他（序章、終章、第2部）とは異趣で、不調和とみられかねないからである。それを指摘される出版社もあったが、「リズミカルで読みやすい」、そのままでOKとの評価を得て、出版することが出来たのは、幸運の至りといえよう。

献本（140冊）先からいただいた80数通の返信には、第1部にもっとも熱い反応がみられる。仕事と研究の両立に挑戦した青・壮年期の挑戦、諸困難との格闘、その克服に向けての歩みなどが、注目を集めたようである。

太田氏の書評でも、第1部が「本書の中心部分をなしている」とし、要所に配した「71歳の目」に注目される。「読者にホット一息つかせ、また改めて著者の行動変化や思考変化に思いを馳せさせる」オアシスになっているという。第1部では、22回にわたり「71歳の目」が登場するとのこと。著者も数えていなかったことである。心に響いた記述も、挙げられている。

著者は、「71歳の目」という補助線がもたらした効果とみる。49歳の作品に、71歳の目で一言入れるコメントは、22年の歳月が醸し出す「人生の補助線」といえる。49歳の作品は、71歳の自分では書けない。そのことを痛感するなか、当時の臨場感を生かしつつ、22年後の感性も入れてみたい。そのような思いで引いた時空間の補助線であり、「49歳の自分」と「71歳の自分」との協奏といえる。

2.4 「心身のスランプ」とその克服が促す研究の再生・発展への道

心身のスランプは、サラリーパーソンなら誰しもが身に覚えのあることで、最大の関心事の1つとみられる。落ちこぼれ組だけでなく、出世組、エリート、ノンエリートを問わず、大なり小なりスランプを体験するとみられる。日の当たる道を歩んでこられたとみられる太田氏が、「心身のスランプ」に注目され論及されること自体、興味深いことである。デンソーテクノ社長時代に部下の精神的悩みに心を砕かれ、先進的な社内心療システムを整備されたご経験によると推察される。

太田氏の関心は、著者がスランプとどのように向き合い、どのように克服していったかにある。職場での対応、家族とのかかわり方、森田療法との出会い、ひたむきな治療への取り組みに触れながら、「自身のスランプという最悪ともいうべき状況にあっても、スランプの科学的な原因にさし迫っていくという真理を追求し学び研究する姿」に注目する。「森田療法を探し出し、専門外ながらも理論を学び納得し、治療に専念し克服していく生き様は、ま

さしく「(働き)学び研究する」姿そのもの」との指摘は、過分な評価であるが、そこに光をあてていただいたことに深く感じ入る次第である。

　森田療法との出会いは、心身のスランプを1日でも早く脱したいという切なる思いが導いてくれたものである。関係する文献を渉猟しむさぼり読みつつ、日々そのエキスを実践していく。テーマ日誌を毎日書くというのは、その核心をなすもので、その膨大な日誌類が第1部のベースにもなっているのである。

　原点に立ち返る姿勢、書くという行為のもつ主体性、積極性、そうした視点や実践への傾注は、20歳代後半に構想した『現代資源論』の頓挫や30歳代前半に勧められた鉄鋼産業（資源・技術・労働）研究の体系化・出版の断念を伴いつつも、生き方、働き方と研究、思想をつなげていく懸け橋となっていく。長い目でみると、心身のスランプからの回復を促し、鉄鋼産業論や現代産業論の体系化へ、（働き様、生き様に光をあてた）現代産業への文化的アプローチへ、さらに本書へとつながっていったと感じている。

2.5「自分の仕事を研究対象とする」ことの意味や意義

　筆者は青年期に、「働きつつ学び研究する」視点を『資本論』から発掘し、会社の仕事と産業研究の両立を図りつつ深めていった。そのような筆者の生き方を、太田氏は、日本資本主義の父ともいわれる渋沢栄一の生き方と比較される。渋沢栄一は、『論語』を通して見出した「道徳経済合一説」の提唱者であり、それを軸にして日本資本主義の精神と原型をつくりだした偉人である。

　渋沢栄一が死去2年前に行った次の演説は、21世紀日本さらに世界がめざすべき理念、方向を提示したものといえる。「経済と道徳、政治と道徳、いわゆる義と利の権衡が完全に進んでいかなければならぬ。義利が合一せねば文明もなし得られず真正な富貴も期し難い」（渋沢栄一［1984］『雨余譚―渋沢栄一自伝』長幸男校注、岩波書店）。

　「日本資本主義の父」と対比されるのは恐れ多いことで、まさに汗顔の至りである。太田氏によると、古典から見出した仕事・研究の羅針盤を軸にして半世紀を歩んだという点で共通する部分もみられるという。「心に「働く意義の軸」を持つ人は本当に強い」（佐々木常夫［2020］『君から動け』幻冬舎）という視点から、共通面にスポットをあてていただいた。

　凡庸ではあるが、「働きつつ学び研究する」（「働・学・研」協同）という羅針盤、

いわば「働く意義の軸」を持ったからこそ、半世紀にわたり続けることが出来たし、ささやかながらも思いを具現化することができたと感じている。

渋沢は、どんな仕事でも「ワクワクするような面白み」を持たなければならないといい、日々の仕事に「理想や思い」を付け加えていくことの大切さを強調している（渋沢栄一『論語と算盤』守屋淳訳、筑摩書房）。渋沢は、それを「趣味」とも呼んでいるが、そのことの意味は、限りなく深いものがあり、「働・学・研」協同ともつながっているとみられる。

「働・学・研」協同の理念と実践は、自らの仕事を研究対象とすることにより、「ワクワクするような面白み」を発見し「理想や思い」を追求する営みでもある。仕事や経営を深く問い直すことは、本質の解明やイノベーションにもつながっていくとみられる。

2.6 学び直しの現状と変革へのシステムづくり

「働きつつ学ぶ」とは何か。どのような意味を持ち、日本社会はどのような傾向がみられるのか。太田氏は、実態調査を引き合いに出しながら、その実態に迫る。

転職者の意識を調査した（株）リクルートキャリアの実態調査、「平成30年度年次経済財政報告―白書」からひも解く。本書においても、こうした実態調査データも紹介しておけば、もっと説得性が増したのではないか。そのような太田氏の内なる声も、聞こえてくるように感じられる。

通学などでの学び直しを行っている人の割合をみると、日本2.4％は英16％、米14％などに比べて極端に低い。一方、勤労者の学び欲求は、潜在的に深いものがある。学びたい理由として、「広い知見・視野を得たい（71％）」、「自らの市場価値を高めたい（67.3％）」、「専門領域の先端知識を吸収したい（45.7％）」などが紹介されている。

「広い知見・視野を得たい」という知的欲求は、仕事や人生をより広く深く掘り下げ捉え直す原点となり起点となるものである。その欲求が一番高い点に、注目したい。仕事を原点から捉え直し本質を見極めることは、発想や視野の深い転換を促す。博士論文への挑戦や、仕事のイノベーションを引き起こすことにもつながる。

「ビジネスパーソンにとって、何と勇気が湧いてくる応援メッセージではないだろうか」との太田氏の指摘は、そうした本流を深く汲んでのこととみられる。

ところが、そのような学び欲求に適切に応えられないのが、日本社会であり、日本企業の現状である。日本の学び直しは、なぜ低いのか。その理由としての、長時間勤務22.5％、不適合な教育課程11.1％などに、太田氏は注目する。

一方、学び直しに対する企業の反応や考え方について、太田氏は、「学び直しを積極的に後押しするような姿勢は見られない。むしろ冷ややかな対応といえるのではないだろうか」とみる。大学側の受け入れ体制の拡充も非常に重要な課題と捉え、「より良い学び直しの仕組みを構築していくためには、働く人、働く場（企業など）、大学、の３つの視点からの総合的な議論が重要なのではないか」といわれる。的を射た提言である。

2.7 おわりに

長時間勤務は、働き方改革でも取り上げられたが、新型コロナ禍でテレワークのあり方も含めて議論が高まっている。十名［2019］『企業不祥事と日本的経営―品質と働き方のダイナミズム』晃洋書房では、正面から取り上げ、提言も行っている。

また学び直しの社会的なシステム整備と大学の役割については、十名［2020.2］でも言及している。第１部では著者の社会人大学院体験、第２部でも近年の博士課程離れなどを通して考察しているが、問題提起と社会実験の段階といえる。より深くより具体的に踏み込むべしとの提言は、貴重である。「企業人、社会人大学院生、そして大学教員の３ステージを経験している著者からの、より踏み込んだ指摘と提言の発信が望まれる」との太田氏の叱咤激励を、著者としても真摯に受けとめたい。

上記の課題に応えるべく2019年７月に立ち上げたのが、働学研（博論・本つくり）研究会である。複数の学会および大学院と連携して、在野の社会人研究者の育成、博士論文や本づくりへの支援などを進め、「3ステージ」の創造的協働を創り出していこうとするものである。

3 和田幸子氏の『人生のロマンと挑戦』書評へのリプライ

3.1 はじめに

筆者は、評者（和田幸子氏）と旧知の仲である。基礎経済科学研究所はもとより、名古屋学院大学でもご一緒に研究教育活動に携わり、折に触れて温か

いアドバイスをいただいてきた。評者の書評には、そうした心遣いが溢れている。厳しさも幾分か抑えられているように感じられる。

それでも随所に、評者の思いや価値観が滲み出ており、興味深い視点がみられる。そこで、そうした点にスポットを当て、筆者の視点から捉え直すことにより、両者の捉え方の共通性とともに対照性を明らかにする。それによって、拙著のメッセージの意味と背景を提示したい。

3.2 人生の座標軸をロマンに

「一貫して誠実に人生に向きあって来られた」との過分な評価には、有り難くも恐れ入る。曲がりなりにもできたとすると、人生の座標軸があったからと感じている。それをロマンとして半世紀にわたり懐くことができた。多くの励ましや示唆等の支援に支えられてのことである。

人生の座標軸とは、「働きつつ学び研究する」という理念であり生き方である。それを初めて文章化したのが、「働きつつ学び研究することの意義と展望」（無署名で発表、『経済科学通信』第7号、1973年）である。

その2年後（1975年）に、「働きつつ学ぶ権利を担う」理念を掲げ、基礎経済科学研究所が発足する。「働きつつ学ぶ」を基礎研の理念として掲げていただいたことが、わが生き方の座標軸としての再認識を促し、より確かなものにしたといえよう。

座標軸をめぐる大企業内での様々な試練と悩み、それらへの果敢な挑戦と手応えが、より深いロマンへと育んだとみられる。

3.3 第1部に書評の力点 —— その背景を探る

書評は、第1部に力点が置かれ、直接のコメントだけでも全体の6割を占める。第1部をスプリングボードにして展開した第2部を取り上げてもらえるかも、と当初みていた。少し意外な感もするが、思い当たる節も少なくない。第1部は、壮年期（49歳）に書いた製鉄所と大学にまたがる仕事・研究論である。21年間の時空を経て思いがけずに世に出てきた作品である。今浦島の感が、目を引いたのかもしれない。あるいは、大企業の生産現場で働きつつ学び研究することのダイナミズムと苦闘に関心を寄せられたのかもしれない。

何よりも、評者自身の仕事・研究人生と重なる部分が少なくないからではと推察する。

第1部は、筆者の仕事・研究人生の原点にスポットをあてたものでもある。

青壮年期の 1970 ～ 80 年代は日本社会が大きくゆり動いた時代である。そうしたなか、何を考え、どのように働き、どう研究したのか。そのもつ意味は、極めて大きい。それゆえ、そこに注目されたことは、慧眼といえよう。

3.4 仕事や生活を研究対象にすることの意味は何か

筆者は、自らの仕事や生活を研究対象にすることの意味と効用を、次のように示した。

「現役時代に仕事を研究対象にして学び研究する中で、組織へのこだわりやしがらみが相対化され、自らの人生の質を大切にする基軸ができる。仕事の質を高め喜びを見いだすことができるようになる」

評者は、それに対して共感されつつも、次のような疑問を付されている。

「しかしながら、近年では、現在の労働現場は複雑さを増しており、日常の労働過程の諸事象を「研究」するほどの条件が得られる人は決して多くはないだろう。」

確かに、近年の労働環境は 1970-80 年代に比べて厳しくなり、多様化、複雑化し、流動性を増している。

しかし、それゆえにこそ、自らの仕事・生活を正視し、そこから学び研究することの重要性は高まる。そうした日々の地道な活動こそが、困難を克服する知恵や勇気を育んでくれるからである。

「日常の労働過程の諸事象を研究する」というのは、特別なことではないし、恵まれた人のみができることでもない。自らの仕事と生活を観察し反省して日誌などに記録していく庶民の営みそのものが、働きつつ学び研究することに他ならない。それは、困難な時ほど大切なことでもある。

本書の第 1 部は、筆者にとってどん底の頃に走り書きしたメモ日誌をベースに、そこからピックアップし編集したものである。そうした日々の営み、研究への試行錯誤は、職業研究者からみると、「研究」に当たらないと映るかもしれない。しかし、そこにこそ第 1 次資料としての現実があり、仕事と生活の現場が息づいているとみられる。

働きながら苦しみや歓びを直視し、その原因を解明して、自分の独自な生き方や働き方につなげる。そうした地道な営み、日々の努力の積み重ねが、自らの潜在能力を引き出していく。少ない時間を生かして働きつつ研究する職人技も体得していくのである。

3.5 戦前の生活綴り方運動から21世紀の働学研へ
—— 博士課程十名ゼミ21年の実験

　戦前日本の子どもたち、とくに貧しい東北地方で広がった生活綴り方運動を思い起こしてほしい。資本主義的貧困と封建的因習が広がる環境のなか、恐慌によって悲惨な状況に置かれた子どもたちを救おうとする取り組みである。子どもたちの生活と学びを結合させる、教師たちの運動であった。

　子どもたちに生活事実を直視させ、それを綴らせ、教室で検討することにより、社会認識を育てる。現実の厳しさから目を背けるのではなく、生活の事実を把握させることにより、その事実を克服する力を獲得させようとしたのである。それは、生活綴り方運動といわれ、全国に広がった。

　戦前の小学生たちに出来て、現在の社会人にできないはずはなかろう。彼らを励まし示唆を与える助言者さえいれば、出来るはずである。

　それから半世紀以上経ての、博士課程十名ゼミの試み（1999〜2019）には、生活綴り方運動のエキスが継承されているとみることができよう。

　社会人・留学生に勧めたのは、自らの仕事と生活に目を向けそれを研究対象として捉え直し綴っていくことである。「働きつつ学び研究する」活動は、「働きつつ学び研究する」綴り方運動とみることもできよう。

　十名ゼミから14人の博士が巣立った。博論に挑戦されるのは、安定した仕事についている人たちばかりではない。むしろ、不安定な立場の人の方が多かったとみられる。

　慣れない文化や言葉のなかで働き学費・生活費を工面しながら挑戦した中国人の私費留学生4人。途中でリストラに遭ったサラリーマン3人、非正規2人など。

　彼らが、種々の困難を乗り越えて博士論文を仕上げることができた原動力は何か。それは、自らの生活と仕事を研究対象としたことである。定年退職者も同様で、これまでの自らの仕事や生活を研究対象として捉え直すことによって力作が生まれた。

　戦前の綴り方運動を担った小学生に比べると、現在の労働者は、どんな苦しい境遇にあっても、「知識人」「教養人」といえよう。彼らの働き学び研究する意欲に火をつけ知的・文化的潜在力を引き出すことができるかどうかにかかっている。今求められているのは、適切な助言者であり、それを支える研究支援運動といえるのではなかろうか。

3.6「現代産業論の理論化」と「自分史の編纂」

　評者は、わが研究の転機を次のようにみる。「何度かのシンポジウムに参加して学ぶうちに、筆者自身の視点が「自分史の編纂」から「現代産業論の理論化」へと昇華する」。

　その転機は、いつだったのか。評者は、鉄鋼産業論2冊を出版した時期（1996年）とみなし、「筆者の視野のこの広がりこそは、筆者に研究者としての非常に重要な転機を与えたのではないかと言って良いだろう」と評価されている。

　たしかに「重要な転機」の起点になったが、一直線には進まなかった。より長い熟成期間を要したのである。「現代産業論の理論化」として提示できたのは、2012年の『ひと・まち・ものづくりの経済学―現代産業論への視座』、さらに2017年の『現代産業論』においてである。評者の見立てよりも10数年後のことである。

　現代産業論の理論化は、鉄鋼産業論だけではできなかった。独自な「型」論の視点から陶磁器産業を分析した『現代産業に生きる技―「型」と創造のダイナミズム』（2008年）が転機になる。「型」論をふまえて、技術を定義し直すとともに、有形と無形、さらに技術と文化の両側面から産業を捉え直した。複数の産業への視座と理論的な複眼視点によって、理論化への道が拓けたといえる。

　産業は、「人間の社会生活を維持・発展させるために必要な財貨・サービスを生産する活動」であるが、「そこで培われた多様なノウハウ・文化の塊」でもある。それを、産業の機能的側面（前者）および文化的側面（後者）とみなし、両側面から産業を捉え直すのである。産業は、これまで機能的価値（実用性・利便性）に重きが置かれてきたが、文化的価値（芸術性・信頼性）の比重が急速に高まっている。そうした時代の変化に応える産業論として提示したものである。

　産業の文化的側面において、人々の働き様、生き方は重要な位置を占める。その文化的結晶といえるのが、自分史である。

　筆者が、「自分史の編集」に正面から向き合ったのは、「働き学ぶロマン」をまとめた1997年（49歳）のことである。2冊の鉄鋼産業論を出版して間もない頃であった。「働き学ぶロマン」は自分史文学賞に応募するも落選となり、棚の奥深くに放置された。定年退職（2019.3）を機に、研究室や自宅の書庫を整理するなかで発掘し、『人生のロマンと挑戦』の第1部として編集し、

出版へとつながっていく。

「働き学ぶロマン」は社会人研究者の働・学・研を描くも、自己実現の世界にとどまっているとみられる。他者実現を支援するという視点が織り込まれたのは、名古屋学院大学での博士論文指導を通してである。そこに光をあてたのが、『人生のロマンと挑戦』の第2部である。

思えば、大学での学部教育そのものが、他者実現を支援する活動といえる。それが、社会人博士の育成となると、その難度は跳ね上がり、真剣さと熱も一段と増すのである。

社会人が、自らの仕事や職場を対象にして研究を進め、社会人研究者へと成長し、さらに博士論文を仕上げていくプロセスは、ドラマに満ち感動的である。彼らの挑戦に伴走し、支援していく。それを、他者実現と呼んだのである。

3.7 仕事や研究のノウハウや思いの交流と定年後の挑戦

「私の履歴書」（日本経済新聞）には、経営者、政治家、学者から芸術家、俳優、スポーツ選手などが登場する。種々の分野で名を成した人たちで、1ヵ月間、自らの仕事や生活を語り尽くす。

しかし日本社会では、そうした風土や機会は例外的に少ないとみられる。他から特別に依頼されれば応じるも、自ら進んで開示しようとしない。政治家の回顧録の少なさなども、欧米に比して際立っているようである。公文書の整理や保管、開示も少ない。組織や個人の記録や見解の開示には、消極的な傾向が目立つ。

しがらみが比較的少ないとみられる大学教員の場合も然り。教育の開示はともあれ、研究については自らの手の内や台所事情は語らない傾向がみられる。拙著のシンポジウムで、「研究の思いやノウハウなどを惜しげもなく開示されるのは、大変面白く印象的」とのコメントもいただいた。

ただ、自らの開示は超一流のやることで、そうでないものがやるのはおこがましいという見方も少なくないようである。研究者が、自らのバックグラウンドや手の内を明かさない理由は、人により異なるとみられる。大学、企業などを問わず、いろいろ語りたい、訴えたいときも少なくなかろう。しかし、周囲の目線や組織のリアクションが気になり、自らの内に閉じてしまう。

国や企業、大学などの研究資源を使う研究者は、研究成果だけでなく、研究の思いやノウハウなどの文化的側面についても、積極的に開示し交流して

いくことが求められている。それは、研究の多様な発想やノウハウなどの交流を促し、研究イノベーションにもつながるとみられる。

　定年退職直後の 2019 年 7 月、社会人研究者の育成をめざして立ち上げたのが、「働学研（博論・本つくり）研究会」（略称：「働学研」）である。現職時代に 21 年間、博士課程ゼミで行ってきた社会人研究者育成の事業を継承し、より幅広い人たちを対象に、大学外で市民運動として進めようとするものである。

　博士論文つくり、単著書出版などを、社会人研究者が実現できるように支援する研究会である。国際文化政策研究教育学会、基礎経済科学研究所他にも広げてきた。発足以来、1 年 10 か月の間に開催した研究会は、月例会を中心に 25 回、参加者は 300 人を超える。社会人博士の誕生も間近。筆者の想定を超えて、多彩な研究交流や出会い、自己実現が生まれている。

　筆者も、他者実現への支援をバネにして、研究の翼を広げていきたい。「人生のロマンと挑戦」の新たな幕開けに出来ればと思っている。

第3部

サステナビリティの経営哲学
― 渋沢栄一にみる日本資本主義の原点と21世紀課題 ―

地球社会のサステナビリティに赤ランプが点滅するなか、株主資本主義からステークホルダー資本主義への転換が世界的な課題となっている。

サステナビリティとは何か、それを切り拓く経営、すなわちサステイナブル経営とは何かが問われ、それを担う経営哲学が求められている。そのテーマに応えようとするのが、**第7章**である。

一方、日本資本主義の低迷は久しく、日本企業の国際的な立ち位置・威信も著しく低下し続けている。その象徴とみられるのが、日本企業に顕著な生産現場の劣化、品質不祥事である。仕事の誇り、経営倫理はどこへ行ったのか。イノベーションはなぜ起こらないのか。

そうした課題に向き合うのが、**第8章**である。渋沢栄一の経営哲学を取り上げ、彼が創造した日本資本主義のシステム、その理念と原点に立ち返り、日本社会を立て直す智慧と処方箋を汲み出す。

第9章は、渋沢栄一の経営哲学と日本資本主義論の歴史的意義に光をあてる。A. スミス、K. マルクスの視点との比較考察をふまえ、21世紀視点から創造的に捉え直し、持続可能で公正な社会を構想する。

第7章
サステナビリティの経営と哲学
― 地球限界時代を切り拓く視座 ―

1 はじめに ── サステナビリティ論と経営哲学の邂逅

　金融資本本位、巨大IT主導の資本主義経済の「発展」、いわゆる株主資本主義の半世紀は、地球温暖化をはじめ貧困・格差の拡大、紛争・対立の激化などを深刻化させ、地球環境および人類存続の危機を顕在化させている。

　地球社会のサステナビリティに赤ランプが点滅するなか、株主資本主義からステークホルダー資本主義への転換が世界的な課題となっている。サステナビリティとは何か、それを切り拓く経営、すなわちサステイナブル経営とは何かが問われ、それを担う経営哲学が求められている。

　経営哲学の根幹には、地球的自然と人間環境のサステナビリティが据えられている。経営哲学への世間の目は、これまでになく熱いものが感じられる。地球環境（自然および社会）をめぐる危機感＆不透明感が強まるなか、「サステナビリティの経営哲学」への希求もかつてなく高まっているからであろう。

　一方、日本資本主義の低迷は久しく、日本企業の国際的な立ち位置・威信も著しく低下し続けている。その象徴とみられるのが、日本企業に顕著な生産現場の劣化、品質不祥事である。仕事の誇り、経営倫理はどこへ行ったのか。イノベーションはなぜ起こらないのか。

　そうした課題に対し、多くの示唆を与えてくれるのが、渋沢栄一の経営哲学である。そこには、彼の仕事・人生哲学もちりばめられている。さらに、彼が創造した日本資本主義のシステム、その理念と原点には学ぶべきものも少なくない。そこに立ち返り、21世紀視点から創造的に捉え直すことが求められている。

　経営哲学とは何か、それにどのようにアプローチするか。わが仕事・研究人生をふまえ、21世紀の経営哲学として捉え直し、それをふまえて21世紀課題にアプローチしたい。

　筆者が、SBI大学院大学にて「経営哲学」講義を担当するようになったの

は、2020 年秋学期のことである。2021 年春学期（6-8 月）にも、60 数名の受講者を得て深く熱い交流を行い、そこでの手応えをふまえて小論に向き合う。7 回の講義と 1 回の対話授業では、ドラッカー、稲盛和夫、大野耐一、渋沢栄一などを中心に取り上げ、A. スミス、K. マルクス、F.W. テイラーなどと「対話」しながら理論的、歴史的な比較視点から捉え直している。

　そこに、サステナビリティ論の光を当てると、新たな色合いと視界が拓けてくる。これまでの「経営哲学」講義に収まらない視点、論点が次々と出てきたのである。

　サステナビリティと経営哲学の橋渡し及び仲人役となったのが、SBI 大学院大学紀要編集委員会である。「サステナビリティ」を特集テーマにされた見識に敬意を表したい。

　当初、「サステナビリティ」視点から「経営哲学」講義の全体像を提示する予定であった。しかし、諸事情が重なって傾注できず、時間的余裕もなくなる。そこで本章では、地球限界時代におけるサステナビリティの経営と経営哲学をめぐる理論的な枠組と視点に絞って考察する。また次章では、サステナビリティ経営の理念と実践の先駆的モデルとみられる渋沢栄一に焦点をあてる。

2 地球限界時代の価値観とサステナビリティ

2.1 地球環境問題が問い直す「生産力」&「生産力の発展」論

2.1.1 SDGs 運動をめぐる評価と課題

　地球の有限性がいっそう明らかになり、地球の温暖化、気候変動など地球環境の深刻な劣化を、誰もが日々痛感する時代を迎えている。

　それを「生産力至上主義」とみなす見解は、これまでも多々見られる。近年、マルクスの「生産力」観、「生産力の発展」論にも課題があるのではとの指摘が注目されている[1]。

　金融資本本位の株主資本主義、その下での「経済成長」志向がもたらしたとの反省は、金融資本の側からも高まっており、株主資本主義からステークホルダー資本主義への転換の必要性も提示されている。国連が提唱するSDGs（持続可能な開発目標）運動への理解と参加が広がる傾向も出てきている。

　そうした動きに対して、SDGs は気候変動を止められず、危機から目を背けさせる「現代版「大衆のアヘン」である」との批判もみられる[2]。そして、

「脱成長コミュニズム」を提唱する。その理念と構想は、極めて示唆に富む。

　たしかに、SDGs 運動が世界的な広がりを見せるなか、逸脱も少なくないとみられる。やっていると思い込み、より本質的な問題に向き合わない「免罪符効果」。取り組んでいるようにみえるも実態が伴っていない「SDGsウォッシュ」。さらに、いまのやり方＆体制ですべて解決できると思い込む「資本主義幻想」など。

　その流れに抗して、「市民一人ひとりが当事者として立ち上がり、声をあげ、行動しなければならない」、「正しい方向を突き止める」べしとの主張も頷ける。

　他方、SDGs ＝「大衆のアヘン」論が独り歩きしているとの指摘や、その主張への疑問やとまどいも少なくないとみられる。

　SDGs をどう評価し、それとどう向き合うのかが問われている。SDGs を全面否定し敵対視することが、果たして理に適っているのか。

　SDGs は、たしかに妥協の産物ではあるが、国際的合意に辿り着くまでに数十年にわたる闘いの産物でもある。「欧州が育んできた、人間の尊厳を中核にした「倫理地図」」[3]との見方もある。

　巨大 IT 資本の国際的な規制すら難渋する政治力学の中にあって、SDGs に取り組む多様な運動が世界的に展開されていることの歴史的な意義を見落としてはなるまい。そうした運動のなかから、その重要さとより本質的課題に気づき、それを担う変革主体が育まれる可能性も秘めている。

　SDGs を、国際的な民主主義闘争の１つの到達点として、その風化や変節を許さず、さらなる変革に向けての橋頭保にするという課題こそ、「脱成長コミュニズム」の戦略的な道筋となるのではなかろうか。「脱成長コミュニズム」は誰が担い、どのように進めるのか。その主体形成のあり方と戦略が問われている。SDGs ＝「大衆のアヘン」論からは、その道筋が見えてこない。

　主体形成の道筋が明確でないままの SDGs 批判は、「脱成長コミュニズム」賛同者のうっ憤を晴らす一錠の清涼剤になるかもしれないが、国際的な改良・改革運動から彼らの目を背けさせる「アヘン」になるかもしれない。

2.1.2 「生産力至上主義」論を問い直す
●「脱成長」論からの「生産力至上主義」批判
　「脱成長」論の視点からの「生産力至上主義」批判は、これまでも数多くみられる。その代表的著作とみられるのが、セルジェ・ラトゥーシュ［2013］である。「第１章　生産力至上主義がもたらすカタストロフ」では、「生産力

至上主義」への激しい批判から始まっている[4]。しかし、「生産力とは何か」についての考察は、どこにも見当たらない。「生産力」の意味を問い直し掘り下げ、新たな視点から定義することは、大著のどこにもなされていないのである。

ラトゥーシュらを「古い脱成長論」と批判する斎藤幸平［2020］は、「生産力至上主義」を次のようにみている[5]。

「生産力至上主義」とは、「資本主義のもとで生産力をどんどん高めていくことで、貧困問題も環境問題も解決でき、最終的には、人利の解放がもたらされるという近代化賛美の考え方」である。

若きマルクスがエンゲルスと執筆した『共産党宣言』（1848年）に、「生産力至上主義」の傾向がみられるという。資本主義の発展は生産力の上昇と過剰生産恐慌によって革命を準備してくれる。だから社会主義を打ち立てるために、資本主義のもとで生産力をどんどん発展させる必要がある。そのように考えていた節があるという。

しかし、そこでも「生産力」とは何かについて、深掘りされていないとみられる。

むしろ、そこで問われているのは「生産力」そのものではなく、生産力の「発展」である。より正確には、生産力の「資本主義的発展」すなわち「成長」である。現代的に表現すれば、「経済成長」にほかならない。

それゆえ、「生産力至上主義」は、「発展至上主義」（あるいは「成長至上主義」）と読み替えることができよう。脱成長論の「生産力至上主義」批判は、「発展至上主義」批判であり「経済成長至上主義」批判に他ならない。

●「発展至上主義」から「物質代謝」論、脱成長コミュニズム論へ

マルクスはその後、「発展至上主義」から脱却して、目覚ましい変貌を遂げていく。壮年期の『資本論』第1巻（1867年）において、「物質代謝」論を軸に資本主義批判からポスト資本主義に至る生産力のあり方を提示するに至る。

マルクスの資本主義批判は、『資本論』第1巻刊行後も、続刊を完成させようとする苦闘の中で、さらに深まっていく。晩年には、「ヨーロッパ中心主義」も克服して、平等で持続可能な脱成長コミュニズム論へと発展させていった。

しかし、マルクスは大きく誤解され、「資本主義がもたらす近代化が、最終的には人類の解放をもたらす」と考える、典型的な進歩史観の思想家とみなされてきた。その原因は、マルクス没後（1883年）にエンゲルスが遺稿を

編集・出版した『資本論』の第2巻、3巻にある。そこには、晩年のマルクスの考えていたことが反映されず見えにくくなっているため、マルクスは大きく誤解される要因になってきたという。

齋藤幸平［2020］は、「この誤解こそ、マルクスの思想を大きくゆがめ、スターリン主義という怪物をうみだし、人類をここまでひどい環境危機に直面させることになった原因」と裁断する[6]。

2.1.3 「生産力」概念への新たな視座
—— 十名直喜 [2021.7] の「生産力」＆「生産力の発展」論

本節では、十名直喜［2021.7］における「生産力」概念および「生産力の発展」論のエキスを紹介する。小論の文脈の中に位置づけ、3章以降において、新たな視点から問い直してみたい。

●生産力とは何か —— 技術・労働・組織への視座

「生産力とは何か」が、あらためて問われている。筆者は次のように捉える。
「「生産力」とは、社会が存立するための人間の活動力のことである。社会・経済を構成する各種の組織が行うことのできる生産の能力のことである。」[7]

一方、「資源」とは、人間が社会生活を維持向上させる源泉として、働きかける対象となりうるものである。

資源と生産力は、相互に切り離せない密接な関係にある。資源は、生産力の源泉であり、生産の前提条件および対象となりうるものである。広義の資源には、地球環境も含まれる。地球環境の危機は、資源の危機であり、生産力の危機でもある。

生産および生産力において、今日、組織の重要性が高まっている。経済学においては、土地・労働・資本が「生産の3要素」とされてきた。組織の役割が高まるなか、組織も生産の基本要素とみなされるに至っている。

技術の中心は、労働手段としての機械にある。技術は、生産力の一構成要素である。生産力は、労働力、労働手段、組織、科学、技術、市場など多様な要素から成り立っている。それらを制御する人および組織によって、生産力は現実化し、社会的生産力となる。その制御（全体労働）を巨大金融資本が独占し、生産力の「暴走」による地球環境の破壊や格差・貧困をもたらしているのが、現代社会の構図である[8]。

●あるべき「生産力」像と「生産性」概念

「人間と自然との物質代謝」は、地球的自然の物質循環の中にあって、そ

こに変容を加える社会的な営みでもある。それは、「社会と自然との物質代謝」すなわち「社会的な物質代謝」に他ならない。

今や、巨大化した人間の物質代謝は、自然的な物質循環の範囲を量・質ともに超え、逸脱するに至っている。地下資源の大規模な乱用などによって、地球的自然の物質循環の規模を超える量の物質を排出するとともに、従来にない新しい種類の物質（有害物質・重金属・合成物質など）を排出し、拡散・蓄積が進行している。その深刻な影響は、地球温暖化問題などに出てきている。

これらの多様な物質の循環を制御する力、社会的な物質代謝を持続可能なものにする力こそ、本来の生産力の核心をなすものである。

生産力の本来像を示唆したものとして、『資本論』第3巻の下記の記述が注目される。それを、現代的にどう読み解くかが問われる。

「最小の力の消費によって、自分たちの人間性に最もふさわしく最も適合した条件のもとでこの物質代謝を行うこと」[9]。

「最小の力の消費」とは、「資源と労働の最小の消費」である。それを、「自らの人間性に最もふさわしく最も適合した条件のもと」で行う。すなわち最小のインプットで、人間的な生産環境のもと、適合的なアウトプットをするというバランスの取れた（人間と自然の）物質代謝像を提示したものである[10]。

なお生産性について、十名直喜［2021.7］は下記のように述べている。

「アウトプットをインプットで割ったものが、生産性指数である。生産性の向上は、(A)「より少ないインプット（資源、労働）」と(B)「より多くのアウトプット（生産物、価値）」という2つの方法がある[11]。

(A)＝節約志向に対し、(B)＝拡大志向といえる。『資本論』の上述は、(A)をベースにしたもので、(B)はみられない。」[12]

これまでの生産性向上は、より多くのアウトプットを追求する(B)方式がメインであった。また、インプット（単位当たり労働量）をより少なくするやり方とのセット方式もある。セット方式は、高度成長期には生産性向上運動においてよく見られ、成長を促す役割を担った。しかし、低成長期には、失業増につながりやすいため、その対策に経済規模の拡大（経済成長）を図ることになる。その結果、拡大志向から抜け出られない、という「生産性の罠」にはまりやすい。

一方、(A)方式の「資源生産性の向上」は、地球環境危機の時代に求められる節約志向の方式である。『資本論』（第3巻第48章）において、生産力のあり方として提示されたものである。インプット（単位当たり資源量）を大幅に

減らすとともに、アウトプットも適合的なレベルに抑制（あるいは縮小）していく。労働生産性の向上を労働時間の短縮に結びつけ、より人間らしい労働によって資源生産性の向上を推進する。それによって、「生産性の好循環」を促し、社会的物質代謝を地球の物質循環の枠内にスリム化していく、というものである。

K.E. ボールディングは、生産の３要素を「ノウハウ・物質・エネルギー」と捉え、「土地・労働・資本」とみなす従来の学説に対置した。新たな定義は、土地・資本を「物質」として特徴づけ、労働を「ノウハウ」として捉え直している。労働に内在し、その核心に位置するのは、創意工夫や創造性などの「人間の構想力」とみなし、それをノウハウと表現したのである[13]。

物質とエネルギーは、ノウハウに従って資源となり、生産力に転化するのである。

これまでの資本本位のノウハウは、「疎外されたノウハウ」すなわち「人間と自然を浪費・収奪する資本本位のノウハウ」がメインであった。それを、サステイナブルなノウハウへ、「疎外からの回復を促すノウハウ」へ変えていくことが求められている。労力・資源・エネルギーの最小化を進め、労働時間短縮を生かす学習力の展開との良循環をうみだすことが大切である[14]。

人間と自然の物質代謝を、地球の物質循環（環境容量）の枠内に縮小しながら、より適合的な形に洗練化していく。それが、「生産力の発展」の本来的あり方に他ならない。

「生産力」概念を、「生産」概念に立ち戻り、本来のあるべき姿として捉え直し提示する。それによって、「生産力」概念の復権を果たしていく。

それは、人間らしい「生産性」概念の提唱とも共鳴するといえよう。共に手を取り合い、人間本来の「生産力」＆「生産性」概念を取り戻していくことが大切である。

2.2 サステナビリティと「持続可能な開発」

2.2.1 サステナビリティとは何か

地球有限観は、1960年代に「宇宙船地球号」などの形で提示されたものである。地球の有限性という視点からの人類危機論として、世界に大きな衝撃を与えたのが、ローマ・クラブ［1972］『成長の限界』である。資源・環境・食料問題の視点から、地球の有限性と人類の破局に警鐘を鳴らし、成長ゼロ社会へのシフトを提唱した[15]。

その後、資源枯渇論から、地球温暖化や気候変動など広義の地球環境問題へと進化・拡大していく。その背景には、生産力の巨大化と歪みによって、人間活動の拡大が地球の限界と突き当たり、環境と経済がトレードオフの関係に陥ってしまったことがある[16]。

　その反省をふまえ、有限な地球と人間活動を両立させるためのキーワードとして登場したのが、サステナビリティ（sustainability：持続可能性）という言葉である。

　サステナビリティとは、「現状を放置しておくと望ましい状態が失われてしまうので、望ましい状態を続けていくための可能性や方法を探り、それを実行していく過程」[17] に他ならない。すなわち、持続・永続の可能性を現実性に変えていく過程として捉えることができる。

2.2.2 「持続可能な開発」にみる未来の世代と地球環境への視座

　サステナビリティ概念は、「開発」概念とセットになり、「持続可能な開発」として提示されたことが注目される。

　「持続可能な開発」という考え方は、国連のブルントラント委員会（環境と開発に関する世界委員会）によって提示されたものである。1987 年に出された報告書『我ら共通の未来』（Our Common Future）の中で、「持続可能な開発」（sustainable development）という概念を提示し、そこで使われた定義が定着して今日に至っている。

　まず、「開発」とは何か、が問われねばなるまい。英語の development は、通常の開発、あるいは発展と訳される。「開発という概念は、経済開発、社会開発、地域開発、農村開発、人的開発など、さまざまなケースで使われる。経済や社会、地域、農村、人的資源のそれぞれが、「開発」されることにより、何らかの価値が高まって、以前よりも良い状況に至るという意味が込められている。

　一方、「成長」（growth）概念は、経済規模の拡大とか、所得水準の上昇など、数値の上昇を示すためにだけ使われる。経済成長という言葉はあるが、社会成長とか地域成長、農村成長という言葉は耳にしない[18]。経済成長志向の「発展」は、地球環境の危機だけでなく、貧困・格差の拡大や対立・紛争の激化など地球社会の危機をもたらしている。

　「成長」とは何かが問われている。「成長」とは、「育って大きくなること」「育って成熟すること」（『広辞苑』）である。前者が身体的な発育（growth）

すなわち肉体的生長を意味するのに対し、後者は心身の発育、知的発育（development）すなわち精神的成長を意味する。前者が量的成長、後者は質的成長とみることもできよう。「成長」概念は、前者の量的成長として捉えられ、後者の視点が顧みられなくなっている。

「成長」そのものは、本来望ましいものであるはずである。現在問われているのは、偏った「成長」のあり方、そして捉え方であるといえよう。

こうした「成長」概念に対峙する形で提示されたのが「開発」（development）概念、とみることもできよう。「開発」には、環境の保全と社会の調和という両方の趣旨が込められている。現在、偏った開発が深刻化するなか、開発のあり方も問われている。

それでは、「持続可能な開発」とは何か。ブルントラント委員会の報告書（1987年）には、「将来世代のニーズを満たす能力を損なうことがないような形で、現在の世代のニーズも満足させるような開発」のこととされている。つまり、開発が持続可能かどうかの焦点は、将来の世代のニーズを損なうか損なわないかにある。

その逆に「持続可能でない開発」とは何か。それは、「将来世代ニーズを満たす能力を損なうような形で、現在の世代のニーズを満足させようとする開発」となる。現代の世代のニーズばかり追い求めることで、将来の世代の暮らしが甚大な悪影響を受けるようであれば、その開発は持続的でないことになる。

また、開発の対象となる時間軸にも違いがある。これまでの開発は、せいぜい数年から10年くらいの中期的な時間軸で考えられていた。一方、「持続可能な開発」は、より長い時間軸で環境や社会の課題を捉える。「開発」によって現世代の人びとの生活が改善されるだけでなく、将来の世代の人びとも安寧な生活を送れることを目指すのが「持続可能な開発」の視点である[19]。

なお、ブルントラント委員会の定義については、その後、再定義検討委員会が立ち上がる。地球システムの限界や、それが社会・経済開発に及ぼす影響、資源・環境上の制約が必ずしも十分に明示されていないとして、次のような再定義が提示されている[20]。

「持続可能な開発」とは、「現在および将来の世代の人類の繁栄が依存している地球の生命維持システムを保護しつつ、現在の世代の欲求を満足させるような開発」のことである。

それらをふまえると、①地球の生命維持システムの危機認識、②環境の保

全と社会の調和の両立、③将来世代の利益への配慮、の3つが、サステナビリティを進めていく必要条件になるとみられる。

2.3 人類社会の資源消費量と地球環境負荷指数にみる地球限界時代

2.3.1 資源とは何か

サステナビリティの基盤をなすのが「資源」である。地球限界時代の資源とは何かが、あらためて問われている。

資源とは何か。広義には、科学技術庁資源調査会編 [1972] [21] をふまえ、次のように定義する。資源とは、「人間が社会生活を維持向上させる源泉として、働きかける対象となりうるものである。物質あるいは有形なものに限らない。」

これは、最広義の定義といえる。この定義に沿う資源分類は、科学技術庁資源調査会編 [1961] にみられる [22]。科学技術庁資源調査会編 [1972] の資源分類も、それに準じている。

それによると資源は、(1) 潜在資源と(2) 顕在資源に大別される。(1) 潜在資源は、(1a) 気候的条件—降水・光・温度・風・潮流、(1b) 地理的条件—地質・地勢・位置・陸水・海水、(1c) 人間的条件—人口の分布と構成・活力・再生産力、から構成される。

一方、(2) 顕在資源は、(2a) 天然資源—生物資源・無生物資源、(2b) 文化的資源—資本・技術・技能・制度・組織、(2c) 人的資源—労働力・士気、から構成される。

なお、狭義の定義としては、十名直喜 [1976] [23] をふまえ、次のように定義する。「自然によって支えられるもので、その再生産にあたって人間の支配外にあるもの」である。それは、(2a) 天然資源および (1a) 気候的条件、(1b) 地理的条件、にほぼ見合うものである。

更新可能資源（再生産は人間の支配外）
 基本的資源：土地（地質・地勢・位置）、水（降水・陸水・海水）、光、大気、温度、風、潮流、（気候はこれらの組み合わさったもの）。
 生物資源：森林、野生鳥獣、魚など。（植林、養殖魚などは再生産に組み込まれる過程）

更新不能資源
 鉱物資源：再利用が難しい、再循環利用が可能

一方、その再生産が人間の支配下におかれるようになると、それはもはや

資源ではなく生産物に転化する。さらに産業連関の中では、原料に転化する。すなわち、すでに労働によって半ば改造され、さらに続いて改造されようとする自然は、労働によって既にろ過された労働対象として、原料となる。

2.3.2 人類社会の資源消費量と環境容量限度

地球の環境容量を表す指標として、エコロジカル・フットプリント（ecological footprint）がある。人間活動が環境に与える負荷を、資源の再生産および廃棄物の浄化に必要な面積として示した数値である[24]。

人類社会の資源消費量は、地球の持続可能な水準の1.69倍、すなわち地球の1.69個分に達しているとの試算が出ている。この数値を算出したのは、非営利の「グローバル・フットプリント・ネットワーク」で、2003年に設立された。

同ネットワークによると、人間の社会・経済活動による環境負荷が、地球1個分を越えたのは、1970年という（1980年代半ばという別の試算[25]もみられる）。その後の半世紀で、エコロジカル・フットプリントは190％増加し、技術の進歩や土地管理能力の向上による改善27％を差し引いても、地球1.69個分相当の持続不能な人類社会になっている。米国、ドイツ、日本の資源消費水準が世界に広がると、持続可能水準の4.97、2.97、2.76倍となる[26]。米国並みで地球5個分、日独並みなら地球3個分が必要ということになる。

大気中の二酸化炭素濃度は、産業革命時代の280ppmから2016年には400ppmを越えてしまい、地球温暖化リスクが顕在化している。二酸化炭素排出の半分を先進国の富裕層トップ10％が占める一方、下から50％の人びとは10％しか排出していないが、気候変動など環境破壊の影響に最初にさらされる[27]。

鉄器文明と呼ばれて久しいが、近代社会において鉄は「産業のコメ」と言われてきた。下記の世界粗鋼生産量の推移[28]は、世界資源消費量の推移をみる目安になるとみられる。

1950年：1.9億トン、55：2.7、60：3.4、65：4.6、70：6.0、75：6.5、80：7.2、85：7.2、90：7.7、95：7.5、2000：8.5、10：14.3、15：16.2、20年：18.6億トン

世界粗鋼生産量（≒世界資源消費量）でみると、地球への環境負荷の臨界点とされる1970年の粗鋼生産6.0億トンであったが、その後の半世紀で3倍になっている[29]。粗鋼生産量からみると、地球3個分が必要となる。

資源の総消費量でみると、1970年には267億トンだったのが、2017年に

は1000億トンを超えた。2050年には、およそ1800億トンになるという。一方、リサイクルされているのは、わずか8.6％で、その割合は資源消費量の急速な増大を前にむしろ下がっている[30]。

　しかも、資源は鉱物資源だけではなく、より広範囲にまたがる。「天然資源」に、さらにそのうちの「更新可能資源」（ただし再生産は人間の支配外）に限定しても、基本的資源、生物資源を中心に多様な資源から構成される。

　基本的資源は、土地、水、大気、気候（これらの組み合わさったもの）などを指す。生物資源は、森林、野生鳥獣、魚などで、植林、養殖魚などは再生産に組み込まれる過程とみられる。

　基本的資源および生物資源の視点からみると、環境許容限度に達したのが1970年という試算は、世界的な状況からみても頷けるものである。1960年代には先進国で公害問題が深刻化し、70年代に入ると成層圏のオゾンホール問題をはじめ、熱帯雨林などの森林破壊、生物多様性の危機などが世界的に顕在化するに至る。ローマ・クラブ［1972］『成長の限界』は、鉱物資源・環境・食料の視点から人類の生産活動が地球容量の臨界点に近づいていることを定量的に示し、経済成長に警鐘を鳴らした点で特筆される。

2.4 地球限界時代の自然利用と生活満足度

2.4.1 地球限界時代における経済と環境の関係

　いずれにしても、人類社会の資源消費量は地球環境容量の限度（環境許容限度）をかなり踏み越えているとみられる。これを、地球限界時代とよぶことにしたい。

　地球システムには、自然本来の回復力が備わっている。しかし、一定以上の負荷がかかり、「臨界点」を超えると、その回復力は失われ、急激かつ不可逆的な、破壊的変化を引き起こす可能性がある。

　そこで、限界を越えない「人類の安全な活動範囲」の確定をめざして、ヨハン・ロックストロームと彼の研究チームが2009年に提唱したのが、「プラネタリー・バウンダリー（planetary boundaries）」概念である。人類が生存できる安全な活動領域とその限界点を定義する概念で、「地球の限界」あるいは「惑星限界」とも呼ばれる。その後、ロックストロームは、経済成長と環境負荷の切り離し（デカップリング）[31]が、現実には極めて困難であると判断し、地球の限界に配慮する「経済成長論」すなわち「緑の経済成長」の立場を断念するに至る[32]。

それは、成長と環境の両立論の提唱者自らが、両立はほぼ不可能であること、資本主義的な経済成長は地球限界時代にふさわしくないことを明言したものとして注目される。

2.4.2 自然利用・生活満足度曲線にみる「臨界点」と変容プロセス

　資本は、人間も自然も徹底的に利用する。新技術のイノベーションも、人間や自然の利用をできるだけ効率よく進めるための手段として開発・導入される。その結果、効率化のおかげで、人々の生活は、これまでとは比較にならないほど豊かになる。

　ところが、ある一定の水準を超えると、むしろ否定的影響の方が大きくなっていく。資本は、できるだけ短期間に、より多くの価値を獲得しようとする。そのせいで、資本は人間と自然の物質代謝を大きく攪乱してしまうからである。

図表 7-1　地球限界時代の自然利用＆生活満足度曲線
　　　　　——もの不足・蓄積時代からもの余り・ストック活用時代への価値シフト

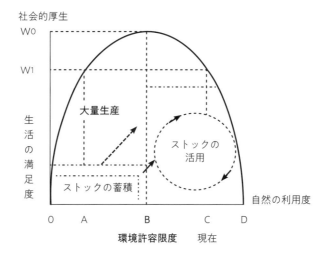

　　B：環境許容限度（自然の自浄力）
　　A：過去（もの不足・大量生産時代）
　　C：現在（もの余り・地球限界時代）
　　W0：環境許容限度地点の生活満足度
　　W1：A＆C地点の生活満足度

備考：「図表 4-6　B 点の右で何をすべきか」（三橋規宏［2006］、82 ページ）を基に編集したものである。

「技術進歩の罠」にも目を向けなければなるまい。技術進歩は、大きな可能性を切り拓くが、それが近視眼的な利潤追求のテコにされると、自然や人間の収奪の手段に転化し、環境破壊や人間疎外を引き起こすことにつながりかねない。地球限界時代を迎え、それがより深刻な形で顕在化してきている。

　「図表7-1　地球限界時代の自然利用＆生活満足度曲線 ―もの不足・蓄積時代からもの余り・ストック活用時代への価値シフト」は、環境許容限度地点をベースに、それ以前とそれ以降に区分し、「自然の利用度」を横軸に、「生活の満足度」を縦軸にして、それぞれの特徴と課題を明示したものである[33]。

　高度成長期に特有な大量生産時代は、もの不足・ストック蓄積の時代でもあった。もの余り・ストック活用の時代へと転じたのは、1970年代以降のことである。

　B点は、自然が備えている環境許容限度（自然の自浄力）を示したものである。生活の満足度はB点で頂点に達する。B点を境に、「左側の世界」（それ以前）、「右側の世界」（それ以降）は、「生活の満足度」と「自然の利用度」の関係が、大きく異なる。

　B点は、グローバル化が地球の隅々にまで及び、人類の経済活動が地球を覆ってしまった地点、地球環境容量の臨界点とみなすことができる。

　「左側の世界」は、高度成長期の大量生産時代である。自然利用度のアップ、ストックの蓄積が、生活の満足度に結びついた時代でもある。

　一方、地球許容限度(B)を踏み越えて入った「右側の世界」は、現在(C)を含む地球限界時代のことである。

　B点の「右側の世界」では、なぜ満足度の低下という現象が起きるのか。それを説明するのが、図表7-1の生活満足度曲線である。

　図表の縦軸は、社会的厚生である。生活の満足度を示し、生活水準に相当する。これまで「1人当たりGDP」が、生活水準を表す経済指標として使われてきた。1人当たりGDPが高くなれば、それだけ生活水準が向上し、人々の満足度も高まると考えられてきた。

　しかし、環境破壊など新たな問題が多発する現代社会では、そのような図式が通用しなくなっている。なぜなのか。GDPの矛盾が顕在化し、生活水準指標からの乖離が進行したからである。

　GDPの中には、ごみ処理施設の建設や破壊された環境の修復のための費用が、かなり大きな割合で含まれている。たとえば、ごみを処理するための大型焼却炉を造れば、100億円を超える設備投資が必要になる。これは、

GDP に含まれ、GDP を増加させる。

　また、大気汚染によって呼吸器障害を起こし、病院で治療を受ければ、その医療費も GDP に加算される。犯罪が増加し、その逮捕や収監にかかる費用も GDP に含まれる。

　つまり、社会の不安や安全を脅かすような好ましくない現象が発生し、その後始末のための費用が増えれば増えるほど、GDP も大きくなってしまう。

　他方では、社会にとって好ましい行為や欠かせない行為、たとえば環境NGO による森林ボランティアや福祉ボランティアといった活動や、家事労働などは、GDP に含まれない。また、「もの」消費から「こと」消費へのシフトが進むなか、金銭的な取引を通じない形で満足感を得る人が増えてくると、GDP と満足度の相関は小さくなっていく。

　そうした矛盾を内包した 1 人当たり GDP は、もはや生活水準を示す指標になりえないという批判が出ている。GDP は、もの不足の時代や公害などが少なかった時代には、有力な指標として機能したが、もの余り・地球限界時代には、生活水準を示す適切な指標ではなくなっているのである。

　こうした反省から、アメリカの民間政策研究機関「リディファイニング・プログレス」は、GPI（Genuine Progress Indication：真の進歩指標）を発表している。

　これは、GDP とほぼ同じデータを使って、環境破壊や犯罪などマイナスの費用を GDP から差し引き、ボランティアや家事労働などのプラスの労役を金額換算して加えたものである。生活満足度曲線の縦軸になる社会的厚生、いわば生活の満足度は、GPI に近い概念とみられる。1 人当たり GDP と 1 人当たり GPI の乖離は、1980 年代に入った頃から目立ちはじめ、90 年代には、一段と拡大している[34]。

2.4.3 生活の質や満足度の源は何か

　これは、フロンティアが消尽した地球限界時代における資本主義の深刻な矛盾とみられる。資本主義とは何か、その意義と限界が、あらためて問われている。

　資本は「人工的希少性」をうみだしながら発展する。いくら経済成長しても、その恩恵が社会の隅々にまで浸透することは少ない。むしろ、臨界点を超えると、人々の生活の質や満足度は下がっていく。私たちが日々経験している実感でもある。

　生活の質や満足度を下げる希少性は、消費の次元にもある。人々を無限の

図表 7-2　富と幸福の関係（A. スミスの見解）

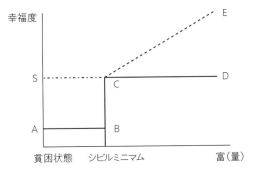

A～B：貧困の状態（その社会で最低限必要とされる収入を得られない）
C：シビルミニマム
　（「健康で、負債がなく、良心にやましいところがない」状態で生活できる富の水準）
D：「賢人」（「胸中にある公平な観察者」）の予想
E：「弱い人」（「世間」に囚われる者）の予想

出所：堂目卓生 ［2008］、前掲書、「図 2-1 富と幸福の関係」（83 ページ）に基づく。

労働に駆り立てると、大量の商品ができる。だから今度は、人々を無限の消費に駆り立てるのである。

「満たされない」という希少性の感覚こそ、資本主義の原動力であるが、それでは、人々は一向に幸せにならない。この悪循環から逃れる道はあるのか、が問われている[35]。

富と幸福の関係については、A. スミスの興味深い考察がある。A. スミス［1759］『道徳感情論』は、「健康で、負債がなく、良心にやましいところのない人に対して何をつけ加えることができようか。この境遇にある人に対しては、財産のそれ以上の増加はすべて余計なものだ」という。

スミスのいう「健康で、負債がなく、良心にやましいところがない」状態は、近年の「シビルミニマム」（市民が生活していくのに最低限必要な生活基準）に見合うものといえる。シビルミニマムは、満足の程度からみると、「人間の繁栄の最高潮」との間の距離は取るに足りないが、「悲惨のどん底」との間の距離は無限であり巨大である。貧困の状態にあることが、なぜ悲惨なのか。人は、同感しようとしないばかりか、軽蔑し、無視する。そのことが、貧困の状態にある人々をいっそう苦しめる、というのである[36]。

それを図式化したのが、「図表 7-2　富と幸福の関係（A. スミスの見解）」である。図の縦軸は幸福度を表し、横軸は富の量を示す。折れ線 ABCD は、「賢

人」(「胸中にある公平な観察者」)が予想する富と幸福関係を表すのに対し、「弱い人」(「世間」に囚われる者)が予想する富と幸福の関係は折れ線 ABCE によって表される[37]。

　「賢人」は、シビルミニマムを越える富の増加は幸福に影響しないと考える。ただし、シビルミニマムを下回る富しか得られない場合、幸福は極端に低下し、悲惨な状態に陥ると予想する。シビルミニマム(C)に対応する状態と、それよりも貧しい状態の違いは、無限であり巨大である。折れ線の屈折部分ABC は、このことを表す。それゆえ「賢人」は、世間から称賛されることを無視することはできても、世間から非難されることに対しては動揺する[38]。

　貧困の状態にある人びと(線分 AB の間に入る人びと)の数を減らすには、経済の発展が重要な意味をもつ、とスミスは見ている。18 世紀に比べて、経済の発展が大きく進んだ 21 世紀において問われるのは、たんなる富の量的拡大ではなく、格差・貧困を是正する富の分配、再配分のあり方である。それは、富に内在する「人をつなぐ」という機能を回復させる道に他ならない。

2.5 資源生産性と脱物質化の時代

●労働生産性から資源生産性へのパラダイムシフト

　エコロジカル・フットプリント視点からみると、地球レベルの環境許容限度(B 点)を超えたのは、1970 年頃との試算が出ている。1980 年代半ばとの試算もみられる。B 点を境にして、労働生産性重視から資源生産性重視へとパラダイムシフトが進行しつつある。

　B 点の「左側の世界」(もの不足・大量生産時代)では、フローが主役でストックが脇役だった。エネルギーと資源を多消費することで、「規模の経済」を実現し、製品単価を引き下げ、労働生産性を高める方法が推奨され、採用されてきた。

　しかし、B 点の「右側の世界」(もの余り・地球限界時代)では、「ストックが主役でフローが脇役」となる新しい経済システムの構築が求められている。それがエネルギーと資源の節約を促し、持続可能な社会へ向かう道につながっていく。

　ストック重視の新しい経済システムにおいては、「資源生産性」という新しい概念が重要性を増す。資源は枯渇気味の状態にあるため、エネルギーと資源の生産性を向上させて、資源を節約しなければならない。「資源生産性を向上させることによって労働生産性を高める」という逆転の発想が必要になる[39]。

●資源生産性の向上と脱物質化

「資源生産性」とは何かが問われよう。資源生産性とは、より少ない資源でより多くの社会的厚生（生活の満足度）を生み出すための指標、として捉え直したい。

資源生産性 RP ＝社会的厚生 W／（単位当たりの）資源 R

ただし、「資源」投入量の算定は簡単ではないとみられる。天然資源に限定しても、鉱物資源だけでなく、土地、水、大気、気候（これらの組み合わさったもの）、さらに、生物資源も含まれる。そこで便宜的に、鉱物資源や水など定量化しやすい要素で計測された指標で表示されているとみられる。

一方、労働生産性は、使用価値ではなく価値が、投入労働に対してどれだけ付加されたか、が表示される。

労働生産性 LP ＝付加価値 V／労働投入量 L

いずれにしても、資源生産性を高めることが重要となる。それにより、投入する資源の量を減少させながら、生活の満足度を向上させていくことが可能になる。社会全体の「脱物質化」も、資源生産性の向上を図りながら促進することができる。

なお、脱物質化とは、資源をまったく使わないということではない。「最大効果が得られるような資源の使い方をする」ということである。持続可能な社会を営むための条件として、脱物質化は、資源節約の重要な要素の１つである。

●資源生産性を高める方法

一方向型の経済システムに代わって、適正生産→適正消費→ゼロエミッション→適正生産と円形に回るストック活用型の「循環型の経済システム」が導入されると、資源生産性は飛躍的に向上するとみられる。

循環型社会形成推進基本法は、廃棄物処理の基本原則として、①リデュース（減量）、②リユース（再利用）、③リサイクル（再生利用）、④焼却、⑤埋め立て処理、という優先順位を明らかにしている。資源生産性を高めるための大切な考え方といえる。

使い捨て製品から「長寿命製品」へ、「重厚長大型の技術」から「軽薄短小型の技術」へ切り替えることによっても、資源の生産性を高めることが可能である。廃棄物を分別回収して、資源として再び有効に活用していこうという運動は、資源の生産性向上に大きな役割を果たしている[40]。

消費者が「製品を購入する」から「製品の機能やサービスを、リースやレ

ンタルで購入する」へ、「私有からレンタル」へ、購入姿勢を転換することによって、資源の生産性を高めることができる。

● IT の活用による資源生産性の向上

IT が進展しても、地球環境の破壊はとどまらず、深刻化する状況がみられる。IT は、環境にプラスにもマイナスにもなりうる。IT は、浪費を促進し環境破壊につながる方向に作用する一方、活用の仕方によっては浪費を抑制し、資源生産性を飛躍的に向上させる潜在力を持つ。情報技術という技術体系そのものが、省エネ・省資源を促進する要素をもっているからである。

IT 社会とは、デジタル財中心の社会のことである。デジタル財が中心になる社会は、物的生産やその移動が相対的に少ない社会である。産業構造面からみると、「ものに対してサービスの比重が極端に高い社会」である。

生産システムとしては、デジタル財はオンデマンド生産を可能にする。一度つくってしまえば、いくらでもコピーでき、地球のどこにでも瞬時に送ることが可能で、収穫逓増の原則（つくればつくるほどコストが安くなる）が働く。IT を上手に活用することで、資源生産性を大幅に向上させることが可能になる[41]。

IT の基本技術とプラットフォームは、巨大 IT 資本に掌握されている。情報コモンが利益追求の手段として機能し、資源生産性の本来的向上を図るうえで大きな制約になっているとみられる。

3 サステナビリティの経営と経営戦略

3.1 サステナビリティ経営の登場

渋沢栄一の「道徳経済合一」は、19 世紀の日本資本主義生成期に提唱・実践された経営哲学である。それは、今もなお示唆に富み、立ち返るべき日本資本主義の原点とみられる。21 世紀の地球限界時代においては、「道徳経済合一」を基本にしつつも、さらに発展させることが求められている。

すなわち、経済的効率・環境保全・社会的責任を三位一体として推進する「経済・環境・社会一体」の経営哲学が求められているのである。

そうした経営哲学を、これまで利益最大化を追求してきた現代企業が果たして担えるのかが問われよう。それを解くカギは、地球限界時代にあるとみられる。その難題に直面し、切り拓いてきた米国の化学工業の事例をふり返ってみたい。

米国の化学工業会は、かつてコンプライアンス重視を掲げてきたが、1984年にインドのユニオンカーバイドの殺虫剤工場での爆発事故が起き、数千人が死亡し、数十万人がイソシアン酸メチルなどの猛毒の化学物質を浴びた。同じような事故が1970年代と80年代に続いたことで、規制がますます複雑化するなか、化学業界にとっては差し迫った脅威となる。化学工業会は、米国化学工業協会の呼びかけで結束し、業界のサステナビリティの焦点をコンプライアンスから自発的に環境と社会に責任を果たす「レスポンシブル・ケア」へ移行した。

　レスポンシブル・ケアは、危機に直面する化学工業会のイメージアップになる。さらに、より優れた環境面と社会面での活動を通して、各企業が価値を生み出す方法を模索する、価値創造とイノベーションのきっかけとなったのである[42]。

3.2 地球限界時代を切り拓く経済観への転換

　これまで長らく、経済を閉鎖型環状循環フローととらえる考え方が支配的であった。そのモデルは、事業組織が資源を製品とサービスに転換し、それを消費者が購入するという製造・消費サイクルである。

　経済を閉鎖的に捉えることは、経済が社会システムや生態系から分離・独立しているという前提に立っている。そこでの経済は、宇宙の物理的法則、生態系の自然のプロセスやサイクル、社会の価値観などの制約を受けない。それゆえ、利己的で、飽くことを知らない消費者が、社会や生態への影響も考えず、経済的欲望を満たすべく大量の商品を購入し続ける。あくなき利益追求をめざす生産者は、大量の商品を生産し提供し続ける。こうして、経済は永遠に成長できることになる[43]。

　長きにわたるその価値観と経営がもたらしたのが、地球限界時代と呼ばれる今日の状況である。地球温暖化をはじめ貧困・格差の拡大、紛争・対立の激化などを深刻化させ、地球環境および人類存続の危機を顕在化させている。

　有限である地球上で無限の経済成長が可能で永遠に追求できるという想定が破綻をきたしている。地球とそこに住む人々の生命を守り、より良い暮らしに向かわせることができなければ、経済活動は長期にわたって存続できないという考え方への転換が求められている。

　無限の経済成長を永遠に続けることが不可能なのは、エントロピーの法則が生態系と経済システムの相互作用を支配しているからである。経済システ

ムは、すべての生態的・社会的外部性を内部化する必要がある。

　グローバル経済は、地球の自然的、社会的限界の範囲内で活動しなくてはならない。地球限界時代を切り拓く経済観、閉鎖型環状循環フロー経済から開放型生体システム経済への転換、が求められている。

　経済システムにとって地球は、自然資本と人的資本の究極の供給源である。だから健全な経済活動の流れが子孫のために維持されるには、経済が自然の限界の範囲内でより大きな社会ニーズを満たすというパラダイムで運営される場合に限られる。

3.3 サステナビリティ経営戦略

　アダム・スミスが『国富論』を出版した産業革命初期（1776年）の当時、無限の成長は比較的害のない想定だった。人口は10億人に満たず、重要な経済活動に関わる人も場所も少なかった。だが、現在の急増する人口と急成長する経済市場はそうした状況を劇的に変えている。

　サステナビリティへの懸念が、人類が直面する最先端の問題になりつつある現在、サステナビリティ革命に参加したいと考える組織も増えていくとみられる。

　開放型システムで組織を経営するには、組織が、社会的、生態学的に責任を負いながら経済的利益を上げられなければ、サステナビリティは達成できないという前提に立つ。企業の経済的利益は社会や自然環境にも貢献する形で得られると考える。経済・環境・社会という3つの側面から企業を評価するのがトリプル・ボトムラインである。

　経営者は経済的成功、環境保全、社会的責任が交わる地点に、組織の取り組みを集中させることができる。トリプル・ボトムラインを経済の枠組みとして用いることで、サステナビリティの3つの側面に必要な戦略を練ることができる。

　それを担うのが、サステナビリティ経営戦略（Sustainable Strategic Management：SSM）である。

3.4 サステナビリティの力学

　サステナビリティの力学を理解するにあたっては、ガイア理論が役立つ。ガイア理論によると、地球の生物学的パワーと物理学的パワーが影響を及ぼし合う関係にある。環境、社会、経済の衰退によって脅かされているのは地

球ではなく、人間とその暮らしである。サステナビリティを達成するには、地球の全サブシステム間の協力・競合など、複雑だがバランスのとれた相互作用が必要になる[44]。

　生物物理学の観点からすると、サステナビリティは地球の環境収容力によって特定される。環境収容力とは、地球が人間の生活を支える共進化システムを脅威にさらすことなく現実的に受け入れられる製造、消費、資源枯渇、環境劣化、廃棄物の量のことである。

　経済システムを地球の自然のエントロピープロセスと協調させるために、人間は現在の経済活動によってもたらされる高エントロピーのエネルギー・資源・廃棄物のプロセスをペースダウンさせる手段を見つけなければならない。

　社会的にいうと、サステナビリティの達成には、コミュニティや世界中の国々が直面する数多くの社会問題を効果的に処理することが求められる。ここでいう社会問題とは人口増加、経済格差、人権、健康、ジェンダー、教育、食の安全、都市化、コミュニティの生存能力などである。

　サステナビリティは、人間のあり方、進歩の問題でもある。それに付随するあらゆる倫理的、文化的、社会的、宗教的、政治的、市民的、法律的影響がついてまわる。持続可能なレベルまで人口増加を抑制するにはジェンダーおよび経済的平等、医療、教育、産児制限、社会的道徳観、宗教的規範など課題は多い[45]。

4 経営哲学とサステナビリティ

4.1 経営哲学を等身大で捉え直す

　「経営哲学の講義を、SBI大学院大学でやってほしい」。そのようなオファーをいただいたのは、2019年夏のことである。同年3月、名古屋学院大学を定年退職して間もない頃である。退職直前に出版した本（十名直喜［2019.2］『企業不祥事と日本的経営—品質と働き方のダイナミズム』）が、縁結びとなった。「経営哲学の担当にふさわしい」（故・川西重忠氏）とのご推薦もあって、お役に立てればと深く考えることなくお引き受けした次第である。

　それからの2年余は、「経営哲学」講義への探索の旅であった。本章は、そのささやかな成果の1つである。

　講義担当になって早々、わが認識の甘さと非力に直面する。「経営哲学」は、

哲学を媒介に経営学の理論的深奥をめぐる高邁な議論がまずあるなど、とっつきにくく、論理は複雑かつ難解である。しかも、個々人の思想内容と深く関わるゆえ、一般化が難しい。経営学の他の領域と比べて、研究されることが少なく、大学などで講義科目にされることも少ない。経営哲学は、研究・教育界において、なじみが薄いのである。経営哲学の研究者による次の指摘が、如実に物語っている[46]。

　「経営哲学とか経営理念といった内容は、個々人の思想内容に深くかかわり一般化が困難な場合が多い。じつにここにこの経営（者）哲学というきわめて経営者の個人的属性にかかわる領域が、他の経営学の領域に比べて学術的に研究されることが少なくなかった理由の1つがある。」

　一方、実業界に目を転じると、経営哲学はマイナーどころか重要な位置にある。エクセレントカンパニーであればあるほど、その位置は高まるとみられる。実業界と学界にみられる大きな落差に注目し、そこから出発する。

　何よりも、筆者自身、経営哲学についての学術的な素養はゼロに近い。関連資料を調べていくうちに、わが冒険（安請け合い）の無謀さを痛感するに至る。講義をどう組み立てるか、四苦八苦する。辿り着いたのが、「経営哲学を等身大で捉え直す」という視点である。「等身大で捉え直す」とは何か。自らの体験と思索、研究をふまえて、自らが理解し納得できるように捉え直すことである。

　さらに、「経営」とは何か、「哲学」とは何か、「経営哲学」とは何か、が問われる。経営は、人間の協働的な目的追求の営みである。哲学は、「なぜ」を問い続け、本質に迫る。

　それでは、「経営哲学」とは何か。「経営哲学」は動名詞であり、「経営を哲学すること」である[47]。経営者の実践哲学などをふまえ、経営や仕事の意味や方法論を探求することである。

　上記の視点から、「経営哲学」講義を捉え直す。半世紀にわたる自らの仕事と研究、そこでの体験と思索をベースにするしかない。それが「等身大」の視点である。手がかりにしたのは、定年前後に出版した3冊の単著書である[48]。

　十名［2017］は、現代産業・企業に機能と文化の両側面からアプローチし、機能性偏重を問い直している。十名［2019］は、品質不祥事に焦点をあて、品質と働きのあり方を探求しながら、企業倫理を問い直したものである。

　十名［2020］は、仕事と人生の倫理と哲学を問い直す。自らの仕事と人生

を研究対象にする「働きつつ学び研究する」生き方は、組織へのしがらみを相対化させ、仕事を主体的に捉え直す知恵と勇気を授けてくれる。

4.2 経営、哲学と経営哲学

「経営哲学」とは何かを問うには、まず「経営」とは何か、「哲学」とは何かを問わねばなるまい。

「哲学」は、一般的には「ものごとを根本原理から統一的に把握・理解しようとする学問」（『広辞苑』）とされる。その本義は、人間の生きる意味を探求し、それを示すことにある。「なぜ」を問い続けながら、ものごとの本質を掘り下げ、そこでつかんだ知識を体系化していくのが、哲学である。「なぜ、この仕事をしているのか」「なぜ、働くのか」「なぜ学ぶのか」など。

自らの生き方や働き方を見直し知恵・力にするのが、哲学である。哲学の対極にあるのは、習慣や常識である。哲学は、その当たり前の前提や根拠を問い直す。

「経営」は、一般的には「力を尽くして物事を営むこと」であり、「計画的・継続的に事業を遂行すること。…そのための組織」（『広辞苑』）とされる。経営は、「人間が目的に向かって協働して行う営み」である[49]。組織とも深くかかわるゆえ、「人間の組織における目的的営み」、「組織を中核として行われる人間の営み」とみることもできる。そこには、人間の生身の生活もある。そこでの日々の営み、すなわち働き方や考え方、経営のあり方なども問い直していく。それが経営の哲学的探求であり、経営哲学の意義もそこにある。

「経営」は、目的追求の行為であり、目的達成の技術と理念の総体とみることができる。経営概念を一番有効に使ったのが企業であり、企業と結びついた経営が行き過ぎたのが様々な企業不祥事、とみることができる。

人間が構成する社会、文化、政治、法、経済、これらを統合する経営活動の領域は、「社会科学」の諸領域として機能分化され展開されている。経営は、「経済」、「社会・文化」、「政治・法」、「技術・エコロジー」の最低限4つの次元を含む多元的・重層的システムの活動である。

地球環境・資源の絶対的制約のなかで、技術が「持続可能な技術体系」から大きく逸脱している。そのため、技術体系を含む生活体系全体のあり方（すなわち「持続可能な文明」）を「経営哲学」として議論しなければならない。

現代社会の基礎は、「信頼」と「多様性」である。現代の経営哲学は、その基礎を「信頼」と「多様性」の保持に求め、社会生活全体の安全・安心を

確保しなければならない[50]。

　経営には、「人間」、「目的」、「組織」、「協働」、「価値」の5つが、不可欠な要素として内在している。その外部環境には、「社会」、「自然」などが不可避的な要素として外在している。近代の経営は、「組織」と「協働」が中心的な意味をもつ。それゆえ、組織における人間という観点がまず考えられる。これらの諸要素・諸要因の諸関係が、経営という現実に統合されている。その根源的探求が、経営哲学における知の探究である[51]。

　組織を中心に考えたとき、経営者の実践哲学がある。経営哲学の基本は、経営の意味の徹底的な探求にある。すなわち、経営学に対する方法、経営学の使命とあり方、の探求にある。経営哲学は、経営理念や経営倫理の領域に関わり、その基礎をなす。さらに、経営の実践、経営の理論や方法にも関わる。

　組織体の経営理念を基底とする哲学は、経営者の実践哲学の探求でもある。それは、文化価値への問いにつながっていく。

　哲学は、ものごとの全体像を直感的に洞察し、論理化するなかで創造的に再構成し本質究明につなげようとする。哲学的アプローチは、ものごとの本質を論理的に解明する方法、本質究明の思考である。

　それと対照をなすとみられるのが科学的アプローチである。事実情報をふまえ、そのデータを数値化することにより因果関係を解明しようとする。それに基づくのが経営科学である。それは、体験・直感・論理化を通して本質にアプローチする経営哲学とは対照をなす。近年は、経営学分野においても、質から量重視への傾向が顕著にみられ、現象測定型の「科学」的研究が主流になり、経営哲学研究は等閑視される傾向がみられる。

　経営科学は、経営への法則発見的・普遍的アプローチ（すなわち科学的アプローチ）に基づいている。一方、経営への原理探求的・個性的アプローチ（すなわち哲学的アプローチ）を行うのが、経営哲学である。

4.3 経営の枠組みと「環境」・役割・機能

4.3.1 狭義の経営と広義の経営 ── 企業・経営・事業の関係と位置づけ

　経営学が経営科学と経営哲学から成る学問体系であることを明示したのは、山本安次郎［1961］である[52]。ただし、彼の主張する「学としての経営哲学」では、「信念や思想」は除外されている。これに対して、山城章［1984］は、経営実践思想としての経営哲学の必要を主張した[53]。

　小笠原英司［2004］は、山本の「経営学の哲学」（「経営学理哲学」）、山城の

「経営哲学」（「経営実践哲学」）に、「経営存在の哲学」（「経営存在哲学」）を加え、その３点を統合する「経営哲学の体系」を提示したのである。

　経営には、広義と狭義の両方の捉え方がみられる。狭義の経営は、management と呼ばれるものである。P.F. ドラッカー［1973］は、社会に財とサービスを供給する組織の役割と活動をマネジメントとみなしている。マネジメントをその役割によって定義しなければならないとして、次の３つの役割をあげている。①自らの組織に特有の使命を果たす。②仕事を通じて働く人たちを生かす。③社会の問題解決に貢献する[54]。

　一方、広義の「経営」は、「企業」「経営」「事業」から成る「経営体」で、３者を包括した行為のシステムである[55]。「企業」は「経営」の意志主体、「経営」は「事業」の行為主体であり、「事業」は「経営」の対象すなわち客体である。３者は、相互に円環的関係にあり、「企業→経営→事業」という主体―客体関係、および目的―手段関係にある[56]。

　小笠原英司［2004］は、それらを経営哲学の問題領域と捉えている。経営を取り巻く「環境」すなわち「法・経済」、「社会・文化」、「自然・生命」という３つの枠組みは、経済、社会、環境に対応しており SDGs の諸課題にもつながるなど、包括的かつ卓見とみられる。

　３者を取り巻く環境・役割・機能を相互の関係のなかで位置づけ円循環関係として図式化したのが、「**図表 7-3　広義の経営をめぐる「環境」・役割・機能と円環的関係**」である。

　広義の経営をめぐる円循環関係は、「環境」・役割・機能という３つの層からなる。表層には「自然・生命」、「社会・文化」、「法・経済」という３つの外部「環境」がある。相互に支え合いながら、中層に位置する「社会的厚生」、「協働」、「資本経済」という３つの役割を担っている。そして内層にある企業、経営、事業の各主体が、支配・出資、組織・管理、産業・作業という３つの機能を果たしている。サステナビリティ経営も、その中で成り立つとみられる。

　経営体には、それを担う人間主体がいる。「企業」には出資者・融資者がおり、「経営」には経営者・管理者が、「事業」には作業者・生活者がいる。

　「企業」は、資本結合のシステムである。日常の用語法と違って、より抽象的な概念であり、「経営体」という全体システムの要素として抽象化されたものである。

　「企業」の本質は、経営体の意思決定にある。「企業」における意思決定の主体性は、資本供給機能と経営支配機能によって実現する。「企業」哲学とは、

図表 7-3　広義の経営をめぐる「環境」・役割・機能と円環的関係

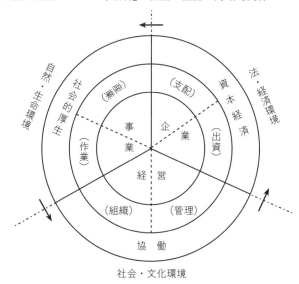

注：小笠原英司［2004］の「図表 2-4　経営哲学の問題領域」（37 ページ）に基づき編集。

出資と支配の哲学である。

　「出資」とは何かは、資本主義の本質に迫る問いである。出資（すなわち投資）は、危険負担を伴うゆえ、事業を企図（企業）する動機と深くかかわる。「動機」は、社会経済システムとしての「資本主義」として、株式会社という資本制企業制度の根幹にかかわる。出資の主体は個人から法人へ、出資の動機は支配動機から利殖（ないし防衛）動機へと歴史的に変容してきた[57]。

4.3.2「企業」「会社」「経営」の関係とその歴史的変容

　実社会では、「企業＝会社」のイメージが浸透している。「会社」には経営者や従業員がいて、「企業活動」を展開している。企業活動には株主や取引業者、顧客が利害関係をもっている。

　しかし概念上、「企業」と「会社」は、同義ではない。「会社」は、法制度的・会計的な概念であり、商法や諸会社法によって成立し規定される制度的枠組みである。法的制度的外皮として、経営体の形式を規定する上で重要な要素である。

　一方、「企業」は、「会社」の 2 次概念であり、経済学的・経営学的な概念

である。企業は、「企業者」という人間の活動内容の客観化ないしは制度化として、株式会社の発展を契機に成立した概念である[58]。

　株式会社企業は、現代企業の元型である。19世紀初頭から、「商人→企業者→企業」という概念的な発展を遂げてきた。企業要素としては、危険負担機能、起業企画機能さらに資本統治機能へと歴史的な展開がみられる。「企業者」は、その人格の中に「事業・企業・経営」の3要素が特殊に内包されている人間類型である[59]。

　「事業」は、基本的に社会的必要から要請されるもので、公共性、公益性を内包する。「統治」は、戦略的意思決定を通じて経営体を統一する機能である。経営機能は、統治—経営—管理—監督—作業という階層制から成る[60]。

　経営体は、「企業」中心から「経営」中心の構造へ、歴史的に発展・変容してきた。経営体における「経営」要因の中心性が確立し、「事業」の性格も、私的なものから公的なものへと変容してきている。

4.3.3　人間論を基礎にした経営理論と協働システム

　経営体は、概念ではなく存在であり、意志・行為主体である。物的、生物的、個人的、社会的要素が複合したもので、ヒト・モノ・カネ・情報のシステムである。経営体の基盤には、人間が位置する。

　経営における人間存在の根源性に注目するのが、バーナードである。バーナード理論は経営論の基礎に人間論を明示した初めての経営理論である。その特徴は、理論的な整合性の高さにあり、人間論を基礎に、協働システム論、組織論、管理論へと展開する[61]。

　「協働」とは何か。「複数の人びとが、共通の目的を実現するために、何らかの協力関係に活動を提供し、それによって成立する社会関係である」[62]。さらに、「協働システム」概念を、明確な目的のために人々が協働して行う構成要素の複合体、協働的な相互作用のシステムとして、提示する。

　「協働」において「有効性」と「能率」を独自に定義し、両者の区分を強調するのも、バーナード理論の特徴である。「有効性」とは、協働の目的達成を表現する概念であり、手段的・技術的・論理的「問題」と関わる。一方、「能率」は、協働に活動を提供する諸個人に動機満足に関する概念である。有効性の実現（すなわち目的達成）が即、能率的（すなわち参加者満足）にはならない。目的は達成したものの、能率を維持できず、協働が衰退する現実もある。経営体の誘因提供能力には限りがあるゆえ、希少な誘因をいかに能率的に提供

するかが重要になるのである[63]。

　バーナード理論は、経営体の中心に組織システムを位置づけ、組織の機能としての「管理機能」を考究した、初めての組織論的経営学でもある。

4.4 経営哲学の3層構造

　経営哲学をめぐる先行研究は、大変重厚なものがある。一方では、「経営学本質論」と「経営存在論」を柱とする「哲学的研究としての経営哲学」（山本安次郎［1961］）が提示され、他方では経営実践思想としての経営哲学（山城章［1984］）の必要が説かれた。この論争は、「哲学」にまつわる硬軟両様の理解に端を発し、抽象度が高くて高邁かつ難解であった。

　小笠原英司［2004］は、一般哲学を外したうえで、山本の「経営学の哲学」（「経営学理哲学」）、山城の「経営哲学」（「経営実践哲学」）に、「経営存在の哲学」（「経営存在哲学」）を加え、「経営哲学の体系」をこの3者の統一として提示したのである。

　小論では、それを「図表7-4　経営哲学の3層構造（小笠原英司）」として捉え直し、①経営学理哲学（経営学の哲学）、②経営存在哲学（企業観・経営倫理など）、③経営実践哲学に分けている。そして、②③を「経営の哲学」と捉える。確かに経営に絞られてわかりやすいが、①はなお難解である。

　そこで、もっとわかりやすい「経営哲学」として再構成できないか。そうした思いをふまえて編集したのが、①経営者論、②経営（者）哲学、③経営理念からなる「図表7-5　経営哲学の3層構造（十名直喜）」である。

　①経営者論は、経営者の人間学、成功＆失敗の哲学など、自己実現の追求を通して得られたものである。②経営（者）哲学は、経営実践に基づく経営者の哲学で、個人的属性も反映している。独自性を追求したもので、「狭義の経営哲学」である。③経営理念は、より深められて理論化・本質化・普遍化されたものである。

　①は、個性と時代性を濃厚に帯びている。②は、個人レベルから組織レベルへと昇華するプロセスにあり、両様を含むとみられる。③は、より深められ、普遍化されたものであり、世代、時代を超えた原理・原則、あるいは羅針盤として、伝えられるものである。

　①経営者論、②経営（者）哲学、③経営理念は、3層構造の関係にある。3層は、①自己実現の追求、②独自性の開発、③経営理念への普遍化、として捉え直すことができる。ピラミッドの土台に位置するのが①、中位に②、上

位に③が位置する。

　もちろん、広義に捉えれば、①は②③も含み得るが副次的にとどまるとみられる。②もまた、①③をも含み得る。

　この３層（①②③）は、有機的な関係にある。それぞれのステップにおいて独自に深められ、普遍化されながら、相互に繋がりシステム化されていく。そのような好循環を通して、より磨かれ深められるのである。まさに経営哲学とは、これら３者のシステム的な構造とダイナミックな関係を指す。その中にあって、②経営（者）哲学は狭義の経営哲学、ということができる。

　一方、「広義の経営哲学」は、この３層をダイナミックな関係として、すなわち自己実現の追求、独自性の開発、座標軸・普遍化のプロセスとして捉え、体系的に深められ普遍化されたものである。

図表 7-4　経営哲学の 3 層構造（小笠原英司［2004］）

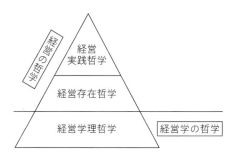

注：小笠原英司［2004］、31-33 の論旨をふまえ、作成。

図表 7-5　経営哲学の 3 層構造（十名直喜）

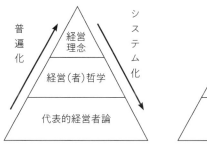

注：筆者作成。

5 経営哲学から経営理念へ

5.1 自己実現としての事業

　「自己実現」は、経営哲学と経営理念をつなぐキーワードとみられる。「自己実現」とは何か。「人生の途上において、まだ生きられていない自分を、ある種の感情を伴いながら、統合的に生きようとすること」であり、「自分にとって価値あるものに向かって、積極的に生きようとすることであり、人間内部の本来的な可能性を実現すること」である[64]。

　いずれも、（「統合的に」あるいは「積極的に」）「生きようとすること」とみなしている。「統合的に」あるいは「積極的に」は、「主体的に」と言い換えることもできよう。そこでの「自己」とは、現在の自分であるとともに、未来の自分でもある。「実現」とは、結果であるとともに過程でもある。「自己実現」とは、「まだ生きられていない自分」を生き、「人間内部の本来的な可能性」を実現しようとする営みに他ならない。

　また、「自己実現」には2つのタイプがあるといわれる。1つは自利にとどまる（未熟な）自己実現、もう1つは利他に向かう自己実現である。

　自己実現という心理的要素は、事業の創造に独自性を付与し、さらに従業員に良質の動機づけを与える。経営者の自己実現としての事業は、優れた業績、高い効率、高収益につながる。製品サービス、事業構想、組織という3つの独自性は、利益の源泉にもなるからである[65]。

　筆者は、本書（第2部）において「自己実現」の意味とあり方を、「他者実現」との関係を通して探求し、現代産業論のなかで捉え直してきた。そこには、事業の創造に向けての経営者の探求と共通する側面がみられる。経営哲学とも深く関わっていることに、あらためて気づかされた次第である。

　なお、「事業の定義は、製品でするな、機能でせよ」という言葉がある。至言であるが、正確な表現とはいえない。そこでの「機能」には、意味・目的、本質・価値なども含まれているとみられるからである。機能は本来、「もののはたらき」「作用」（『広辞苑』）であり、実用性や利便性などの使用価値を指している。一方、働き様や生き方、社会性など意味や本質などの価値は、文化とみられる。

　上記の言葉は、「事業の定義は、製品でするな、機能・文化でせよ」となるであろう。

5.2 事業の独自性と社会性 —— 自己実現から経営理念への昇華

　優れた経営者は、人生と事業に対し、自らの視点を明確に持ち、事業と経済に対する洞察力を高める努力を怠らず、独自の事業基盤を築こうとする。その姿は、まさに探究者といえる。本質的な問いかけは、経営領域や人生に独自性をもたらす。本質思考は、経営理念の具体化を促し、事業に独自性を与える着眼点を培うからである。

　経営者のこだわり、事業への創造的な着眼点は、経営者の自己実現の結果として生まれる。そして、経営理念は、経営者のこだわり、事業への創造的な着眼点から生まれる。事業への創造的な着眼点や経営理念は、経営者の自己実現の度合いによって大きく左右されるとみられる。

　個人を動かす動機には、欠乏動機と成長動機の2つがあるといわれる。欠乏動機は、自分に欠けているものの実現欲求であり、個人の欲求にとどまる。一方、成長動機は、自己実現、能力発揮、使命達成の欲求である。共通の目的をもち、欠乏を満たす行動から成長をめざす行動へと脱皮したものである[66]。「自ら」から「社会」への転換は、事業の本質と関わる。自覚される目的意識と価値観は、経営理念を生み出す土壌となる。

　自己から社会へ他者へと視野を広げていくと、自己実現を超える地点に到達する。自分の内側から生まれながら、自分を超えて導く基準を見出し、自己を超える大きな価値への献身・同化へと進めていく。それは、「自己超越」と呼ばれる[67]。筆者は、それを「他者実現」として捉えている。

　経営理念の機能について宮田矢八郎［2004］は、①本質思考に基づく独自性開発の機能、②動機づけによる生産性向上の機能、の2つに集約している[68]。本書では、そこに3つ目の機能として、③社会的共感・貢献の機能を加味したい。

　社会ニーズの解決に向けての①が、経営理念を媒介として、組織内の活性化作用という②をもたらし、さらに社会的役割と認知の浸透を通して社会的な共感と貢献を高めるという③をもたらす。

5.3 ビジョナリー・カンパニーにみる理念重視と利益の同時追求

　J.コリンズ/J.ポラス［1994］は、理念を大事にして理念と利益の同時追求を図るのがビジョナリー・カンパニーに共通してみられる特徴だという[69]。同時追求は「ANDの才能」、二者択一は「ORの抑圧」とみなし、ビジョナリー・

カンパニーは「ANDの才能」を重視するという[70]。

　基本的理念は、基本的価値観と目的から構成される[71]。「基本的価値観」は、組織にとって不可欠・不変の主義であり、いくつかの一般的原理からなる。一方、「目的」は、会社の根本的な存在理由、道しるべとなるもので、指針となり活力を与えることに最大の役割がある[72]。

　基本理念は、創業者が心の奥底で信じているものであり、見つけ出すしかないものである。理念の明示化・文書化は、設立10年前後、大企業に成長する前が多いという[73]。基本理念の公言は、理念に沿っての一貫した行動を促し、その継続性がさらに変化する際の基礎になる。基本理念を明確にして揺るぎないものにすることで、基本理念以外のすべての変化・発展が容易になり、進歩を促す。

　比較対象企業(18組)の比較分析から浮かび上がるビジョナリー・カンパニーの特徴は何か。理念に徹する傾向が強く、純粋な利益志向が薄い[74]。いくつかの目標を同時追求する傾向があり、利益を得ることはその中の1つとされる。もっと広い視野に立ち、もっと意義ある理想を追求する。理念を宣言することで、理念を組織全体に浸透させて、個々の指導者を超えたものにするのである。基本理念という基軸を維持することが、進歩を促すのである[75]。

【注釈】

1　齋藤幸平［2020］『人新世の「資本論」』集英社新書。
　　聽濤　宏［2021］『マルクスの「生産力」概念を問い直す―社会変革への新しい道筋のために』かもがわ出版など。
2　齋藤幸平［2020］、前掲書。「政府や企業がSDGsの行動指針を幾つなぞったところで、気候変動は止められないのだ。SDGsはアリバイ作りのようなものであり、目下の危機から目を背けさせる効果しかない。」(4ページ)。
3　高松平藏氏からの電子メール（2021.11.4）。
4　セルジェ・ラトゥーシュ［2013］『「脱成長」は、世界を変えられるか―贈与・幸福・自律の新たな社会へ』中野佳裕訳、作品社、「第1章　生産力至上主義がもたらすカタストロフ」。
5　斉藤幸平［2020］、前掲書、150-152ページ。
6　斉藤幸平［2020］、前掲書、151-152ページ。
7　十名直喜［2021.7］「ICTが問い直す生産力・技術・労働・物質代謝論」『名古屋学院大学論集（社会科学篇）』第58巻第1号、160ページ。
8　十名直喜［2021.7］、前掲論文、161ページ。
9　K.マルクス［1894］『資本論』第3巻第48章。
10　十名直喜［2021.7］、前掲論文、163ページ。

11 かつて日本企業の生産性向上運動は、「(B) より多くのアウトプット」の追求には力を入れるも、「(A) より少ないインプット」の追求は相対的に軽視された。労働強化やサービス残業によって（A）の見かけの増大を防ぐなど問題点も少なくなく、本来の生産性向上とは程遠いものであったとみられる。

12 十名直喜［2021.7］、前掲論文、163 ページ。

13 K. E. ボールディング［1992］Towards A New Economics; Critical Essays on Ecology, Distribution, and Other Themes, Edward Elgar.

14 池上　惇［2021.9.10］『脱炭素に向けた取り組みと、公共政策の根本的な見直しをめぐって』(bunkaseisaku-machidukuri.com/news/447/) および筆者あての電子メール（2021.9.26）に、深い示唆を受けた。

15 D. H. メドウズ他［1972］『成長の限界（ローマ・クラブ「人類の危機」レポート)』ダイヤモンド社。

16 十名直喜［1976.8］「資源論の課題と方法」『現代技術評論』8 号。

17 三橋規宏［2006］『サステナビリティ経営』講談社、34 ページ。

18 三井久明［2020］『SDGs 経営の羅針盤』㈱エネルギーフォーラム、15 ページ。

19 三井久明［2020］、前掲書、16 ページ。

20 蟹江憲史［2020］『SDGs（持続可能な開発目標)』中公新書、61-2 ページ。

21 科学技術庁資源調査会編［1972］『将来の資源問題（上)』大蔵省印刷局。

22 科学技術庁資源調査会編［1961］『日本の資源問題』財団法人・資源協会。

23 十名直喜［1976.8］「資源論の課題と方法」『現代技術評論』8 号。

24 エコロジカル・フットプリントは、カナダのウィリアム・リースとマティス・ワナゲルにより、「収奪された環境収容力」として提唱された。ただ、この用語が難解であったため、「人間活動が地球環境を踏みつけにした足跡」との比喩に基づき、「エコロジカル・フットプリント」に変更された。この用語が文献に初めて用いられたのは、1992 年のリース論文（Rees, William E.［1992］Ecological footprints and appropriated carrying capacity: what urban economics leaves out, Environment and Urbanization 4;121-130）とされている（フリー百科事典『ウィキペディア（Wikipedia)』 2021 年 8 月 29 日閲覧)。

25 人類による地球環境への負荷は、1980 年代半ばに生物圏の再生産能力（biocapacity）を踏み越え、2008 年時点で 1.5 倍に達しているとの試算もみられる（中野佳裕［2013］「『脱成長の倫理学』への道案内［日本語版解説]」セルジュ・ラトゥーシュ『『脱成長』は、世界を変えられるか』中野佳裕訳、作品社、273 ページ)。

26 南　博・稲場雅紀［2020］『SDGs―危機の時代の羅針盤』岩波新書、118-120 ページ。

27 斉藤幸平［2020］、前掲書、81 ページ。

28 「図録▽世界と日本の粗鋼生産量の長期推移（sakura.ne.jp)」（2021 年 9 月 29 日閲覧)。

29 21 世紀に入ってからの世界粗鋼生産量の増加は目覚ましく、わずか 20 年で 10.1 億トンも増加している。その 7 割を中国が占めている。中国は、2001 年の WTO（世界貿易機構）加盟を機に、世界市場に本格進出し、世界の工場として急速に成長してきた。その成長モデルが世界の開発途上国へ広がりつつある。

30 斉藤幸平［2020］、前掲書、87 ページ。

31 デカップリングとは「切り離し」・「分離」を意味する。経済成長によって環境負荷は増大する、そのように今まで連動してきたものを、新しい技術によって切り

離そうとするのが、デカップリングである。

　デカップリングにはジレンマが付きまとう。経済成長が順調であればあるほど、経済活動の規模が大きくなり、資源消費量が増大するため、二酸化炭素排出量の削減が困難になっていくというジレンマである。

32　斉藤幸平［2020］、前掲書、64-65 ページ。

33　「図表 7-1　地球限界時代の自然利用＆生活満足度曲線—もの不足・蓄積時代からもの余り・ストック活用時代への価値シフト」は、「図表 4-6　B 点の右で何をすべきか」（三橋規宏［2006］、82 ページ）を基に編集したものである。

34　三橋規宏［2006］、前掲書、71-73 ページ。

35　斉藤幸平［2020］、前掲書、255-257 ページ。

36　A. スミス［1759］『道徳感情論』水田洋訳、岩波文庫、2003 年、1 部 3 編 1-2 章。

37　スミスは、実際の観察者すなわち「世間」を裁判における第一審にたとえ、各個人の「胸中にある公平な観察者」を第二審にたとえ、第二審の判決を重視するのが「賢人」、第一審の判決を重視するのが「弱い人」とみている（堂目卓生［2008］『アダム・スミス—『道徳感情論』と『国富論』の世界』中公新書、50-51 ページ）。

38　堂目卓生［2008］、前掲書、83-84 ページ。

39　三橋規宏［2006］、前掲書、90-91 ページ。

40　三橋規宏［2006］、前掲書、94-98 ページ。

41　三橋規宏［2006］、前掲書、100-106 ページ。

42　ジーンガーナー・ステッド /W. エドワード・ステッド［2014］『サステナビリティ経営戦略』（Sustainable Strategic Management by Jean Garner Stead and W. Edward Stead）柏樹外次郎・小坂綾子訳、日本経済新聞社、9-10 ページ。

43　ジーンガーナー・ステッド /W. エドワード・ステッド［2014］、前掲書、13-15 ページ。

44　ジーンガーナー・ステッド /W. エドワード・ステッド［2014］、前掲書、41 ページ。

45　ジーンガーナー・ステッド /W. エドワード・ステッド［2014］、前掲書、73 ページ。

46　大平浩二［2012］「経営哲学学会の歴史とその貢献について」経営哲学学会編『経営哲学の授業』PHP 研究所。

47　小笠原英司［2004］『経営哲学研究序説—経営学的経営哲学の構想』文真堂、「まえがき」。

48　十名［2017］『現代産業論—ものづくりを活かす企業・社会・地域』水曜社、十名［2019］『企業不祥事と日本的経営—品質と働き方のダイナミズム』晃洋書房、十名［2020］『人生のロマンと挑戦—「働・学・研」協同の理念と生き方』社会評論社。

49　村田晴夫［2003］「経営哲学の意義」経営哲学学会編［2003］『経営哲学とは何か』文真堂。

50　厚東偉介［2012］「経営哲学の未来に向けて—経営哲学の諸部門と基礎的知識」経営哲学学会編［2012］『経営哲学の授業』PHP 研究所。

51　村田晴夫［2003］、前掲論文。

52　山本安次郎［1961］『経営学本質論』森山書店。

53　山城　章［1984］「経営哲学の時代—なぜいま経営哲学か」『経営教育』58 号、日本マネジメントスクール。

54　P. F. ドラッカー［1974］『マネジメント—基本と原則』（Management : Tasks, Responsibilities, Practices by Peter F. Drucker）上田惇生訳、ダイヤモンド社、2001 年。

55 小笠原英司［2004］、前掲書、70 ページ。
56 小笠原英司［2004］、前掲書、34 ページ。
57 小笠原英司［2004］、前掲書、34-36 ページ。
58 小笠原英司［2004］、前掲書、125 ページ。
59 小笠原英司［2004］、前掲書、127 ページ。
60 小笠原英司［2004］、前掲書、139、147 ページ。
61 小笠原英司［2004］、前掲書、57 ページ。
62 小笠原英司［2004］、前掲書、96 ページ。
63 小笠原英司［2004］、前掲書、109-110 ページ。
64 宮田矢八郎［2004］『理念が独自性を生む―卓越企業をつくる７つの原則』ダイヤモンド社、11 ページ。
65 宮田矢八郎［2004］、前掲書、5 ページ。
66 宮田矢八郎［2004］、前掲書、64-67 ページ。
67 宮田矢八郎［2004］、前掲書、84-89 ページ。
68 宮田矢八郎［2004］、前掲書、84-89 ページ。
69 J. コリンズ／J. ポラス［1994］『ビジョナリー・カンパニー―時代を超える生存の原則』日経 BP 出版センター、1995 年（Built to Last, by Jim Collins and Jerry Porras）、90 ページ。
70 J. コリンズ／J. ポラス［1994］、前掲書、16 ページ。
71 J. コリンズ／J. ポラス［1994］、前掲書、79 ページ。
72 J. コリンズ／J. ポラス［1994］、前掲書、119-125 ページ。
73 J. コリンズ／J. ポラス［1994］、前掲書、129 ページ。
74 J. コリンズ／J. ポラス［1994］、前掲書、90 ページ。
75 J. コリンズ／J. ポラス［1994］、前掲書、135 ページ。

第8章
渋沢栄一の経営哲学と
日本資本主義像

1 はじめに──「サステナビリティの経営哲学」の体現者＝渋沢栄一

　第3部は、序盤（第7章）、中盤（第8章）、終盤（第9章）の3部構成になっている。

　これまでの序盤（第7章）では、サステナビリティ論の視点から生産力、地球有限・限界の価値観、経営、経営戦略、経営哲学などを理論的・歴史的に論じてきた。

　中盤に位置する本章は、渋沢栄一をとりあげ、サステナビリティの経営哲学および経営実践の体現者、ロールモデルとして捉え直す。

　「2　渋沢栄一にみる人生の転機と画期」
　「3　渋沢栄一の仕事・人生哲学」
　「4　渋沢栄一に見る日本資本主義の原点と理念」

　91年にまたがる長寿・現役を全うし、「日本資本主義の父」と評される渋沢栄一の仕事・人生は、21世紀を生きる私たちにも深い示唆と励ましを与えている。優れた戦略家としてだけではなく、優れた思想家・哲学者として、渋沢栄一を捉え直すことができればと思う。渋沢栄一こそ、サステナビリティの経営哲学の歴史的具現者であり、日本最良のモデルに他ならず、今なお彼の右に出る者はいないとみられる。

　なお終盤（第9章）は、渋沢栄一論をスミス、マルクスとの比較視点から俯瞰的に捉えるとともに、「コモン」論の視点からサステナビリティへの新たな視座とポスト資本主義像を探ったものである。

2 渋沢栄一の人生にみる転機と画期

2.1 青壮年期における転機と脱皮──「4回ばかり変化」

　NHK大河ドラマ「青天を衝け」は、渋沢栄一を主人公にして幕末から明

治期にかけての激動期、日本資本主義の勃興期を描いたものである。コロナ禍のなか、2021年2月14日に放映が始まった。新型コロナ対策と経済活動の両立が問われるなか、経済と道徳の両立を説いた渋沢栄一の経営哲学、その経済思想、政策、戦略が、ドラマとともにあらためて注目されている。

『論語と算盤』は、自叙伝である『雨夜譚』と並んで、「もっとも読みごたえのある入門書」といわれる[76]。1885年、渋沢を慕う人々によって竜門社が発足し、『竜門雑誌』（機関誌）が発刊される。彼の講演録（口述筆記）が『竜門雑誌』に次々と掲載されていく。そのなかから90項目を選んで、テーマ別に編集され、1916年に発刊されたのが、『論語と算盤』である。

『雨夜譚』が30歳代前半までを語っているのに対し、『論語と算盤』は70歳代半ばに至る壮年～熟年期の熟成した視点から人生と仕事の哲学を語ったものである。『雨夜譚』を青年編とすれば、『論語と算盤』は熟年編とみなすことができる。

渋沢栄一は、埼玉県深谷市血洗島に生まれ、91年に及ぶ波乱万丈の実り多い生涯（1840.3.16～1931.11.11）を全うした。

『雨夜譚』は、渋沢の生誕（1840年）から1873年大蔵省退官にいたる34年の経歴を伝えており、1887年の談話を筆記したものである。この筆記は、1冊の本として書かれたことはなく、筆記本として保存されていたようである。1894年、渋沢は「雨夜譚はしがき　青淵老人」を執筆し、『竜門雑誌』（1895年2月）に寄せている。渋沢の伝記は多々あるなか、幼少から壮年期に至る記述の大筋は、『雨夜譚』が底本になっている[77]。

『雨夜譚』では、青壮年期に至る半生をふり返っている。「4回ばかり変化」したと述べ[78]、その経緯や背景を詳細に語っている。淡々とした語りのなかにも、臨場感があふれ、読者を引き込まずにはおかない迫力がある。

人生の転機は、20歳代から30歳代前半に集中している。

(1)尊皇攘夷の志士として活動した時期（20代前半）

(2)一橋家の家来になり、幕臣としてパリ万博に参加した時期（24～28歳）

(3)明治政府の官僚となり、制度改革に辣腕をふるった時期（20代終盤～30代序盤）

(4)実業人となり種々の会社設立に踏み出した時期（33歳～）

各時期の活動は、それぞれ「尊皇攘夷」「文明開化」「明治維新」「殖産興業」という時代の潮流に乗ったものである。「時代の要求…時代の作為…時代の意気と希望」を自らのものとして、生涯にわたり取り組んだ。まさに、「時代の児」「時代に造り出されたもの」であった[79]。

⑴の時期は、血気にはやり、幕末維新に向けての破壊者としての一面もみられた。尊王攘夷の息吹と若い未熟さとがブレンドしてのことであった。しかし、⑵以降では、生来の「建設者」としての側面が一気に顕在化するのである。「変革過程で次の時代を準備する建設者の役割こそ彼の資質にふさわしかった」[80]。

　渋沢は、その時点、その時点ではまことに不運であり、挫折の連続であった。すべて事、志と違ってくるのである。それは、上記⑵以降においても続くのである。

　一橋家に仕えてこれからというときに、慶喜は将軍になってしまう。辞職して浪人しようと思っているとき、（将軍名代）徳川昭武の随行員としてヨーロッパへ行くことになる。心機一転、これを機に留学しようと思うも、幕府は崩壊してしまう。やむなく帰国後、もう「宮仕え」はこりごりと、商法会議所という会社をつくる。それが軌道に乗ろうとするとき明治政府に出仕せざるを得なくなる。そして官僚として腕を振るうも、大久保利通との衝突で辞職するに至る。すでに 32 歳になっていた。しかし彼は、挫折を常に自己の転機にして、新しい道を開いていくのである[81]。

　近代日本への転換・激動期に生きた渋沢は、91 年という長い人生を通じて、難しい選択を迫られることが度々あったが、その都度、思案の末、最善の道を岐路から選びとっていった。それができたのは、彼の「情報収集能力」によるところが大きい。自分の意見とは相反する情報まで徹底して集めて、冷静に判断していたので、広い視野をもとにした絶妙のバランス感覚が発揮できた、という（渋沢史料館館長の井上潤氏）。それが、4 回もの脱皮を繰り返しながら、その都度スケールアップしていった渋沢の秘訣であった[82]。

　守屋淳［2010］では、⑵を「一橋家の家来となった時期」と「幕臣としてフランスに渡った時期」に区分し、「5 つのステージ」とされている[83]。しかし、この 2 つのステージは連続しており、1 つの時期として捉えることができる。建設者、改革者として藩の改革を実践し成果を上げたからこそ、パリ万博への参加のチャンスを得たのであり、パリ万博のなかで多くのことを学ぶことができたのである。それゆえ、小論では 1 つの時期とみなしている。

2.2 一橋家にて産業・流通・金融改革＆幕臣として
　　パリ万博参加（24 〜 27 歳）

　1864：平岡平四郎を通じて一橋（徳川）慶喜に仕える（24 歳）

1866：慶喜が将軍となったため幕臣となる

　　1867：慶喜の弟、徳川昭武に同行しパリ万博に参加する（27歳）

　　　（サン＝シモン主義との出会い）　　　大政奉還

　一橋家での仕事、大蔵省の改正係での仕事はみな、旧制度の改革、新制度・新産業の創設・移植といった建設的側面で力量を発揮しているのである。中産的農民として培われた企業家精神が脈打っている。

　創造的な改革者、建設者としての力量を発揮するのは、一橋家に奉公してからである。産業、流通、金融の3分野での改革は、その後の彼の活躍の原初モデルとして興味深いものがある。

　一橋家に奉公すると早速、歩兵隊の編成を提案し自ら募集・組織化する。その仕事で領内を巡回するなか、幾つかの産業奨励策を考案し提案する。播州の良米を灘や宮辺の酒屋に売る、播州の木綿反物を物産として大阪で売る、備中の硝石の製造場を開くという3方策である。さらに、藩札を発行し使い勝手の良いものに改善して流通を促す。

　当時、大阪は経済・流通の中心で、「不思議な先進性」があった。1662年に「十人両替」という中央銀行のようなものができ、米・油・綿・塩の会所（常設取引所）があって、18世紀にはすでに高度の先物取引が発展し、為替手形、小手形なども流通していた。

　渋沢は、勘定組頭となって、さまざまな方面と接触しかつ交渉し、直接、間接に経済の仕組みを学ぶこととなる。これは将来の彼の飛躍の基礎となるのである。後年パリに行き銀行や株式取引所を見学して、その実態や現実の機能をすぐ理解する素地をここで身につけたとみられる[84]。

　渋沢は、水を得た魚のように大いに一橋の財政改革をやろうとしていた。しかし、家茂が死んで慶喜が将軍になったことで、意に反して「幕臣」になってしまう。それがまた、フランス行きの契機になる。

　1867年、パリで開催の万国博覧会に、将軍名代の徳川昭武を頭に総勢29名がフランスに渡航し、渋沢は随行員（総務・会計担当）として参加した。随行員に渋沢が選ばれたのは慶喜の意思によるもののようで、数少ない供の者の中に経済が分かり順応性の高い渋沢がいることが不可欠と考えたことによるとみられる[85]。

　一行は、西欧の最先端の文物を学ぶべく、パリはもちろんヨーロッパ各国に、見聞の足を伸ばす。ヨーロッパでの1年ほどの見聞・体験は、彼の思想

と進路に大きな影響を与えていくのである。当時のヨーロッパ各国の繁栄を支えているのは、何か。資本主義をもとにした経済力であり、経済力向上のためには、商人の地位を向上させることも大切である、と渋沢は体得する[86]。この渡航は、1868年に徳川慶喜が大政奉還を行ったのを機に、打ち切りを余儀なくされ、帰国する。

渋沢は、パリに行ったとき、いろいろと見聞するなか驚嘆している。しかしそれはけっして「理解し得ざるもの」を見た驚きではなく、「日本よりなんと大がかりで能率的にやっていることか」といった驚きにすぎない。学ぶべきものを学び得たのは、大阪での学習と実践の賜物とみられる。

渋沢は、「「パリで開眼した」のではない。今まで経験で学んできたことを、ここで「西欧先進国タイプに整理し直した」だけなのである」[87]。

2.3 政府官僚として制度改革（28 ～ 32 歳）

1868：明治維新、11 月に帰国（28 歳）
1869：静岡藩で「商法会所」を設立
　　　10 月、明治政府からの要請で出仕し、民部省租税正へ（29 歳）
1872：『立会略則』を著す
1872：東京会議所および東京市養育院を設立（32 歳）

パリ万博から帰国後、静岡藩に仕官するやすぐに、政府の新紙幣貸付金を元手にして官民合同の「商法会所」を1869年2月に設立し、自ら経営にあたる。「米穀、肥料等の売買、貸付または貸金もやり預金も引き受ける」。

商法会所は、日本で初めての銀行兼商社であり、日本における会社組織の走りともいわれる。日本各地に広げる形で、資本主義を定着させる道筋を描いていた。しかし、新政府の方でも、彼のような有為の人材を放ってはおかなかった。

1869年11月には、大蔵省から呼び出されて明治政府の役人を命じられる。そして、大蔵省では租税正となるや、省中に改革組織の設立を提案し、改正掛の担当を兼務し改良に着手する。山本七平は、改正掛をつくったことを「明治政府における渋沢の政治上の最大の業績」と評価している。2年足らずで200の改革事業を進めた[88]。

「心を砕き、力を尽くして貨幣法を定め、租税率を改正し、会社法または合本の組織を設け、興業殖産の世話」をする。しかし、それを活用する人材

が実業界にはいない。

　渋沢は 1872 年 6 月に、合本主義、会社制度についての啓蒙的な著作『立会略則』を著している。近代的な銀行業や会社制度の準備をし、欧米で見聞した知識を体系的にまとめることで、心境に大きな変化をきたす。「民間に下って実業界の第一線に立とうと決意し」、上司（大隈、伊藤）に官職の辞意を伝えるも、しばし時機を待つべしと諭される[89]。

　なお、実業界に転じて以降、日本資本主義の基盤・骨格づくりなど、精力的に取り組んだ 33 歳から晩年に至るまでの活動については、節をあらため次節にて論じる。

2.4 年譜にみる実業人としての生涯

　渋沢栄一が、大蔵省をやめて実業家に転身したのは、33 歳のことである。彼の生誕から大蔵省退官に至る 32 年間について語ったもの（口述筆記）が、『雨夜譚』である。

　実業界に転じてからは、日本の近代化を担う産業整備、株式会社づくりに取り組んだ。紡績、製紙、鉱業、窯業など産業の骨格づくり、日本初の民間銀行をはじめ金融から鉄道、港湾、海運などにまたがる産業基盤（インフラ）整備など。

　株式会社を創設する際は、広く出資を募るのが渋沢流だった。自らの出資により得た利益はすぐに次の投資に振り向ける手法で、多くの企業に関わった。

　渋沢栄一は、500 近い企業・団体の設立や育成に関わり、近代日本経済の土台をつくった。「日本資本主義の父」と呼ばれるゆえんである。

　産業の骨格・基盤づくりの多くは、30 〜 40 歳代にかけて集中的になされたものである。一方、50 〜 60 歳代には、学校づくりに力を入れたことが、渋沢の年譜からもうかがえる。さらに、70 歳代以降の晩年は、実業界を引退して社会事業・国際親善へ情熱を注いだことが特筆される。

●実業人として産業の骨組み・基盤づくりに精力的に取り組む（33 〜 40 歳代）
　　1873：5 月、大蔵省を辞職。第一国立銀行（現、みずほ FG）の創設に関わる
　　　　　抄紙会社（現、王子製紙）設立
　　1875：商法講習所（現、一橋大学）開設
　　　　　東京鉄道会社の設立を主導

1876：東京府養育院の事務長（後に院長）
　　　　品川白煉瓦製造会社の設立に関わる
1877：拓善会を組織、三井家の相談役となる　　1877：西南戦争
1879：東京海上保険会社（現、東京海上日動火災保険）設立
1880：博愛社（現、日本赤十字社）創立（40歳）
1881：日本鉄道会社（その後、日本鉄道）設立
1882：大阪紡績会社、共同運輸会社（現、日本郵船）を設立（妻ちよ死去）
1883：東京商工会会頭となる（伊藤かねと再婚）
1885：竜門社発足（45歳）
1887：東京手形交換所を設立（47歳）
1888：札幌麦酒会社（現、サッポロビール）設立、東京女学館開設
1889：北海道炭鉱鉄道株式会社を設立（49歳）

●学校づくり（50〜60歳代）
1890：貴族院議員となる
1891：家法を制定
1892：暴漢に襲われる
1894：日清戦争
1900：男爵となる、大倉商業学校開設、韓国を視察
1901：日本女子大学開学
1902：日本興業銀行を設立
1904：日露戦争
1904：大病を患い、要職の数を大幅に減らす（65歳）
1906：韓国視察

●実業界引退、社会事業・国際親善へ（70〜90歳代）
1909：第一国立銀行等を除く大半の関係事業から退く（70歳）
　　　　実業家を率いて渡米
1914：第1次世界大戦
1916：実業界を引退する（77歳）
　　　　以降、社会事業や国際親善に熱を入れる
1918：『徳川慶喜公伝』刊行
1920：子爵となる
1923：関東大震災
1926：日本放送協会設立、顧問となる

1927：日米親善人形歓迎会を主催。ノーベル賞候補に（1926、27 年）
1931：死去（91 歳）　　1931：満州事変

2.5　晩年の生きざま

　渋沢の私心なき方針と人物起用は、日本資本主義のシステムすなわち産業や社会の骨格・基盤づくりの大いなる原動力となった。大病を機に数え 65 歳で実業界引退へと舵を切り、70 歳で大半のポストを辞し、77 歳で実業界から完全に引退する。その後は、社会・公益事業や国際親善に傾注した。

　その波乱万丈の生涯をふり返り、渋沢は「一生を顧みて俯仰天地に恥じない」と言い切っている。ただ、「婦人関係以外は」と前置きしていることが気にかかる。普段やかましく道徳を口にしているにもかかわらず、「婦人関係」には節度・しまりがなかった。この時代の通例とはいえ、お妾さんを数多く持ち、その子供は 30 人以上といわれ、渋沢家の女性たちからも顰蹙を買っていたという。長男の篤二は品行が悪かったため、悩み抜いたあげく廃嫡に踏み切る。そこには、偉大な父親を持ったことのプレッシャーとともに、父親の「婦人関係」のだらしなさが影を落としていたとみられる。

　渋沢栄一の生涯をふり返ると、女性問題ととともに植民地事業（のちに触れる）が、彼の業績と内面にも深い影を落としているとみられる。後世の私たちが、それをどう評価するか悩ましいところである。池上惇氏の次の評価は、貴重な目安になるとみられる。

　「かれは、苦悩しつつ、明治政府とも妥協して女性の権利を認めず植民地民衆の苦しみを見ないふりをして、命を長らえ貴重な実績を現代にまで残しました。この事実が大事なのではないか。…彼の内面における苦しみとして「生命を犠牲にする代わりに生き延びた代償」であり、許されることではないか。」[90]

　当主を引き継いだ孫の敬三は、後に日銀総裁や大蔵大臣を歴任するとともに、民俗学者としても活躍し、宮本常一をはじめ多くの学者に手厚い支援を行ったことでも知られている。渋沢栄一の最期を看取った敬三の一文（「不思議な思いで」）は、栄一の生涯を象徴的に語るものといえよう[91]。

　「最後まで看取りをした私にとっては、不思議な思い出です。1 つは、病床が最後まで明るかったことです。…祖父その人と、病人たる祖父とが 2 つの別個の存在のように思われたことがしばしばでした。…最後が来るときには、一面非常に悲痛な感じ…と同時に、…安らかさが沸き起こりました。…

太陽が西山に後光を残して沈みゆくときに感ずるような、美しさと大自然への還元というような安心さえ覚え…」

「もう1つは…かなり長い病床に横たわった祖父の体にほとんど垢がなかったことでした。1カ月も臥せって、丸3日も高熱が続いた後、垢の無いのは全く不思議な現象でした。…その時「徳薄垢重」という経文中の一句がふと私の頭をかすめて通ったのを今でも記憶しております。」

1931年11月11日、享年92歳、大往生を遂げたのである。

3 渋沢栄一の仕事・人生哲学

3.1 『論語と算盤』にみる渋沢哲学の魅力と広がり

『論語と算盤』は、「義利合一」「道徳経済合一」という、渋沢が一生の信条とした哲学が語られていて、注目に値する。利潤追求を旨とする企業人においても、道徳（義）と経済（利）は矛盾しないどころか両輪となる。むしろ、その両者のバランス感覚こそが大事である。それは、孔子が『論語』で説く儒教思想の核心である、とくりかえし力説した。

鹿島茂［2013］は、「論語」と「算盤」の調和というこの思想について、「東西の文明が例外的に出会って1つに融合したもの」、「「渋沢というメルティング・ポット」から生まれた一種の奇跡」と評している[92]。

『論語と算盤』の愛読者は、今も多い。大リーグの大谷翔平選手は、2013年に日本ハム入団後、目標シートに、「論語と算盤を読む」と書いた。そのきっかけをつくったのが、日本ハムの栗山英樹前監督である。自らの指南書として、新人選手に1冊ずつ手渡し、講義も行ったという。企業の間でも、社員教育に活用する動きが広がっている。渋沢が設立や経営に関与したとされる清水建設は、2017年にリニア中央新幹線の建設工事をめぐる談合事件への関与が発覚して以降、「論語と算盤」を題材にした倫理研修を実施し、延べ2000人以上の社員が受講したという[93]。

『論語と算盤』が出版されたのは、渋沢栄一76歳の時で、彼の折々の講演記録を編集したものである。渋沢栄一の人生哲学、仕事哲学が分かりやすく書かれている。仕事と人生の指南書としては、うってつけといえる。ただ、関係する叙述が、前後して何回かでてくることもある。100年以上経って、ピンとこない事例などもみられる。

そこで、筆者の関心と問題意識に沿ってピックアップし、経営哲学の視点

から編集したのが、4つの小節である。「実業道と『論語』」、「人生の志を立てる」、「逆境への処方箋」、「仕事の哲学」の4分野に仕分けしてまとめたものである。

3.2 実業道と『論語』── 経営哲学への道

●実業と「士魂商才」

1873年、官僚をやめて実業界に入るとき、商売で生きていく上で「志」を持つことの大切さを感じ、少年時代に学んだ『論語』を思い出す。『論語』には、「おのれを修めて、人と交わるための日常の教えを説いてある」。『論語』の教えは、「広く世間に効き目があり、もともとわかりやすい」。そこで、『論語』の教訓にしたがって商売し、経済活動をしていくことができる、と思い至る[94]。

実業とは、「ものが行きわたるようにする生業」であり、「社会の基本的な道徳を基盤とした正しい素性の富」でないと、「永続できない」。「『論語』とソロバンというかけ離れたものを一致させること」がそれを可能にする、という。武士の精神と商人の才覚を合わせもつ「士魂商才」を提唱した[95]。

その後、「士魂」は「道徳」、「商才」は「経済」へと広げ深められ、「士魂商才」は「道徳経済合一」として提唱されていくのである。

●武士道は実業道に通ず

「武士道」のもっとも重要な部分、よき習わしには、次のようなものがある。「正義」（みなが認めた正しさ）、「廉直」（心がきれいでまっすぐなこと）、「義侠」（弱き者を助ける心意気）、「敢為」（困難に負けない意志）、「礼譲」（礼儀と譲り合い）。

それらを足したものが、渋沢のいう「武士道」である。かつて、武士に武士道が必要であったように、商工業者にも商業道徳が必要である。それがないと、真の豊かさは実現不可能だと言う。渋沢は、武士道を「実業道」に言い換えて、「実業道」を提唱した。

「実業道」とは何か。渋沢は、次のような生き方、仕事の仕方を提示している。社会で身を立てようと志すなら、どんな職業においても、地位など気にせず、最後まで自力を貫いて、人としての道から少しも背かないように気持ちを集中させることである。そのうえで、自分が豊かになって力を蓄えるための知恵を駆使していくのが、本当の人間の意義ある生活、価値ある生活だという[96]。

●信用を得る

欧米でも、倫理の学問が盛んで、品性を磨き上げるという主張も盛んにさ

れているが、利益追求の学問はもっとも広く歓迎され、もっとも大きな勢力となっていた。渋沢は、明治の頃における欧米列強の理論と現実の実態を直視しつつ、日本のあるべき方向を提示する。

1日も早く道徳が、物質的な文明の進歩と肩を並べられるようにしなくてはならない。そのためには自分を磨くよう心掛ける必要がある。商業道徳の要となるのが「信用」であり、「信用こそすべてのもと」になる、という[97]。

●道徳を経営に貫く

そもそも道徳は、日常の中にあるべきことである。約束した時間を間違えないようにする、人に対して譲るべきものは相応に譲る。またあるときは、人に先んじて人に安心感を与え、何かをするのに弱い者を助ける。そうした心を持つのも、道徳である。

道徳を、経営にどのように活かし貫いてきたのか。渋沢は、『論語』を商売する上での「バイブル」とし、「孔子の教えた道以外には一歩も出ないように努力してきた」という。

事業の経営を任されるにあたっては、「その仕事が国家に必要であって、しかも道理と一致するようにしていきたい」と心がけてきた。「一個人の利益になる仕事よりも、多くの人や社会全体の利益になる仕事をすべきだ」という考え方を、事業を行ううえでの見識としてきたのである[98]。

●自分を磨く

自分を磨くことは、理屈ではなく、実際に行うべきことである。自分を磨こうとする者は、決して極端に走らず、中庸を失わず、常に「穏やかな志」を持って進んでいってほしい。

現代において、自分を磨くこととは何か。現実の中での努力と勤勉によって、知恵や道徳を高めていくことである。精神面の鍛錬に力を入れつつ、知識や見識を磨き上げていく。

自分を磨くというのには、広い意味がある。精神も、知恵や知識も、身体も、行いもみな向上するよう鍛錬することである。

それは自分1人のためばかりでなく、1村1町、大は国家の興隆に貢献するものでなくてはならない。人々の気持ちが利益重視の方向に流れるようになったのは、およそ世間一般から人格を磨くことが失われてしまったからではないか、と警鐘を鳴らす。

道徳の規範が確立し、人々がこれを信じながら社会のなかで自立していけば、人格はおのずから磨かれるようになる。その結果、社会のことを考える

のが大きな流れとなり、自分の利益だけを追求すればよしといった風潮はなくなるであろう[99]。

　道徳の確立に向けた渋沢の思いを、現代に継承し根づかせていくことが求められている。

3.3 「人生の志」を立てることの意味と極意

●立志と人生

　志を立てること（「立志」）は、実に大切なことである。人生にとって大切な出発点となるからである。志には、「大きな志」と「小さな志」がある。

　「志を立てる」にはどうするか。「よくおのれを知り、身のほどを考え、それに応じてふさわしい方針を決定する以外にない」という。誰もがそれをふまえて進むように心がけるならば、人生の行路において、問題の起こるはずは万に一つもない、と言い切っている。

　「身の丈を忘れずに」との助言がある。しかし、これは実に奥が深く、理解するのは簡単ではない。人生の志や目標を立てるとき、思い切り背伸びをするのが、若者の傾向であり特権であるともいえる。その際、現実を直視し地に足を付けて構想することが大事である。それを「身の丈を忘れずに」といったとみられる。しかし、それにこだわるあまり、委縮して自らの構想や志を縮めてしまうことは、避けたいところである。その塩梅が大切である。

●「大きな志」と「小さな志」

　志を立てることは、人生という建築の「骨組み」をつくることである。それは、「大きな志」を立てることを意味する。根幹にすえる志ができたならば、今度はその枝葉（あるいは「飾り」）となる「小さな志」について、日々工夫する必要がある。

　人は、その時々にいろんな物事に接して、何らかの希望を抱くことがある。その希望を実現したいと思うのも、一種の「志を立てる」ことである。「小さな志を立てる」とは、このことである。「小さな志」を立てる場合、一生涯を通じて、「大きな志」からはみ出さない範囲の中で工夫することが大切である。

　「大きな志」と「小さな志」の基本的な組み合わせは、最初にしっかり考えておくことが肝要である。そうしないと、後日、せっかくの建築が途中で壊れるようなことにもなりかねない。「小さな志」は、状況に応じて、つねに移り変わっていく。それによって、「大きな志」に動揺を与えないようにする。

両者が矛盾することなく、バランスするようにしなければならない[100]。

● 一生涯に歩むべき道

渋沢栄一が、「実業界で身を立てようと志した」のは、30歳代初め（1871-2年）の頃のことである。後年、「このときがわたしにとっての本当の「立志」（志を立てること）であったと思う」と回想している。

欧米諸国に遅れをとらないように、「国家のために商工業の発達を図りたい」と考え、実業界の人になろうと決心する。「真の「立志」は、まさしくこの時であった」。その志は、「今に至る40年余りも一貫して変わらずにきた」。そのことが、「これこそ本当に自分の素質にかない、才能にふさわしいものであった」ことを証明している、と断言している[101]。

3.4 人生の逆境への処方箋

● 2種類の逆境への対処と心がけ

逆境には、2種類の逆境があるという。1つは「人のつくった逆境」、もう1つは「人にはどうしようもない逆境」である。「真の逆境に立つ」とは、「変乱の時代に生まれ合わせ、心ならずもその渦中に巻き込まれる」ことだという。

逆境に立たされた場合、どうすべきか。まずは、その原因を探り、いずれの逆境であるかを区別する。その上で、どう対処すべきかの策を立てることである。

「人のつくった逆境」に陥ったら、どうすべきか。とにかく自分を反省して悪い点を改めるしかない。世の中のことは、自分次第の面も少なくない。自分が「こうしたい、ああしたい」と本気で頑張れば、だいたいはその思いの通りになるという。

しかし、「人にはどうしようもない逆境」もある。それに直面した場合、どうしたらいいか。その逆境にどう対処すべきなのか。まず、「自分の本分」すなわち「自分に与えられた社会の中での役割分担」だと覚悟を決めることである。それが、唯一の策だという。「天命であるから仕方がない」と割り切ることが大切である。それができれば、「どんなに対処しがたい逆境にいても、心は平静さを保つことができる」。「真価を試される機会」でもあり、ピンチをチャンスに変える可能性も伏在する。それゆえ、「天命に身を委ね、腰をすえて来るべき運命を待ちながら、コツコツと挫けずに勉強するのがよい」と説く[102]。

世の中を渡っていくためには、成り行きを広く眺めつつ、「気長にチャンスが来るのを待つ」という心がけも、決して忘れてはならないという[103]。

●**得意と失意への処し方 ——「大きなこと」と「些細なこと」への配慮**

人のわざわいの多くは、得意なときに萌してくる。得意なときは、調子に乗ってしまいがちで、わざわいはそこに食い入ってくる。それゆえ、得意なときだからといって気持ちを緩めないことである。また、失意のときだからといって落胆せず、いつも同じ心構えで、道理を守り続けるように心がけていくことが大切である。

渋沢の珠玉のアドバイスは、「得意淡然　失意泰然」という格言を想起させる。「名声とは、常に困難でいきづまった日々の苦闘の中から生まれてくる。失敗とは、得意になっている時期にその原因が生まれる」と昔の人も言っている。

「大きなこと」と「些細なこと」への配慮も大事である。失意のときは、「些細なこと」にも気を配ったりする。しかし、得意なときには気が大きくなり、「些細なこと」を軽視しがちで、思っても見ない失敗に見舞われやすい。

「事の大小」は、表面から観察しただけではつかめないから、すぐに決めつけてかからないことが肝心である。それゆえ、大小にかかわらず、その性質をよく考慮して、その後で相応しい取り扱いをするよう心がけるのがよい。

どんなに些細な仕事も、「大きな仕事」につながっていて、その小さな一部でもある。それが満足にできないと、全体のケジメもつかなくなり、「大きな仕事」への道を自ら閉ざすことになる。

「千里の道も一歩から」という格言を忘れず、「些細なことを軽蔑することなく、勤勉に、忠実に、誠意を込めて完全にやり遂げようとすべき」だという。

得意なとき、失意のときにかかわらず、いつも「大きなこと」と「些細なこと」へのち密な心がけを忘れてはならない。「小さなことは分別せよ。大きなことには驚くな」（水戸光圀）は、至言である[104]。

3.5 仕事の哲学（1）—— 楽しみを見出す

●**仕事と「趣味」の良循環**

どんな仕事でも、「趣味」（ワクワクするような面白み）を持たなければならない。自分の務めを果たすというときには、この「趣味」を持ってほしい。

仕事をする際、単に自分の役割分担を決まりきった形でこなすだけなら、命令に従って処理するだけにすぎず、つまらない。

しかし、「趣味」を持って取り組めば、ずいぶん違った世界が拓けるであろう。自分からやる気をもって、「この仕事は、こうしたい。ああしたい」「こうやってみたい」「こうなったら、これをこうすれば、こうなるだろう」というように、理想や思いを付け加えて実行していくに違いない。それが、初めて「趣味」を持ったということである。

いつも、「趣味」を持ってほしい。さらに一歩進んで、人としての「趣味」を持ってほしい。「趣味」のある行動であれば、必ずその仕事には心がこもるに違いない。

たとえどんなことでも、自分のやるべきことに深い「趣味」を持って努力することが大切である。そうすれば、すべてが自分の思う通りにならなくても、心から湧き出る理想や思いの一部分くらいは叶うはずである。

「理解することは、愛好することの深さに及ばない。愛好することは、楽しむ境地の深さに及ばない」（孔子）は、「趣味」の極致といってよいだろう。この熱い真心がなくてはならない[105]。

● 仕事の法則 —— 楽しみと喜びの発見

仕事とは何か。「地道に努力していけば精通していくものだが、気を緩めると荒れてしまう」ものである。これは、何事においても当てはまる。

「大いなる楽しみと喜びの気持ち」でもって、仕事に取り組むべきだという。そうすれば、精神がはつらつとして、愉快な気持ちから楽しみを発見することができる。さらに、尽きない喜びを感じて、事業を進めることができる。そんな事業の成長は、社会のためになる。どんな事業でも、内面と外面のバランスを保つことが大事だという。

一方、気を緩めると、精神が縮こまり、鬱々として退屈から疲れを感じるようになる。やがてその身を滅ぼしてしまうことになりかねない、と警鐘を鳴らす。

逆境といっても、大半は「自分で招いた境遇にすぎない」。順境、逆境は、「その人が自分の力でそうした境遇をつくり出しただけにすぎない」と言い切る[106]。

3.6 仕事の哲学（2）—— 成功や失敗を超える

● 人事を尽くして天命を待つ

「人道」とは、人として行うべき道、守るべき道である。人道は、何より良心と思いやりの気持ちを基盤にしている。仕事には、誠実かつ一所懸命取り組まなければならない。運命に対して、「恭」（礼儀正しくする）、「敬」（う

やまう）、「信」（信頼する）という３つの態度で臨むべきである。そのように努めれば、「人事を尽くして天命を待つ」ことの意味が体得できるという。

　人として自立しないと、そのような大道を歩みたくても歩めない。人に頼ってばかりだと、理不尽なことでも断れない。自分の実力を錆びつかせ、もっとも大切な「自信」が育たなくなってしまう。滾々としたチャレンジ精神を養い、それを発揮するためには、本当の意味での自立した人とならなくてはならない。

　細心さと大胆さの両面を兼ね備え、滾々とした活動を行うことで、初めて大事業は成し遂げることができる[107]。

●人を評価することの難しさと戒め

　人を評価することがいかに難しいか、を知るべきである。その人が何を実践しているのかを見、その動機を観察して、その結果が社会や人々の心にどのような影響を与えたのかを考えないと、人の評価などできない。人の真価というのは、簡単に判定されるべきものではない。

　人を評価して優劣を論じることは、世間の人の好むところであるとして、その風潮に警鐘を鳴らす[108]。その警鐘は、現代にも通じている。

●成功や失敗を超える

　人としてなすべきことを基準として、自分の人生の道筋を決めていくことが何よりも大切である。誠実にひたすら努力し、自分の運命を切り拓いていくのがよい、という。

　もしそれで失敗したら、「自分の智力が及ばなかったため」とあきらめる。逆に成功したら、「知恵がうまく活かせた」と思えばよい。

　失敗とか成功とかいったものは、「心を込めて努力した人の身体に残るカスのようなもの」にしかすぎず、「問題外」という。一時の成功や失敗は、長い人生や、価値の多い生涯における、「泡のようなもの」で、「気にする必要などまったくない」という。

　「たとえ失敗してもあくまで勉強を続けていけば、いつかはまた、幸運にめぐまれるときがくる」と励ます。

　むしろ、成功や失敗といった価値観から抜け出すべきだという。「超然と自立し、正しい行為の道筋に沿って行動し続けるなら、成功や失敗などとはレベルの違う、価値ある生涯を送ることができる」。

　「正しい行為の道筋に沿って物事を行う者は必ず栄えるし、それに逆らって物事を行う者は必ず滅んでしまう」という[109]。

以上にみる渋沢栄一の人生哲学、仕事哲学は、彼の生涯を通して実践され深められていったものである。いずれも含蓄に富み、多くの示唆や気づきを与えてくれる。その人生・仕事哲学は、「道徳経済合一」、「義利合一」の経営哲学さらに経営理念へと結実し、その中核を担うのである。

4 渋沢栄一に見る日本資本主義の原点と理念
── サステナビリティへの視座と 21 世紀的課題

4.1 日本資本主義の骨格・基盤づくり

4.1.1 産業全体のグランドデザイン──「強民富国」の思想と人材・組織の育成

　渋沢栄一の経済思想は、一言でいうと「強民富国」である。まず個々の「民」の力を強くし、その「民」の力を総合して「富国」にもってゆくという発想である。しかも、それは経済的な面だけではなく、政治・哲学・倫理に関わるトータルな信念だった。

　「民」の力を強くして、「官」の言いなりにならない自主性と気概をもって経営に当たるような人物と組織を育てることである。これが、フランスでの見聞を通してつかんだエキスであったとみられる。

　渋沢にとって、株式会社は強い「民」をつくりだすためのオールマイティの方法のように思われた。そこで、大蔵省に在籍していたときに、その株式会社の理念と作り方を解説した『立会略則』を著し、「官」の側から「民」を育てようとした。そのさいに、三井・小野・島田の3組に出資を誘い、組織化したのが第一国立銀行と、抄紙会社（のちに王子製紙株式会社）である。

　1873 年に大蔵省を退き、実業界に転じたとき、行きがかり上、第一国立銀行とともに抄紙会社の経営も引き受けることになる。これ以降、彼は 500余りの株式会社の設立にかかわり、日本資本主義の産婆役となるが、直接に経営に当たったのは、この2つの株式会社だけである[110]。

4.1.2 日本資本主義の総合的オルガナイザー──自らの限界を自覚した人材登用の妙

　渋沢は、経済的・金融的な面での理解は抜群であったが、工業分野の知識と経営能力は不足していた。産業的経営者としての限界を自覚し、自らの限界を補うために、若手の人材を積極的に登用していく。

　この人材登用の妙が、彼をして明治財界のオルガナイザーにせしめたのである。これほどに優れた総合的プランナーはなかったし、また実行力を伴っ

たオルガナイザーもいなかった。そして、それをだれよりも自覚していたのが渋沢本人だった。

渋沢は、株式会社を個人的に組織するだけではなく、日本の産業全体のグランドデザインを心に描いて、あらゆる分野で資本主義の確立に乗り出したのである。

そのさい、参考にしたのが、幕末にフランスで見聞した第2帝政期の社会・経済、すなわちサン＝シモン主義的なグラウンド・デザインによって組織化された社会・経済だった。

第1は、金銭の循環を促進するものとしての銀行と株式会社である。この2つはすぐに、第一国立銀行と抄紙会社（製紙会社）に具現化する。

次に、モノと人との循環を図るものとしての鉄道である。退官して第一国立銀行に入った翌々年の1875年から、鉄道網の拡大を視野に入れた事業に取り掛かる。そこでの試行錯誤が、新たな事業への道を切り拓く。政府からの還付金から生まれたのが、海上保険会社（今日の東京海上火災）である[111]。

4.1.3 流通・循環づくりから消費財工業の育成へ

渋沢が、1870年代に設立を企てた株式会社は、銀行、鉄道、海運、保険、製紙で、大半はサン＝シモン主義の基本理念「流通・循環」を準備するためのインフラといえる。

しかしながら、その流通網を通っていく製品に関しては、前工業社会の段階にとどまっていた。外貨獲得のために輸出の柱となっていたのは生糸、茶、海産物、コメなどの1次産品で、その1次産品で得た外貨で産業化のための資材を買う。まさに、典型的な発展途上国型の産業構造であった。

渋沢や経済界の有力者たちは、綿織物の輸入増加は貿易赤字の拡大を招き、産業的自立を遅らせるとみて神経をとがらせた。その危機を真っ先に感知し、対策を講じるために立ち上がったのが、渋沢である[112]。

渋沢が設立した大阪紡績会社は、1883年に操業を開始した。最初のうちはトラブルに見舞われるも、いったん生産が軌道に乗ると、大工場の威力はすさまじく、設立7年後の1890年には、資本金5倍、錘数6倍という急成長を遂げた。

渋沢は、これを「合本制」のモデルケースとみなし、その運営に積極的にかかわった。大阪紡績会社の劇的な発展は、渋沢が、フランスで体得したサン＝シモン主義的な原理に基づく産業育成手法の最初の勝利でもある。

すなわち、まず銀行を設立して民間に眠っていた細流的な資金をかきあつめて大きな流れとする。その資金を将来有望な製造業につぎ込んで、利潤を循環させ、製造業と銀行が共に成長して日本経済全体の底上げを図る、というものである。総合的オルガナイザーの構想は、ここにおいてようやく一部実現にこぎつけたのである[113]。

4.1.4 産業の骨格・基盤づくり

●第一国立銀行を足がかりに企業設立

渋沢が、銀行家として踏み出したときの思いがほとばしっているのが、「第一国立銀行株主募集布告」という文章である。

「そもそも銀行は大きな川のようなものだ。役に立つことは限りがない。…銀行を立てて上手にその流れ道を開くと、倉や懐にあった金が寄り集まり、大変多額の資金となるから、そのおかげで貿易も繁昌するし、産物も増えるし、工業も発達するし、…すべて国の常態が生まれ変わったようになる。」[114]

渋沢は、銀行家として民間経済人のスタートを切るが、貸付先企業が不足するなか、同時並行で貸付先となる企業を創出していかなければならなかった。

この第一国立銀行を足がかりに、日本の未来に必要な個々の企業を自らが中心となって順次設立していった。彼が関わった会社は、約470社に上る。

抄紙会社（のちの王子製紙）、東京海上保険会社（のちの東京海上火災）、日本郵船、東京電灯会社（のちの東京電力）、日本瓦斯会社（のちの東京ガス）、帝国ホテル、札幌麦酒会社（のちのサッポロビール）、日本鉄道会社（のちのJR）など。

> 1873-4：抄紙会社（王子製紙）設立→株主総代
> 1874-5：東京ガス会社設立→93〜取締役会長
> 1875：東京鉄道会社の設立を主導
> 1876：東京白煉瓦製造所の設立に関与
> 1879：東京海上保険会社
> 1881：日本鉄道会社
> 1882：大阪紡績会社、共同運輸会社

そんな実業人としての活動のなかで、大きなトピックとなったのが三菱財閥の創始者・岩崎弥太郎との屋形船会合事件である。1878年、岩崎弥太郎から河島の料亭に招待され、強者連合の誘いを受ける。

渋沢は、次のように主張し、断ったのである。いろいろな事業をおこして、

大勢の人が利益を受けると同時に、国全体を富ましてゆきたい。合本法（株式組織）の道義的運営によって、富は分散させるべきもので、独占すべきものではない。

もし彼が、岩崎弥太郎との強者連合を選択していたなら、後の日本資本主義は、おそらく今とは形の違うものになっていた可能性が高い[115]。

● **業界団体の組織化**

渋沢は、さまざまな会社を設立する一方で、民間経済界の啓蒙と取りまとめにも積極的に関与した。銀行業者の教導と地位向上を図るために、1877年に択善会と呼ばれる業界団体を組織し、その後、他の組織と統合して1880年に東京銀行集会所となり、1887年には手形を売買する東京手形交換所を設立する。

もう1つの業界団体が、東京会議所（日本商工会議所の前身）である。東京府知事の要請によって取締に就任し、東京のインフラ整備（道路、京寮、下水、ガス等）をおこなった。インフラは広く整備され、商業教育をおこなった東京商業学校（のちの一橋大学）や社会福祉施設の養育院が設立され、1878年には東京商法会議所の設立へと発展する[116]。

渋沢は、「日本資本主義の父」「実業界の父」と呼ばれるにふさわしい活躍を続けていくのである。

4.1.5 関わったビジネスの全体像

渋沢栄一は生涯、いくつの会社に、どのように関わったのか。島田昌和[2011]は、「青淵先生職任年表」、『日本全国諸会社役員登録』などから浮かび上がらせている[117]。

「青淵先生職任年表」から、178社がピックアップされる。業種別にすると、陸運（鉄道）22社、対外事業19社、銀行16社、諸商工業11社、鉱業8社、窯業8社、化学工業7社、電気7社、保険6社、海運6社、などとなる。

この中で、「対外事業」が第2位にあり、植民地にある多くの会社に渋沢がかかわったことに驚かされる。この植民地事業をどう評価するか、問われるところである[118]。

さらに、『日本全国諸会社役員登録』の3か年(1895、1902、1907)を取り上げる。渋沢の名前が役職者に出てくる会社として49社を抽出し、その特徴として次の4点をあげる。

①それまでの日本には存在しなかったまったく新しい欧米の知識や技術

を導入した業種がきわめて多い。

②鉄道、港湾、炭鉱など近代経済のインフラといえる業種が多い。

③1業種1社が基本原則。

④同一業種の複数会社の役職に就く場合、地域的に重複しないことが原則。

また、各会社への関与の度合いから、4つの類型に分類している。

第1の類型は、1895年から実業界の引退まで長期にわたって一貫して会長・頭取を務めた会社（7社）。

第2は、長期にわたって関与し、さらに一時的に会長を務めた会社（4社）。

第3は、長期間にわたって一貫して取締役・監査役を務め続けた会社（3社）。

第4は、短期間ではあるが一時的に会長を務めた会社。

第1と第2の類型は、その会社に長期的に関与し、なおかつ最高責任者をも務めたという点で、渋沢がもっとも深く関与していた会社群とみられる。

4.1.6 資金面からみた経営術

明治時代には、会社の高配当政策によって資本家の資産形成がなされた。渋沢の収入も、その60％強を保有する会社の株式などから得ている。一方、渋沢が就任している諸会社の役職に伴う収入はわずか10％程度にすぎない。この役員報酬の少なさは、これまでほとんど着目されてこなかった点である。

明治時代の経営者たちは、自己の使命感やナショナリズムといった非経済的要因から、ほとんど無報酬でいくつもの会社の経営責任の一端を担っていたと考えられる。また、自己の才覚によって順調に会社を運営できれば、経営者としての報酬は自己の保有する株式に対する高配当や高株価によって見返りを得ることができたとも解釈できる。

もう1つ重要なのは、渋沢の資産管理が、基本的に保有株式の売却を主とした資産の増減でバランスをとるよう組み立てられていたことである。

渋沢は、事業リスクが未知または高い会社へ出資や、個人への融資に消極的な金融機関に代わって個人に対する多額の貸し付けを積極的に行っていた。それゆえ、保有株式の売却利益部分は、備えとして絶対に必要な原資だったのである。

企業勃興草創期における諸事業というハイリスクな投資は、高配当というハイリターンなどがあって初めてできたのである。

渋沢の関与した多数の事例をみると、明治時代において合名会社とセット

で匿名会社が用いられていたケースが多い。鉱山や農業・水産事業などの個人事業でリスクの大きな合名会社形態をとる事業へ出資をする場合、合名会社への直接出資では無限責任を負ってしまうため、そこに匿名組合契約を組み合わせることで出資の有限責任を確保する方法を編み出した。

　渋沢は、大資本を必要とする公益性の高い会社には株式会社を唱道した。また、ハイリスク・ハイリターン型のものには合資会社を、そして小規模の個人ビジネスには合名会社を当てはめ、さらにそこに匿名会社を組み合わせることで、投資家のリスクを限定的にしたのである[119]。

4.2 渋沢栄一の資本主義観 —— その土壌とサン＝シモン主義

4.2.1 パリ万博とサン＝シモン主義

●パリ万博の成果とその経済システムの原理と政策

　1867 年当時のフランスは、ルイ＝ナポレオン皇帝のもと一気に近代的な資本主義国家に変貌させるべく、サン＝シモン主義者たちが中心になって産業育成に力を入れていた。パリ万博は、サン＝シモン主義の成果を披露する場だったのである。

　フランスで見学し交流した知識の根幹には、サン＝シモン主義の思想と経済システムがあった。サン＝シモン主義は、進歩につながる信仰、機械への信頼、幸福、自由、解放の条件が、道徳的な産業にあるとする「産業主義」に基づいている。

　サン＝シモン（1760 ～ 1825）は、フランスの思想家である。富の生産を促進することが重要とみなした。産業階級を重視し、資本家と労働者は等しく産業階級とされ、その対立は問題とされない[120]。F.エンゲルス［1880］は、サン＝シモンをフーリエ、オーエンとともに空想的社会主義者と評した[121]。

　しかし、道徳を重視するサン＝シモン主義の産業思想と政策は、渋沢栄一の知性と感性に響くものが大きかったとみられる。帰国後、日本資本主義のシステムづくりにおいて、渋沢が福祉・慈善事業に力を入れていく起点としても注目される。

　パリ万博に派遣された日本人一行は総勢 28 人余いたが、サン＝シモン主義の資本主義経済システムを理解し日本に移植したのは、渋沢栄一のみであった。

　なぜ渋沢のみが理解できたのか。パリでサン＝シモン主義に遭遇した時、すでに理解し受け入れる素地を渋沢が持っていた、と山本七平はいう。彼の

思想はすでに形成され、それに基づいて「開眼されていた」と。

　確かに、一橋家に奉公するやすぐに提案し自ら推進した制度改革や産業奨励策には、サン＝シモン主義の産業育成政策と重なる面も少なくない。歩兵隊の募集・組織化、良米や木綿反物の流通改革、硝石鉱山開発、藩札の発行とシステム改善など。フランスでは紙幣流通の仕組みと官民平等に注目し、帰国後すぐに静岡藩で官民合同の商法会所を設立し、産業育成に着手している。

●フランスで得た知識の根幹は何だったのか

　なぜ、渋沢栄一だけが、近代的資本主義へのジャンプを可能にすることができたのか。この疑問は、これまでに書かれた渋沢栄一論でも常に中心的課題の１つであるが、本質的なところでは、この疑問に答えてはいない、と鹿島茂［2011］はいう。

　いずれも、渋沢が1867年のパリ万博で見聞した事物や出来事、出会ったフランス人から得た知識によって近代的資本主義の原理を学んだとしながら、その原理とはいかなるものだったかということを明らかにせず、渋沢がその原理を学んだ背景に対する考察を欠落させているからである。

　渋沢が滞仏中に銀行家から得た知識をもとにして、日本に近代的資本主義を根づかせていく。しかし、伝授されたシステムおよび文化的背景がいかなるものだったのかについては、考察されていない、という[122]。

　このシステムは当時、かなり異色の経済システムだった。しかも、フランスと日本のいずれも、マックス・ウェーバーのいうプロテスタンティズムのエートスとは程遠く、近代的資本主義が自然的には発生し得ないはずの国であった。

●サン＝シモン主義の成果を披露する場としてのパリ万博

　フランスでは1830年頃から、「産業者による、産業者のための社会」の建設を呼びかける思想家サン＝シモンに共鳴する若者たちが、サン＝シモン主義者のグループを結成し、フランス社会に一定の影響を及ぼすようになる。

　1851年に、サン＝シモン主義を信奉するルイ＝ナポレオンがクーデターで全権を掌握し、翌年、皇帝として即位すると、彼のブレーンを再結集し、フランスを一気に近代的な資本主義国家に変貌させるべく活躍を開始する。

　1852年の第2帝政の開始からわずか15年で、近代的な資本主義を確立することに成功した。サン＝シモン主義者たちが、近代的資本主義を開花させるための人為的な促成栽培システムを考え出したからである。彼らが力を入れ

たのは、鉄道と土木事業、銀行と株式会社など、根幹となる産業分野の育成
であった。

　そして、このサン゠シモン主義者の成果のお披露目となったのが、渋沢栄
一が徳川昭武の随員として参加した1867年のパリ万博である[123]。

4.2.2 なぜ、渋沢だけが資本主義のシステムを理解できたのか

　明治期の日本は、19世紀後半に急激な資本主義化に成功した。それは、
近代の歴史においても奇跡に近いきわめて稀な例であった。

　資本主義経済をもたない社会から近代的資本主義の社会へとジャンプする
ことは、一般に思われているよりはるかに難しい。多くの場合、一部の人間
だけが暴利をむさぼる貧富の差の激しい前近代的資本主義に陥ってしまいが
ちである。

　マックス・ウェーバーは『プロテスタンティズムの倫理と資本主義の精神』
で、プロテスタント的な禁欲的エートス（職業倫理）が、近代的資本主義成
立のための必須条件とみなした。

　明治維新の日本は、英米のようなプロテスタンティズムのエートスを持た
なかったにもかかわらず、世界の中の例外としてこのジャンプに成功し、近
代国家の仲間入りを果たした。

　このジャンプは、なぜ可能であったのか、誰によって、どのようになされ
たのか。それに見事に応えたのが、渋沢栄一である。最初、大蔵省に在籍し
て資本主義の根幹を整備したのち、民間に転じて日本の金融と基幹産業のほ
とんどすべての基礎を築いたのである。渋沢という、きわめて明瞭に意識さ
れたひとつの意志に基づいて準備され、推進されたものであったとみなすこ
とができる。

　当時、近代的資本主義のシステムをだれ一人として知らなかった時代に、
なぜ渋沢のみが、このシステムの根幹を洞察して日本に導入することができ
たのか[124]。

　1867年のパリ万博に赴いた時の経験や、のちに近代的資本主義を根づか
せるのに大いに役立ったことはすぐにわかる。しかし、このパリ万博の随行
員に加わったのは渋沢一人ではない。

4.2.3　渋沢栄一の稀有な洞察力とその土壌
●実業家の儒教倫理が日本資本主義形成の規範になりえたのはなぜか
　M・ウェーバーは、「儒教とピューリタニズム」において、儒教は現世批判の力などを欠如するがゆえに、批判的合理主義を内在原理とする近代資本主義をみずから創造することができなかった、と指摘している。
　では、なぜ明治期以降の近代日本において、渋沢によって代表される実業家の儒教倫理が資本主義形成のエートスたりえたのか。長幸男 [1984] は、次の2点をあげている。
　第1に、儒教では「上なる権威への恭順」が重視されることである。そのため国家によって、西欧資本主義社会が規範的秩序として、「追いつき追い越すべき」アプリオリな目標＝権威として設定・同意されると、儒教的修養の厳格主義がプロテスタントの禁欲主義と同じような社会的機能を果たすことになる。
　第2に、渋沢の「義利両全」は（価値法則による公正な取引を原則とする）近代資本主義の経済倫理を、儒教的用語で表現したものといえることである。それゆえ、日本資本主義形成の規範となり、導きの糸となったのである。
●資本主義を受け入れた渋沢の下地　―半工半商で、創意工夫の企業家
　渋沢がフランスから日本に持ち帰ったサン＝シモン主義が、日本という特殊な風土でどのような形で芽を出し、花を開いたのか。
　パリでサン＝シモン主義に遭遇した時、渋沢はすでにサン＝シモン主義を受け入れるだけの下地をもっていたとみられる。「彼の思想はすでに形成され、それに基づいて「開眼されていた」」[125] のである。
　渋沢栄一は、一体、どこでそうした下地を形づくっていたか。
　渋沢家が家作を営む地域は、土地がやせていたので、農民は藍を栽培して藍玉をつくるほかなく、「半農半工」であった。
　渋沢家は、そうした半農半工の村人から藍の葉を買い上げて藍玉に加工し、これを紺屋に売りさばくことを生業としていた。いわば、「半工半商」である。経営の才能と工夫次第では、大きな利益をあげ、短期間のうちに巨万の富を築くことが可能であった。
　藍づくりや藍玉製造は、四国の徳島から出来したと言われ、販路は主として群馬、長野、秩父方面の紺屋と呼ばれる染物屋であった。渋沢家は小規模農家であったが、父の代に周辺村の農家から藍葉を買い入れて藍玉という藍染め原料に加工して販売する新しいタイプのビジネスを切り開き、村内で1,

2を争う富農に一気に成長する[126]。

渋沢の父・晩香は、こうした面で抜群の才覚を発揮したのである。家業に対して非常な「趣味」をもち、年毎に良い藍玉を多く製造して売ることを楽しみにしていた。

父は、自分のつくり出す製品の改良の方に心血を注ぎ、製品の品質によって信頼を得ることに喜びを感じる創意工夫型の企業家であった。だまし売りによる一時的利益よりも、信頼による長期的利益の方が、財産を大きくすると考える近代的な発想のできる人だった[127]。

●すでに『論語と算盤』を実践していた渋沢の父

より多くの努力を払ってより良い品物をつくり出し、それによって利益を得るならば、これはけっしてやましいものではなく、むしろ、他人のためにも自分のためにもなり、人倫にかなうものだという商業倫理を父・晩香が実践していたのである。

江戸末期には、儒教教育が、富裕農民層、とりわけ晩香のような半工半商の富裕層に行き渡っていた。儒教の教えに接したこれらの人々は、自らの職業を正当化するため、儒教の教えからウェーバーのいうプロテスタンティズムに近い商業倫理を導き出したとみられる。

江戸末期には、こうした商工業者のエートスが、一部であるとはいえ、日本にも形成されていたことは注目に値する。後に渋沢栄一が唱えることになる『論語と算盤』の倫理を晩香はすでに実践していたわけである。

「近代的資本主義」をうみだしたプロテスタントの商工業者は、いずれも子弟の教育に力を注いだが、晩香も同じで、栄一の教育にはたいへんな熱意を示した。自らの階級と職業に誇りを感じていた晩香が、息子にも職業的知識だけでなく儒教的な倫理観を身につけさせ自負をもって商売に従事させたいと考えたからとみられる[128]。

渋沢栄一は、6歳のときから父に素読を受け、8歳頃から従兄で10歳年上の尾高惇忠について漢籍を学ぶ。当時の農民としては、例外的な学問的環境に置かれていたのである。

当時、名主見習であるとはいえ農民にすぎない父が自ら漢籍に親しみ、子どもにその手ほどきをし、また近在の村に住む従兄が論語や大学・中庸を修めたインテリで栄一の家庭教師になったことのいずれも、かなりの例外に属することであった[129]。

●藍の商売に生かした競争心と職業的自負心

　14歳から家業の手伝いを始めるや、すぐに商売のコツを覚え、16歳の頃には父の晩香にかわって年に4度ずつ信州、上州、秩父などの農家に藍の葉を買い出しに出かけるようになる。自分で商売をしてみると、家業に対する面白さが次第に湧いてきて、阿州(阿波)の名産に負けないような藍玉をつくってみたいと思う気持ちが強くなる。

　そこで、良い藍を作った農民に格付けを与えることで、農民相互の競争心を刺激し、「より良い」藍を「同じ」買取価格で購入することにしたのである。渋沢はすでに、「競争」こそがより良い商品を作るための基本原理であり、この原理が機能するには、必ずしも金銭は必要なく、職業に対する誇りを評価するシステムがあればいい、と考えていたことがわかる。

　取引先の農民たちの職業的自負心を掻き立てて競争心を持たせるという考えを、どこから思いついたのか。

　渋沢自身が、「今年よりは来年を」という職業的な向上心と、「阿州の名産に負けないような藍玉をつくる」という競争心を持っていたことである。それは、「商売において父を凌駕したいという願望から生まれた」とみられる[130]。

4.3　渋沢栄一の社会・公共事業

4.3.1　近代産業の育成と「工場法」の制定をめぐる「公」の姿勢

　1883年に操業開始した大阪紡績は翌年、電灯を導入して、より効果的な夜間操業を開始し、生産効率は飛躍的に向上した。反面、長時間労働がまかり通るようになり、損なわれた労働者の健康が社会問題化する。

　この問題は、政府でも看過できぬほどのものとなり、1896年には、工場法の制定を視野に入れた官僚と実業界の協議会「農工商高等会議」が発足する。渋沢は実業界を代表して、工場法の制定に反対する意見を述べた。原則的に工場法の制定に反対ではなく、時期尚早として反対したのである。

　当時の過酷な労働条件の実態を十分に承知するも、この段階で紡績工業が利潤を蓄積して、国際競争力を付けなければ、日本の貿易収支は黒字に転換しないと考え、あえて黙認するかたちを取ったのである。

　しかし1907年、渋沢は、日本の国力が十分についてきたとみなし、賛成に回った。あらゆる「私」が渦巻く中にあって、究極の「公」を視野に入れた選択をしたのである[131]。

4.3.2 公益事業への取り組みと社会企業家論
●公益事業への視座

渋沢は、経済活動の目的は公益の追求にある、と考えていた。ビジネスと公益、社会福祉の追求は同時でないといけなかったのである。

東京市養育院は、当時の窮迫した人々を救うための社会慈善団体である。1872年に、強い反対を押し切って、設立にこぎつけたものである。1874年に院長就任以来、91歳で亡くなるまで56年間もその職を務めている。他にも東京慈恵会、日本赤十字社、聖路加国際病院など、彼がかかわった団体は少なくない。

アカデミズムの分野では、商法講習所（のちの一橋大学）、早稲田大学、同志社大学、日本女子大学、二松学舎など錚々たる学校の創設に関与している。

驚嘆する活力とスピードで渋沢は、日本の資本主義システムや社会的な基盤をつくり上げていった。「私心のなさ」が、その大いなる原動力となったのである。とくに私心なき人物起用が、各企業の再建や発展を促していった。

1904年、64歳のときに大病を経験してからは、かかわる事業の数を大幅に減らしていく。70歳のときには、第一銀行ほか数社をのぞいては役員をすべて辞任し、77歳の喜寿で、そのすべてからも退いた。

かわって渋沢が力を入れたのが、国際親善や社会事業関連の仕事である。とくに、反日感情が高まりがちなアメリカとの関係改善を図るべく、日米親善外交などに努めた。こうした民間外交のはしりともいうべき行動が評価され、渋沢は1926年と27年にノーベル平和賞の候補にもなっている[132]。

●社会企業家の先駆者、渋沢栄一

島田昌和［2011］は、これまでの渋沢栄一研究について、「人間として働き盛りの30代から60歳に至る時期のビジネス面での活動がほとんど取り上げられないままに論じられてきた」と述べ、そこに独自な視点から光を当てている。

渋沢は財閥という背景をもたなかったにもかかわらず、おびただしい数の民間企業を設立して運営に関わり続けた。それらの会社を同時並行で切り盛りした。

その一方で、渋沢は経済政策にも積極的に関わり続け、富の拡大再生産モデルをつくり上げ、社会への還元を実現した。このような活動は、昨今必要性が叫ばれているが、島田昌和［2011］は、「社会企業家（ソーシャルアントレプレナー）」と呼んでいる[133]。

渋沢は、ビジネスだけでなく、社会のさまざまな領域に関わり行動した。その中に、現代社会へのヒントも内在するとみられる。

4.3.3 慈善事業の経営システムづくり

なぜ企業家は社会事業に尽くすべきなのか。社会事業を通じて富の再配分をおこなうことで、社会が潤い経済が循環するからだと、渋沢は言う。まさに、社会循環の思想と「道徳経済合一」の理念がそこに示されている[134]。

渋沢は1908年発行の日本赤十字社機関誌で、「私は道徳上からばかりでなく、社会経済の上から此（この）慈善事業の盛んに起こることを希望している」と述べている。さらに翌年の同機関誌において、「利金の伴う道徳でなければ真の道徳ということを得ざる」と断言している[135]。

渋沢は、日本赤十字社の前身の博愛社の時代から「寄付金集めとガバナンス（組織統治）」で大きな貢献をしてきた。博愛社は1877年の発足当初、財政基盤が不安定だったが、1880年に渋沢が初めて関わってから大きく好転する。渋沢が、大隈重信、大倉喜八郎らとともに寄付をして「社員」となったことで、経営の基盤ができ、その後も常議員などとして経営にかかわることによって、日本赤十字社の土台作りに貢献した。東京慈恵会も、渋沢が財政基盤の再建に大きな役割を果たした[136]。

渋沢は、医療などの社会貢献活動も経済合理性に適したものでなければならないと考えていた。渋沢にとって、医療や貧民救済の事業は、まさに「道徳経済合一」説の実践の場となったのである。

渋沢の代表的な社会事業として養育院関係の事業経営がある。養育院は、東京会議所の立ち上げ早々に、その救済対策事業として同時スタートしている。

渋沢は、実業家のあり方として慈善事業を不可欠な要素とみなした。実業人の当然の仕事として、慈善事業をともなった実業のあり方を追求した。

東京府は、東京会議所の解散にあたって、所有地のほとんどを売却し、第一国立銀行との間に協定を結んで、その収入を年利6％で定期預金として預け入れ、経理事務も委託した。そこで、各種公債を購入して基金とし、その利子収入金で養育院を運営していく手法を確立したのである。

渋沢は、これをモデルにして、いくつもの社会事業組織の資金保全・運用を第一国立銀行で引き受けていった。中には年利9％という高金利契約によって支援したこともある。養育院の支援組織としては、もう1つ養育院慈善会

をつくり、実業人による賛助会員方式で運営された[137]。

4.4 日本資本主義づくりにおける未完のテーマへの挑戦
── 実業界引退後、社会・公益事業による国づくり

4.4.1「経済と道徳の一致」「資本と労働の調和」「細民救済手段の統一」の
　　3事業

　渋沢が関わった社会・公益事業の数は、約600団体と言われる。国際親善や来賓接待、顕彰記念事業や編纂事業は除いても、400団体近くになる（「図表8-1　渋沢栄一の関与した社会・公共事業」）。

　島田昌和［2011］によると、その全容を詳細に解明した研究はなく、社会事業や教育、芸術・学術などの支援に関してそれぞれの分野で取り上げられているにすぎない[138]。

　渋沢は1916年、76歳を機に第1銀行頭取を退き、実業界の第一線から完全に引退した。引退後に自らが取り組む、残された3事業として「経済と道徳の一致」「資本と労働の調和」「細民救済手段の統一」の3つをあげている。その後亡くなるまでの十数年間にわたって、これらの3つの問題に精力的に取り組んだ。まさに生涯をかけて日本資本主義づくりに取り組んだ渋沢にとって、やり残した未完のテーマであり、日本社会そのものが抱えるテーマでもあった。

　「経済と道徳の一致」は、竜門社などを通じた「道徳経済合一説」の普及活動や各種修養団体の支援として取り組まれた。また「資本と労働の調和」

図表8-1　渋沢栄一の関与した社会・公共事業

事業内容	～ 1909.5	1909.6 ～ 1931.11	合　計
社会事業（労使関係・融和事業含む）	25	68	93
道徳・宗教団体	16	64	80
実業教育	20	23	43
女子教育	5	22	27
その他教育	33	56	89
学術文化	25	30	55
合　計	124	263	387

出所：島田昌和［2011］『渋沢栄一──社会起業家の先駆者』岩波新書、p.163ページ。

は協調会の設立とその後の活動支援として取り組まれ、「細民救済手段の統一」が養育院をはじめとする社会福祉事業への取り組みとして実践されていった。

　これらの取り組みは、個々に独立しながらも、根本的には近代資本主義が構造的に内包する矛盾に根ざしたものである。渋沢は、社会変化の根本をどう考え、どう対処すべきなのかについて、大いに悩んでいたのである。

4.4.2　労働問題と労使協調への取り組み

●協調会と修養団

　渋沢にとっての最大の問題は、マルクス主義の影響を強く受けた労働問題の登場であった。労働組合の結成に消極的ながら同情的であった渋沢は、経営者の中では少数派に属し冷たい視線も感じていた。渋沢が選択した具体的対応が、協調会である。協調会は、労働問題を専門に扱う「官民一致の民間機関」として、第 1 次大戦直後の 1919 年末に設立された。

　協調会の設立に中心的な役割を果たしたのは、政府内務官僚たちと、渋沢栄一や日本工業倶楽部に集う財界人たちである。

　総同盟に代表される穏健な労働組合の育成という明確な方針のもと、協調会による労働争議の調停がなされた。調停は、1920 年代後半にもっとも盛んにおこなわれ、争議が経済闘争の場合には、比較的労働側に有利な調停がなされた[139]。

●渋沢流労使協調主義の模索

　その後、労使関係の改善に自らの行動の中心をシフトしていく。協調会の経験を通じて、財界人や労働組合指導者との隔たりの大きさを痛感し、さまざまな考えを持つ新官僚たちとの交流を通して、自らの労使関係観を模索していった。

　山本七平［1987］は、労働運動に対する渋沢のスタンスと取り組みについて、次のように評している。「労働運動にも深い理解を示し、友愛会の創立者鈴木文治と親しく交際し、親切な相談相手となっていた。だが、労働運動を敵視していた大正時代の資本家・経営者にはこれが異様に見えたらしく、財界の一部から裏切り者のように非難されている。」[140]

　労働問題への対応手法としては、家族主義や修養主義的な色彩よりも、労使は基本的に立場を異にするという二元論に基づく協調主義を基盤に選択した。政治闘争や階級対立を否定しつつも、労使の精神的なつながりを維持し

つつ、妥協点を探ろうという、折衷的な協調主義である。

しかし、渋沢流の労使協調主義は、日本全体として戦前を通じて主流になることはなかった[141]。

4.5 渋沢栄一の立ち位置 —— 公正無私な「市場セリ人」

4.5.1 問われる「公」と「私」の概念

渋沢は、自らに課せられた最大の使命は、商工業にたずさわる実業人が官吏と平等に扱われる社会を生み出すことだと考えていた。そのためには、「私」が公正に利潤を追求して力を蓄える必要がある。「私」が公正に儲けることのできるような資本主義システムを、社会のすべての階層において構築しなければならない。そのように考え、果敢に推進していったのである。

しかし、「私」は他方で「投機」を図り、公正という域を超えて、一気に大きな利潤を得ようと、「公」のシステムを利用しようとする。

この「投機」のシステムを、どう扱うか。資本主義社会が機能するための必要悪と考えて存続させるか、それとも「悪」とみなしてこれを廃止するか。この判断において、「公」と「私」の概念それ自体が問われるのである[142]。

第1国立銀行をはじめ次々と株式会社を設立した渋沢が、次に考えたのが、この株式を売買するための株式取引所の創設である。1873年に第1国立銀行が設立され、1879年には株式取引所が許可された。

株式取引所の設立をめぐっては、激しい論争が行われた。反対論は、投機、賭博性のある先物取引は、公正さが何よりも要求される「公」の機関ではなすべきではないという。

これに対し、賛成論を対置したのが渋沢である。先物取引では「時間」が投機性を生み出すが、それは商人としての腕の見せ所、知恵の使いどころでもある。もし、この部分に規制を加えてしまうと、競争原理そのものを殺すことになる。商業取引は投機性、賭博性を免れることはできない以上、先物取引もまた商業の一部とみなして、これを「公」の機関で行ったほうがいいという論理である。反対論者も、先物取引の原理を聞き、商業の発展に欠かせない取引であることを理解するに至る[143]。

4.5.2 自分自身は投機には乗り出さない

この株式取引所の例にみられるように、渋沢は、どの場合も、政府に働きかけて条例の改正を計ると同時に、その改正に見合った具体的な機関を自ら

設立した。

渋沢が、もし強欲な人間だったら、いくらでも大儲けをすることができたはずである。とくに、投機に関しては、これだけ最適なポジションにいる人間もなかった。国家を使ってのインサイダー取引を図り、日本の富の大半を自分のものにすることも可能であったとみられる。

しかし、渋沢はあえてこの投機には乗り出そうとはしなかった。株式取引所の制度は、貴重な経済機関の1つとして設立に尽力するも、設立後には全然関係を断ち株主になることさえも避けた。

「私は主義として投機事業を好まず、絶対に投機ならびにこれに類似するものには一切手を染めぬ」(『青淵回顧録』)との信条に基づいてのことである [144]。

4.5.3 日本資本主義の幸運と渋沢栄一
——「非合理的」個人＝公正無私を貫いた生きざま

アダム・スミスの経済学においては、理性のありたけを絞って合理的に利潤を追求する人間、つまり「合理人」が、議論の前提になる。

市場で「合理的」に需給を決定している個人たちに混じって、ひとり「非合理的」に行動する人間がいる。それは、公正無私に市場全体の需給の乖離に応じて価格を調整している「市場セリ人」のことである。

「見えざる手」の比喩が主張する、個人「合理性」即社会「合理性」という基本原理は、その実、「市場セリ人」という自己の利益に無頓着な「非合理的」個人の存在を暗黙の裡に仮定しているからこそ、可能になるとみられる [145]。

最も投機に適した地位にいながら、ついに投機に手を染めなかった渋沢は、この「市場セリ人という自己の利益に無頓着な「非合理的」個人に匹敵する役割を演じていたのである。

渋沢は、あくまで自らの倫理コード、きわめて個人的な倫理コードに従って行動したまでのことである。

「私は他人の金銭を預っている銀行業事業に関係しすこぶる重大な責任を担っている身をもって、投機に関係するが如きことあっては、自然世間の信認に背き自分の職責を全うすることができない。この信念とこの理由から、私は確実に利益あることを知っておりながら、低落した鉄道債券を1枚も買わなかったのである。私は明治6年実業界に身を投じて以来、終始この主義をもって一貫してきたつもりである。」(『青淵回顧録』)

渋沢は、「世間の信認」という「人間の見える手」に支えられていることは十分意識しつつも、明治という社会における、神の半ば「見えざる」手だったのである。

　渋沢は、フランスで、サン＝シモン主義的に運営された社会を見て、さまざまな経済システムを明治の日本に導入しようと試みたが、自らは、合理的「個人」としてそのシステムの中に生きる道を取らず、「市場セリ人という自己の利益に無頓着な「非合理的」個人」という道を選んだのである。

　渋沢という例外的な「非合理的」個人を「市場セリ人」としてもったのは、日本資本主義の幸運といわねばなるまい[146]。

　もし、彼が少しでも、「合理的」な個人であったなら、明治の日本はかなり違った道に進んでいたとみられる。個人「合理性」と社会「合理性」とが対立しあう一種の「囚人のジレンマ」的な状況に陥り、ブラックマーケット国家になって、今日まで尾を引いていた可能性も少なくないからである。

5　おわりに ── 信念に基づく理想社会への挑戦

●「民」が自立できる社会の実現に向けての生涯実践

　渋沢栄一は、驚くべき学習能力の高さを示して、激動の幕末期を生き抜き、明治新政府にあっても経済官僚として高い能力を発揮する。しかし、権力闘争の渦巻く政官界よりも実業界に自らの道を見出し、「官尊民卑」を打破して「民」が自立できる民間経済社会の建設を、わが仕事と選択していった。非財閥系の会社モデルを構築し、社会全体を構想し、行動した。「官尊民卑の打破」のスローガンのもと、民間にエネルギーが溜まる仕組みを構築しないことには社会は育たないことへの思いは、生涯ぶれなかった。

　マルクス主義の台頭にともなって対立が激化した労使関係に対して、世界的な思想・宗教の共通項を見出すことに挫折しながらも、異なる立場を認めつつ一致点を模索する新しい対応に向けて、どの財界人よりも積極的に行動した。

　長い生涯をかけて、自ら掲げる社会の実現に向け行動し続けた。挫折を繰り返しつつ、反対にあいながらも、新たな地平を求めて思考し、行動し続けた。

　渋沢の思想と生き様は、閉塞感に覆い尽くされる現代日本に、今こそ、全体像を「思考」する力を身につけ、しかるべき座標軸＝理念を持って、積極的に「行動」し活路を見出すべし、との示唆と励ましを与えている[147]。

●渋沢の経営哲学と難題への挑戦

　91 年に及ぶ生涯現役ともいうべき渋沢の多彩な経済活動・社会活動には、一本はっきりと貫通する日本社会への思いがみられる。実現できなかった限界やさまざまな挫折も少なくないが、けっしてひるむことなく降りかかる難題に対処していった。

　渋沢の果敢な行動力はいったいどこから来たのか、それを支えたものは何だったのか。「人は損得で結びつくものではない、正しい理念とそれを実現したいと思う熱意で結びつくことこそ大事だ」という経営哲学である。

　関東大震災のとき、自らの事務所や第一銀行本店が焼失したにもかかわらず、新たな東京の復興・再建・建設に対して多方面にわたって全精力をつぎ込んで取り組み、新しいグランドデザインが立案された。率先して対処し、震災に強い都市づくり、人々の新しい関係構築、経済やビジネスの復興、国際的なネットワークの導入など、新日本の建設ともいうべき再建像を示したのである。そこには渋沢のもつ幅広い人的ネットワークがふんだんに生かされたという。

　物質的な喪失はいくらでも再建できる。いま大事なのは、「公共心や利他心」である。物的な豊かさに目を奪われて、失いかけていた公共心や利他心を今ここで再度呼び戻すことができるかだ、と人々に訴え続けた[148]。

【注釈】
76 渋沢栄一 [1916]『論語と算盤』守屋淳訳、ちくま新書、2010 年。
　　渋沢栄一 [1873]『雨夜譚』長幸男校注、岩波新書、1984 年。
77 長　幸男 [1984]「解説」渋沢栄一 [1873]、前掲書。
78 渋沢栄一 [1873]『雨夜譚』、前掲書、47 ページ。
79 幸田露伴 [1939]『澁澤榮一傳』岩波新書、冒頭。
80 長　幸男 [1984]、前掲論文、326 ページ。
81 山本七平 [1987]『近代の創造—渋沢栄一の思想と行動』PHP 研究所。それを改題して刊行されたのが、山本七平 [2009]『渋沢栄一　近代の創造』祥伝社、258-259 ページ。
82 守屋　淳 [2010]「渋沢栄一小伝」渋沢栄一 [1916]、前掲書、227 ページ。
83 守屋　淳 [2010]、前掲論文、223 ページ。
84 山本七平 [1987]、前掲書、259-260 ページ。
85 島田昌和 [2011]『渋沢栄一——社会企業家の先駆者』岩波新書、18 ページ。
86 守屋　淳 [2010]、前掲論文、229-230 ページ。
87 山本七平 [1987]、前掲書、260 ページ。
88 山本七平 [1987]、前掲書、575 ページ。

89 島田昌和［2011］、前掲書、45 ページ。

90 池上惇氏から十名への電子メール（2021.11.9）。

91 守屋　淳［2010］「渋沢栄一小伝」、渋沢栄一［1916］、前掲書、20-24 ページ。239-240。

92 鹿島　茂［2013］『渋沢栄一（下）論語篇』文芸春秋、289 ページ。

93 「「論語と算盤」球界に脈々」読売新聞、2021.7.16。

94 渋沢栄一［1916］、前掲書、20-24 ページ。

95 渋沢栄一［1916］、前掲書、15 ページ。

96 渋沢栄一［1916］、前掲書、166-169 ページ。

97 渋沢栄一［1916］、前掲書、173-181 ページ。

98 渋沢栄一［1916］、前掲書、158-164 ページ。

99 渋沢栄一［1916］、前掲書、134-144 ページ。

100 渋沢栄一［1916］、前掲書、49-55 ページ。

101 渋沢栄一［1916］、前掲書、63-4 ページ。

102 渋沢栄一［1916］、前掲書、33-36 ページ。

103 渋沢栄一［1916］、前掲書、26 ページ。

104 渋沢栄一［1916］、前掲書、41-3 ページ。

105 渋沢栄一［1916］、前掲書、105-108 ページ。

106 渋沢栄一［1916］、前掲書、205-206 ページ。

107 渋沢栄一［1916］、前掲書、209-216 ページ。

108 渋沢栄一［1916］、前掲書、129 ページ。

109 渋沢栄一［1916］、前掲書、218-220 ページ。

110 鹿島　茂［2011］『渋沢栄一　1算盤篇』文藝春秋、428-9 ページ。

111 鹿島　茂［2011］、前掲書、433-7 ページ。

112 鹿島　茂［2011］、前掲書、452-3 ページ。

113 鹿島　茂［2011］、前掲書、456-7 ページ。

114 守屋　淳［2010］、前掲論文、232-233 ページ。

115 守屋　淳［2010］、前掲論文、233-235 ページ。

116 島田昌和［2011］、前掲書、55-6 ページ。

117 島田昌和［2011］、前掲書、57-62 ページ。

118 渋沢栄一は 1878 年、第一国立銀行の釜山開設を機に各地で支店を開設し、1902 年、第一国立銀行券を朝鮮で発行するなど、1910 年の朝鮮併合へと至る経済基盤を整備する役割を担ったとみられる。さらに、1910 年代から 20 年代にかけて、渋沢が関与する企業を朝鮮に進出させていく。浅野セメント、東洋鉄道会社、電力会社など。そして、朝鮮での鉄道事業に力を入れる。日本の軍部が朝鮮に兵力を送り植民地化を進めた頃のことである。
　　渋沢の対外事業は、朝鮮における産業の発展に寄与する一方、植民地主義者との批判もみられるように、日本政府・軍部の朝鮮進出策の一翼を消極的ながら担ったといえる（橘木俊詔［2020］『渋沢栄一　一変わり身の早さと未来を見抜く眼力』平凡社、206-214 ページ）。

119 島田昌和［2011］、前掲書、73-38 ページ

120 『ウィキペディア（Wikipedea）』「サン＝シモン」「サン＝シモン主義」（2021.9.24 閲覧）。

121 F. エンゲルス［1880］『空想から科学へ』寺沢恒星・山本二三丸訳、国民文庫、1966 年。

122 鹿島　茂［2011］、前掲書、20-22 ページ。

123 鹿島　茂［2011］、前掲書、23-24 ページ。

124 鹿島　茂［2011］『渋沢栄一　1 算盤篇』文藝春秋、18-20 ページ。

125 山本七平［1987］『近代の創造─渋沢栄一の思想と行動』PHP 研究所、（『渋沢栄一　近代の創造』祥伝社、2009 年）。

126 島田昌和［2011］『渋沢栄一──社会企業家の先駆者』岩波新書、7 ページ。

127 鹿島　茂［2011］、前掲書、32-33 ページ。

128 鹿島　茂［2011］、前掲書、34 ページ。

129 鹿島　茂［2011］、前掲書、39-41 ページ。

130 鹿島　茂［2011］、前掲書、48-50 ページ。

131 鹿島　茂［2011］、前掲書、458-462 ページ。

132 守屋　淳［2010］、前掲論文、235-238 ページ。

133 島田昌和［2011］、前掲書、「はじめに」。

134 島田昌和［2011］、前掲書、181-182 ページ。

135「いま、渋沢栄一から学ぶ─「人間中心」の可能性」日本経済新聞社、2021.10.20 付。

136「いま、渋沢栄一から学ぶ─「人間中心」の可能性」日本経済新聞社、2021.10.20 付。

137 島田昌和［2011］、前掲書、183 ページ。

138 島田昌和［2011］、前掲書、162 ページ。

139 島田昌和［2011］、前掲書、194-199 ページ。

140 山本七平［1987］、前掲書、416 ページ。

141 島田昌和［2011］、前掲書、208 ページ。

142 鹿島　茂［2011］、前掲書、466-7 ページ。

143 鹿島　茂［2011］、前掲書、467-470 ページ。

144 鹿島　茂［2011］、前掲書、471-472 ページ。

145 岩井克人［1985］『ヴェニスの商人の資本論』筑摩書房。

146 鹿島　茂［2011］、前掲書、471-472 ページ。475-7 ページ。

147 島田昌和［2011］、前掲書、211-214 ページ。

148 島田昌和［2011］、前掲書、216-217 ページ。

第9章
サステナビリティへの新たな視座と21世紀課題
─A.スミス、K.マルクス、渋沢栄一との対話─

1 はじめに ── A.スミス、K.マルクス、渋沢栄一への21世紀的視座

　A.スミスは18世紀、産業革命が始まる前後の工場制手工業の時代を生きた。K.マルクスは、そのほぼ1世紀後、機械制大工業が本格化する19世紀を生きた。渋沢栄一は、マルクスより1世代（22年）若いが、19世紀の半ばから後半に至る同時代（1840-83）をともに生きている。さらに長寿により、20世紀前半まで生き抜いたのである。

　　A. スミス（1723-1790）：［1759］『道徳感情論』、［1776］『国富論』

　　K. マルクス（1818-1883）：［1867］『資本論』

　　渋沢栄一（1840- 1931）：［1916］『論語と算盤』

　A.スミスと渋沢栄一は、1世紀以上を隔てながらも、市場への理解や「公平な観察者」、道徳と経済の不可欠な関わりなど、共通する視点が少なくない。渋沢が生きた幕末から明治の時代は、市場経済が発展し封建制から資本主義社会へ急激に転換した時代である。そのなかで思想と能力を磨き、資本主義の思想・構想とその建設にたずさわった。それは、スミスが生き構想した時代の息吹と共通する面も少なくない。両者にみる視点の共通性は、生きた時代の近似性に依っているとみられる。

　渋沢はまた、資本主義の急激な発展、機械制大工業へと移行する時代をも生き、資本主義がもたらす種々の弊害にも直面した。その側面からみると、マルクスの生きた時代、課題と共通する点も少なくない。渋沢は、社会事業・公益事業に力を入れ、「民」の自立と対等な協調的労使関係を追求するなど、福祉資本主義の道を追求した。

　マルクスは、資本主義の光と影の両面にメスを入れた。一方における発展のダイナミズムに目を向けるとともに、他方における人間・自然の収奪とそれがもたらす地球的自然・社会の破壊性にも警鐘を鳴らしたのである。資本主義の弊害をどう克服するかについては、マルクスと渋沢に共通する視点も

少なくない。

　スミス、マルクス、渋沢栄一という知の3巨人を21世紀的課題の視点から比較し、新たな視座を学びたい。

2 地球環境・社会危機の時代における
　A.スミス、K.マルクスと渋沢栄一

2.1 21世紀の「共感」とシステムづくり──A.スミスと渋沢栄一の深い示唆

　未来を見通すことが難しい中にあって、いまどういう状況にあり、これからどこをめざすのか。過去、現在、未来にまたがる、そうした流れに意味づけをし、それを通じて働く仲間に、いまここにいること、働いていることの「意味（sense）」を問いかけ共に考える。そうした「意味」の共有を通して、「共感」が生み出される[149]。

　「共感」が21世紀を切り拓くキーワードの1つとして注目されるなか、「共感」（「同感」：sympathy）とは何かが、あらためて問われている。A.スミスは『道徳感情論』で、「他人の感情や行為の適切性を判断する心の作用」をsympathyと呼んだ。胸中に形成される「公平な観察者」（私たちの「良心」）が、判断する基準となる。スミスは、実際の観察者すなわち世間を裁判における第一審に、胸中における「公平な観察者」を第二審に、例えている。スミスはまた、「公平な観察者」は人の富や地位よりも徳と英知に対してより大きな尊敬と感嘆を与えるとして、「徳への道」と「富への道」の両立を説いている[150]。

　スミスのいう「見えざる手」とは何か。これを、「神の見えざる手」とする解釈もある。ここで、「神」とは「公平な観察者」であり、「見えざる手」とは「他者への共感」にほかならない。胸中の「公平な観察者」は、多様なステークホルダーが存在する現実社会においては、「公正・中立な第三者」としての役割を担う。「見えざる手」は、「公平な観察者」によって導かれて、社会の「合理性」へとつながっていくのである。

　それをより徹底して論じ理念およびシステムとして提示したのが、渋沢栄一である。生涯、経済と道徳、義と利の合一という理念を掲げ率先垂範した。

　民間人すなわち「私」が公正に儲けることのできるような資本主義システムを社会のすべての階層において構築しなければならない。それは、渋沢が使命と考えたことであり、実際に成し遂げたことである。渋沢は、明治期に

銀行制度をはじめ各種の経済機関を政府に働きかけて設立していく。株式取引所制度もその1つである。投機に関しては最適なポジションにいながらも、投機には手を染めず、「設立後には関係を断ち株主さえもこれを避けた」。利潤を追求する「合理人」の中にあって、渋沢は自己の利益に執着しない「非合理的」個人、いわば「市場セリ人」の如き役割を果たしたのである。

渋沢は、「人間の見える手」に支えられた「世間の信任」を大事にし、『論語』を鏡とする自らの倫理コードに基づいて行動した。日本資本主義の設立期にあって、渋沢は半ば「神の見えざる手」としての役割を担ったのである[151]。

彼の理念と生き様は、多くの人々の「共感」と信頼をよび起し、日本資本主義の原型づくりへの大いなる推進力になり、今もなお立ち返るべき原点となっているのである。「義と利」は、「道徳と経済」のみならず「社会革命と技術革命」に置き換えることもできよう。「義と利」の両立、再結合は、21世紀日本さらに世界がめざすべき理念、方向を提示したものといえる。

A.スミスと渋沢栄一は、人間観、社会観においても共通する視点が少なくない。渋沢は、「志を立てる」ことは、人生の大切な出発点をなすと説いている。「志を立てる」こと（すわわち「大きな志」）は、人生という建築の「骨組み」であり、「小さな志」はその「飾り」にあたる。人は、その時々にいろんな物事に接して、何らかの希望を抱き実現したいと思う。それが、「小さな志」を立てることであり、一生涯を通じて、「大きな志」からはみ出さない範囲の中で工夫すべしという[152]。

A.スミスの体系は、モラルの世界、政治や法の世界、経済の世界の3つからなっている。それぞれ、「仁愛の徳」、「正義の徳」、「慎慮の徳」によって支えられている。スミスは、「正義の徳」は家の「大黒柱」のようなものであり、「仁愛の徳」は「室内装飾」なようなものと位置づけている[153]。

渋沢の「志」、スミスの「徳」、そのいずれも、建築の骨組みと飾りに例えてみている点は興味深いものがある。

「徳への道と富への道」の両立を説いたA.スミス、「道徳経済合一」「義利両全」を掲げた渋沢栄一。両巨人の経済思想、経営哲学は、18世紀と19-20世紀の隔たりを超えて共鳴し合い、深い「共感」をもって私たちに語りかける。

21世紀の「共感」は、不平等、環境破壊、社会的分断への憂慮であり、持続可能な社会づくりに向けた各関係者の創意工夫と協奏、イノベーションへの期待に深く根差すものとなりつつある。生産者である企業は、世の中をどう変えたいかを明確にし、そのためにビジネスで何をなすべきかを説明す

る。ビジネスを通じた社会的責任の遂行が、企業に求められているのである。それは生産者だけでなく、消費者そして生活者としての市民にも問われている課題といえる。

2.2 地球環境・社会危機の時代における改良と革命
—— K.マルクスの洞察と知恵

2.2.1 市場経済と資本主義の差異

　資本主義とは何か、市場経済とどう違うのかが、あらためて問われている。

　経済を動かし、産業を動かしているものは何か。スミスは、利己心とか交換本能とかに導かれて活動する市民であり、商工業者、企業家であるという。それは、市場経済の論理といえる。『国富論』第2編で資本の生産と再生産について分析しているが、資本が市場経済に浸透し、市場経済の軸となり、主人公であるとの視点は十分でないとみられる[154]。

　資本が、市民社会、市場経済の主体であることを明示したのは、マルクスである。資本家は、資本に使われている身で、資本の人格化にすぎない。資本が中心になって動く社会、これが資本主義社会である。資本の生命は利潤追求にある[155]。

　市場経済と資本主義は、同一ではなく、大きな差異がある。市場は、需要と供給による価格調節機能が働く「先の読める」領域であり、「わずかな利潤」の世界である。市場経済は、一定の透明性や公正性が生じる領域でもある。

　一方、資本主義は、大きな利潤を追求する投機の世界であり、不規則的で、力と策略による価格の操作が可能な世界といえる。市場経済プラス（限りない）拡大・成長志向のシステム、が資本主義に他ならない[156]。

　資本主義という言葉が広がったのは、いつ頃のことであろうか。

　「資本主義」という用語は、資本主義の本質と運動法則を解明したK.マルクス［1867］『資本論』、［1859］『経済学批判』にも見当たらない。「資本主義」というべきところで、資本主義的生産様式という言葉を使っている。マルクスが、資本主義的生産様式の分析を行い、資本というものの重要さに人々の注意を喚起するようになってから、資本主義という言葉がしだいに広がっていったとみられる。この言葉を広めるのにもっとも大きな契機となったのは、ホブソン［1894］『近代資本主義の発展』とゾムバルト［1902-27］『近代資本主義』といわれている[157]。

2.2.2 資本主義の原点と本質 —— 本源的蓄積と無限の経済成長

　現代資本主義が、気候変動をはじめとする環境危機の原因になっているのは、誰の目にも明らかになっている。サステナビリティと資本主義は、果たして両立するのか。

　『資本論』は、資本主義の活力とともに、その地球的・人間的限界を説いたものである。資本主義は大工業をうみだし、それと結びついて資本主義的成長を加速させることによって、地球的限界との衝突を早めたといえる。

　資本主義とは何か、があらためて問われている。資本主義の原点と本質を探るうえで、資本主義をうみだした「本源的蓄積」のあり方に立ち戻ることが必要とみられる。

　「本源的蓄積」とは、主に16世紀と18世紀にイングランドで行われた「囲い込み」（エンクロージャー）のことで、共同管理がなされていた農地などから農民を強制的に締め出した歴史的過程である。暴力的な囲い込みによって、住まいと生産手段を喪失した農民は、都市に仕事を求めて流れ込み、賃労働者になったとされる。囲い込みが資本主義の離陸を準備したのである。

　この囲い込みの過程を「潤沢さ」と「希少性」という視点からとらえ返したのが、マルクスの「本源的蓄積」論である。「本源的蓄積」とは、資本が「コモン」の潤沢さを解体し、人工的希少性を増大させていく過程のことであり、資本主義はその発端から現在に至るまで、人々の生活を不安定化させ、労働と消費に駆り立てることによって成長してきたとみるのである[158]。

　資本主義とは、価値増殖と資本蓄積のために、無限の経済成長を追い求め、市場を絶えず開拓していくシステムである。環境への負荷を外部へ転嫁しながら、自然と人間からの収奪を行ってきた。この過程は、「際限のない」運動である。利潤を増やすための経済成長を決して止めることがないのが、資本主義の本質である。あらゆる状況に適応する強靱性を発揮しながら、利潤獲得の機会を見出していく。環境危機を前にしても、資本主義は自ら止まりはしない。

　資本主義が地球の表面を徹底的に変えてしまい、人類が生きられない環境になってしまうリスクがかつてなく高まっている。地球限界時代とは、それを表した言葉に他ならない。

2.2.3 SDGsへの評価と『資本論』

　SDGsをどう評価するかが問われている。「現代版「大衆のアヘン」」との

批判もみられる。しかし、地球環境と人間社会の危機が相乗しながら深刻化するなか、それを食い止め反転させる国際的な協働の取り組みが求められている。

そうした取り組みの象徴的な成果とみられるのが、SDGsである。長年にわたる粘り強い取り組みの中から生み出されたSDGsは、国際的な改良闘争として捉えることができる。SDGsを軸にして企業、自治体、学校、勤労者、住民を巻き込む環境保全・社会改善運動が広がりつつある。国際的な経営者団体も、株主資本主義からステークホルダー資本主義へと舵を切り、ESG投資を促す流れも広がりつつある。さらに、GAFAなど巨大IT資本への国際的な規制の強化が進みつつある。

これらの取り組みが点から線へ、さらに面へと広がるなかで、人々の理解や認識、活動も広がり深まっていく。まさに、改良・改革闘争であり、変革主体の形成と発展の場と機会になる可能性も秘めている。

SDGs＝「大衆のアヘン」論は、そうした改良・改革の世界的な流れを厳しく批判しつつ、それに代わるものとして、「コモン」の再建を提起している。示唆に富む提言であるが、理念・構想段階にとどまっているとみられる。むしろ、SDGsの運動と連携し連帯しながら進めていくなかで、あらたな地平が切り拓かれるのではなかろうか。『資本論』も、改良・改革闘争がもつ重要性に光をあてている。

『資本論』は、資本の本質と運動を分析し、際限ない蓄積欲求と拡大再生産が地球的・人間的限界と衝突することに警鐘を鳴らした。資本主義の限界を浮かび上がらせるとともに、資本主義社会の変革主体や変革の方向をも示唆している。

労働日の第1巻第8章では工場法が持つ歴史的意義に光を当てるとともに、械制大工業の第13章では労働時間の短縮と児童教育の義務化などの制度改革がもつ人間の文化的発達が持つ可能性と意義を強調し、変革主体形成と位置づけている。土地の生産性を高める技術進歩は、より深い土地の収奪と疲弊、都市と農村の分断、環境破壊に継がる側面にも目を向けている。

資本主義社会においては、そうした制度改革や人間発達、さらには技術進歩などの成果をも、資本蓄積の手段として利用し、より深い労働搾取と人間疎外をもたらす。そうした負の側面に警鐘を鳴らしている。

『資本論』は革命の書と言われるが、まずは改良・改革の書といえる。あらゆる改良・改革の成果を収奪し、人間と自然のより深い破壊と疎外をもた

らし、その限界をも踏み越える。それゆえ、改良に踏みとどまらず、資本主義システムそのものの変革へとつなげていく理念と構想を提示したのである。

3 サステナビリティへの新たな視座と 21 世紀的課題
──「コモン」の 21 世紀的再生とサステナビリティ

3.1 富とは何か ── 問い直される公冨と私冨の関係

　富とは何かが、あらためて問われている。スミスは、市場社会における富をどうみていたのか。

　富の主要な機能は、人間を生存させ、繁殖させ、その生活を便利で安楽なものにすることであるが、スミスは富の中にそれ以上の機能を見出している。それは、人と人をつなぐという機能である。富とは、人と人をつなぐことであり、世話をし合うことである。

　市場は、富を媒介にして、見知らぬ者どうしが世話を交換する場である。人間は市場を通じて、自分に特別な愛情をもっている人以外の人からも世話を受けることができる。市場における交換は、相互の同感（共感）にもとづいて成立する。

　市場社会とは、すべての取引主体が、共感という能力を用いて、見知らぬ者どうしで富（＝世話）を交換する社会である。市場社会における富は、人と人をつなぐ媒介としての機能を果たすといえる。「経済成長」とは、富が増大することだけでなく、富んだ人と貧しい人の間につながりができることでもある[159]。

　それが可能になるのは、「正義感によって制御された野心、および、その下で行われる競争」社会においてである。「他人の状態を悪くすることによって、自分の状態を相対的に優位にするという方法」や「独占の精神」がまかり通る社会においては、「富」は人のつながりを断ち切っていく手段としても機能するようになる。

　富が本来有するはずの「人と人をつなぐ」という機能が色あせるなかで登場したのが、ローダデール［1804］『公共の富の資質と起源』である。「私財（private riches）の増大は、公冨（public wealth）の減少によって生じる」ことを明らかにしたもので、現在では「ローダデールのパラドックス」と呼ばれている。

「公冨」とは、万人にとっての富のことである。「私財」は、私個人だけにとっての富のことで、一定の希少性を伴って存在するものと、定義される。「公冨」と「私財」の違いは、「希少性」の有無である。

　「公冨」は、万人にとっての共有財なので、希少性とは無縁である。一方、「私財」の増大は希少性の増大なしには不可能である。多くの人々が必要としている「公冨」を解体し、意図的に希少にすることで、「私財」は増えていく。つまり、希少性の増大が、「私財」を増やすのである[160]。

　A.スミスにあっては、富は「人のつながり」をつくり出すものとして一体的に捉えられていた。ローザデールの理論は、「私冨」の合計が「国富」であるというスミスの考えに対するアンチテーゼとみなすことができる。

　ローザデールによれば、「私冨」の増大は、貨幣で測れる「国富」を増やすが、真の意味での国民にとっての富である「公冨」＝コモンズの減少をもたらす。国民は、生活に必要なものを利用する権利を失い、困窮していく。「国富」は増えても、国民の生活はむしろ貧しくなる。つまり、スミスとは異なり、本当の豊かさは（市場では捉えきれない）「公冨」の増大にかかっているというのである[161]。

　ローザデールは、（同時的に進む）私冨の増大と公冨の減少を総体として捉え、「私冨＋公冨＝国富」論を、A.スミスの「私冨」に力点をおく「国富」論に対置した、とみることができよう。「コモン」を含めて国富をみるべしというローザデールの提言は、示唆に富むとみられる。

　しかし、「私冨」と「公冨」の関係は、それほど単純ではないとみられる。A.スミスは、「私冨」が「公冨」をもたらすという側面に注目している。「私冨」は分業と市場での交換を通して得られるが、その社会的営みは新たな「公冨」を生み出すのである。すなわち、分業は多様な才能の開発を促し、その成果は財の交換を通して相互に生かし合うことが可能になる。多様な才能の差異は、コモンストック（共通資産）に転化し、社会の生産力を高める原動力になるのである[162]。

3.2 「コモン」への現代的眼差し

　多様な才能の差異をコモンストックとして生かし合うことができるのは、自由で公正な分業と市場においてである。巨大金融資本が主導する現代社会においては、その循環関係がゆがめられ様々な制約を受けて、十全に機能しない状況にある。

「コモン」（あるいは「共」）は、最近注目を集めている。近年進むマルクス再解釈のカギとなる概念のひとつでもある。

　「コモン（common）」とは、「社会的に人々に共有され、管理されるべき富のこと」である。水や電力、住居、医療、教育といったものを公共財として、自分たちで民主主義的に管理することをめざす。専門家任せではなく、市民が民主的・水平的に共同管理に参加することを重視する。そして、この「コモン」の領域をどんどん拡張していくことで、資本主義の超克をめざすというものである。

　「コモン」は、アメリカ型新自由主義とソ連型国有化の両方に対峙する「第3の道」を切り拓く鍵とみられている[163]。

　マルクスにとっても、「コミュニズム」とは、生産者たちが生産手段を「コモン」として共同で管理・運営する社会のことであり、ソ連のような一党独裁と国営化の体制を指すものではなかった。

　さらに、人々が生産手段だけでなく地球をも「コモン」（common）として管理する社会をコミュニズム（communism）として、構想していた[164]。

　ジジェクは、「文化」、「外的自然」、「内的自然」、「人間そのもの」という4つのコモンズを取り上げる。4つのコモンズでの囲い込みが、グローバル資本主義のもとで人々に敵対する形で進行しているという[165]。ジジェクは、知識、自然環境、人権、社会といった資本主義で解体されてしまった「コモン」を意識的に再建する試みを、コミュニズムと捉えている。

　マルクスは、「コモン」が再建された社会を、「アソシエーション」と呼んでいた。労働者たちの自発的な相互扶助（アソシエーション）が「コモン」を実現するというものである。

　「コモン」は、21世紀に入ってからの新しい要求ではない。今、国家が担っているような社会保障サービスなども、もともとは人々がアソシエーションを通じて、形成してきた「コモン」なのである。社会保障サービスの起源は、あらゆる人々にとって生活に欠かせないものを、市場に任せず、自分たちで管理しようとした数々の試みのうちにある。

　アソシエーションから生まれた「コモン」を、資本主義のもとで制度化する方法のひとつが、福祉国家だった。しかし、1980年代以降、新自由主義の緊縮政策によって、労働組合や公共医療などのアソシエーションが次々と解体もしくは弱体化され、「コモン」は市場へと飲み込まれていく[166]。

3.3 ポスト資本主義への道——「コモン」を取り戻す

　人々の生活をより豊かにするだけでなく、地球を持続可能な「コモン」として、資本の商品化から取り戻していく。それは、解体から再構築に向けた21世紀の新しい道である。壮大なビジョンが必要ゆえ、マルクスの新たな捉え直しが求められているのである。

　ポスト資本主義は、マルクスによれば「否定の否定」にある。一度目の否定は、資本によるコモンズの解体である。二度目の否定として提示したのは、コモンズを再建し、本来の「潤沢さ」を回復することであった。

　潤沢さを回復するための方法が、「コモン」の再建であり、人々が生産手段を自律的・水平的に共同管理することである[167]。

　たとえば、電力「コモン」は、電力の管理を市民が取り戻すことをめざす。市民が参加しやすく、持続可能なエネルギーの管理をうみだす実践が「コモン」なのである。エネルギーが地産地消になっていけば、「コモン」により関心をもち、より積極的に参加するようになる。

　このような循環が生まれれば、地域の循環・経済・社会は相乗効果によって活性化していく。これはまさに、「コモン」による持続可能な経済への移行にほかならない。

　本来の「潤沢さ」が回復されるほど、商品化された領域が減っていく。そのため、GDP は減少していく。それが、「脱成長」による豊かさの追求である[168]。

4 おわりに——持続可能で公正な社会に向けて

　資本主義において、富の真の源泉は合理的計算に基づく生産と競争的市場にあり、富の非合理的横取りは、体制の基本原理ではない。資本主義ビジネスの動機づけは利潤追求であり、生産性向上により利潤＝総体的剰余価値が実現される。それは、生産・流通の合理化と市民社会をうみだす「資本の文明化作用」としても働くとともに、不均衡と歪みを生み出す。

　「義利両全」、「論語と算盤」は、こうした逸脱を防ぐルールをつくりだそうとする渋沢の理念であり座標軸であった。個々の資本家の企業家的意欲にとどまらず、社会システムとしての資本主義のそうした側面を日本的精神風土に根ざして表現したものである。実業家の個人倫理であるにとどまらず、

不均衡と歪みを生み出す経済システムに新たな均衡と平等をもたらすための社会的ルールと倫理の必要を訴えていたといえよう。

渋沢にとって合本組織は、「官尊民卑」の打破のため、商工業者の地位向上を図るための方法であった。そこには、単なる経済的動機だけでなく、理念も含まれていた。合本組織という新しい制度によって、経済に対する人々の考え方を変えようとしたのである。

山本七平［1987］は渋沢を、「「大衆資本主義」とそれによる全般的な経済水準の向上による官民格差の是正の信奉者」とも評している。晩年の渋沢が抱いていた考え方について、「非常にニューディール的なものではなかったか」との指摘もみられる[169]。

巨大金融資本・IT 資本が支配し富を独占して格差・貧困が深刻化する現代資本主義は、渋沢が目指した資本主義像とは大きく乖離するものとなっている。渋沢はこれをどう評し、どう立ち向かうであろうか。

日本経済は長期停滞が続き、企業の不祥事が頻発している。企業のイノベーションや社会貢献、持続可能な発展も課題になるなか、さまざまな問題解決に渋沢の発想が生かせるのではないかと期待が集まっている。

新型コロナ対策と経済活動の維持は、「あちら立てればこちら立たず」の状態である。何かやろうとすると、別の問題が邪魔して身動きが取れない。

経済を深く考えた場合、自分だけもうかればいいという考えでいくと、結局はもうからなくなる。いわば、外部経済がうまく回らなくなるのである。その外部経済をどう扱うかが問われるのである。

外部経済への見方、対立する諸問題を解決するアイデアを、渋沢はどこで学んだのか。

1 つは、10 代の頃から「論語」を中心に経済と道徳の問題を考えていたことである。

2 つは、1867 年、フランスに行き、資本主義の仕組みなどを学んだことである。その底流にあったのがサン＝シモンの考えである。水や空気のように、すべては流れ循環することでうまく行く。ヒト、モノ、カネも常に流れていないといけない。渋滞は良くない。

のちに渋沢は、東京養育院での困窮者救済など様々な社会福祉事業（いわば「コモン」経営）に尽力する。社会福祉という「コモン」経営を最大限に効率的に実行し持続可能なものにすることが、社会の循環を良くし、結局は経済的に最も合理的だという発想にもとづいていたのである[170]。

それは、地球環境・社会の循環と「コモン」の再建にもつながる視点である。ポスト資本主義への道において、マルクスと渋沢栄一の 21 世紀的な出会いと連帯を見出すのは、筆者ばかりではなかろう。

　多様な「コモン」の再建運動は、「社会の脱炭素化」、「民主主義の刷新」、「資本主義の革新」という、三位一体のプロジェクトによって、環境、統治、経済のシナジー効果が増幅されていくことで、社会システムの大転換を促す。

　この社会運動の基礎となるのが、信頼と相互扶助である。信頼と相互扶助の社会こそ、非民主的トップダウン型を防ぐからである。ところが、半世紀に及ぶ新自由主義によって、相互扶助や他者への信頼が徹底的に解体された後の時代にいる。それゆえ、顔の見える関係であるコミュニティや地方自治体をベースにして信頼関係を回復していくことが求められている[171]。

　そこには、「信頼と相互扶助」を大切にし「信用」を第一義とみなした渋沢栄一の経営哲学に相通じるものがあり、新たな連帯の道があるといえよう。

【注釈】
149 中川功一「関係者が働く「意味」を共有―不易流行の経営学⑥」日本経済新聞、2020.8.26。
150 堂目卓生［2008］『アダム・スミス―『道徳感情論』と『国富論』の世界』中公新書。
151 鹿島　茂［2011］、前掲書、466 ～ 474 ページ。
152 渋沢栄一［1916］、前掲書、51-53 ページ。
153 A. スミス［1759］『道徳感情論』、2 部 2 編 3 章。
154 A. スミス［1776］『国富論』水田洋監訳、杉山忠平訳、岩波文庫、2000-2001 年、第 2 編。
155 高島善哉［1968］『アダム・スミス』岩波新書、166-167 ページ。
156 広井良典［2015］『ポスト資本主義―科学・人間・社会の未来』岩波新書、26-28 ページ。
157 高島善哉［1968］、前掲書、165-166 ページ。
158 斉藤幸平［2020］『人新世の「資本論」』集英社新書、236-237 ページ。
159 堂目卓生［2008］、前掲書、272-273 ページ。
160 斉藤幸平［2020］、前掲書、244-245 ページ。
161 斉藤幸平［2020］、前掲書、245-246 ページ。
162 池上　惇［2020］『学習社会の創造―働きつつ学び貧困を克服する経済を』京都大学学術出版会、228-230 ページ。
163 斉藤幸平［2020］、前掲書、141-142 ページ。
164 斉藤幸平［2020］、前掲書、143 ページ。
165 スラヴォイ・ジジェク『絶望する勇気―グローバル資本主義・原理主義・ポピュリズム』中山徹・鈴木英明訳、青土社、2018 年、68-70 ページ。

166 斉藤幸平［2020］、前掲書、144-146 ページ。
167 斉藤幸平［2020］、前掲書、258 ページ。
168 斉藤幸平［2020］、前掲書、258-266 ページ。
169 山本七平［1987］、前掲書、465-470 ページ。
170「コロナ対策　渋沢に問う―仏文学者　鹿島茂氏に聞く」日本経済新聞、
　　2021.4.5。
171 斉藤幸平［2020］、前掲書、356-357 ページ。

「経営哲学」と「働学研」が紡ぎ出す
熟年期の新序章

1「経営哲学」講義をめぐる邂逅と対話

SBI大学院大学での「経営哲学」講義[1]は、筆者にとって専門的にも初の挑戦となり、数多くの学びと出会いに恵まれた。数百時間にわたる講義資料の作成過程そのものが、先人たちとの出会いであった。さらに、講義という現場での対話で、検証され深められていく。

講義は7回にわたり、7講から構成されている。また、総括編・特別編としておこなった8回目「オンライン対面授業」は、興味深い論点が数多く出され熱い議論がされるなど、理解を深め、思いを交流する貴重な場となった。下記は、講義の各講のタイトルおよび括弧内は各節やポイントの一部を紹介したものである。

・・・・・

第1講　経営哲学は今、なぜ求められているか
　　　　―仕事・人生哲学からの視座
（経営哲学への視座と手がかり、わが仕事・研究・人生哲学、日本資本主義と日本的経営の課題、品質と働き方へのシステム・アプローチ）

第2講　経営哲学とは何か ―その枠組み・課題・あり方を探る
（経営と経営哲学の枠組み、経営体と企業・経営・事業、哲学・経営・経営哲学とは何か、経営科学と経営哲学の意味とあり方、経営哲学の3層構造、授業のねらいと概要）

第3講　ドラッカーの経営哲学と経営思想にみる光と影
　　　　―仕事・人生哲学の魅力をふまえて
（ドラッカーの仕事と人生、ドラッカー経営哲学の諸相、ドラッカーの経営学・経営哲学の光と影、ドラッカー理論の歴史的位置と21世紀的課題）

第4講　稲盛和夫の人生・仕事・経営哲学
（稲盛和夫の人生・仕事マップ、京セラフィロソフィと人生・経営・仕事哲学、稲盛和夫の経営哲学とその普遍的意義、ドラッカー＆稲盛和夫論、稲盛経営哲学と資本主義の課題）

第5講　トヨタ生産システムと大野耐一の経営哲学
（大野耐一［1978］『トヨタ生産方式』の歴史的意義、フォード・システ

ムとトヨタ生産システム、普遍化への豊田家4代の軌跡と大野耐一、「いま」を生かす、ジャスト・イン・タイムと情報社会、トヨタ経営哲学の課題)

第6講　渋沢栄一の日本資本主義論と経営哲学

(渋沢栄一の人生年表、『論語』に学ぶ人生哲学、日本資本主義の原型づくり、渋沢栄一の日本資本主義論、稀有な洞察力とその土壌、公と私の理念と姿勢、現代日本の閉塞感を切り拓く渋沢哲学)

第7講　ビジョナリー・カンパニーにみる経営哲学と経営理念

(自己実現と経営理念、基本理念とビジョナリー・カンパニー、文化性と機能性への視座、ドラッカー／稲盛／トヨタ／渋沢にみる経営哲学と21世紀課題、渋沢とA.スミスの「対話」に学ぶ)

・・・・・

「経営哲学」講義1～7講の資料ができるまでには、数百時間以上を投入した。「経営学」、「哲学」のいずれも講義したことがなく、「哲学」に至っては門外漢ゆえ、「門前の小僧」からの出発となったからである。受講生には、現役の経営者、管理者、専門家など、各章に詳しい方も少なくない。彼らの肥えた目線や知識、体験に基づく期待に応え、新たな視点や知恵をどう提示することができるか。それらが、問われるからである。不甲斐ないと、白日の下にさらされかねない。

幸い、講義はそれなりの手応えがあった。2020年度「授業アンケート」には、次のようなコメントが寄せられた。「論理的で視野の広さと深さがすばらしい」。「様々な時代の世相と大局を俯瞰的に網羅して要約されていて…」。「熱い語りが、私の心を揺さぶりました」。「光のみではなく影にも目を向けていく講義内容で、ものごとを見る視点を学ばせていただいた」など。

下記の小文は、受講生の評価＆感想に対して、感謝の思いを伝えたものである。

「専門外から初めて挑戦した講義でした。準備に苦労し、心配しながら臨みました。それにもかかわらず、過分な評価をいただきました。…講義を通して、受講生との深く熱い「対話」ができたこと、心より嬉しく有難く思っています。まさに感無量です。」

2 講義の目線から本書(第3部)への変身

　さらに半年を経た 2021 年初夏、2 回目となる「経営哲学」講義の最中、やはりこの講義はこのまま埋もれさせるのは惜しい。文章化を進め、論文にまとめておこう！と思い立つ[2]。

　初年度の講義を終えた 2020 年末には、「講演録を文章化すれば論文になるかも」との思いも頭をよぎった。しかし、研究の浅さと付け刃にすぐに気づき、恥ずかしくなる。自ら探索し発見した資料はどこにあるのか。先行研究の各種資料をつぎはぎしただけではないか。自らのオリジナル性は、どこにあるのかと。

　そこで、まずは講義資料をベースに文章化を進め、論文にまとめていくなかで、自らのオリジナル性は何かを見出すようにしよう。そのように考え直し、論文化に着手する。しかし、それは当初考えていたよりも難路であった。

　2 年ほど前に作成した各種資料やメモ書きなどは散逸し、収集も簡単ではない。講義資料づくりに直接使った文献、さらに引用した個所なども、あいまい化している。当初、それなりに鮮明であったイメージも、経年劣化してぼやけてしまっている。

　そうした状態からの再出発である。気を取り直し、2021 年 7 ～ 8 月に傾注して一気呵成にまとめるつもりだった。しかし、諸事が重なり思うように取り組めない。7 月中旬から 1 カ月半、頓挫したまま時間のみ過ぎていく。締め切りが近づくも、バラバラなままで論文にまとまるかどうかも定かでない。8 月末には、論文タイトルと要旨を編集委員会に提出して、時間を稼ぐ。頭の中は暗雲が立ち込め、五里霧中のなか、論文作成に傾注する。何とかつながってきたのは、2021 年 9 月下旬のことである。それを機に論文としての編集・洗練化に入る。

　その間、羅針盤となったのが、「経営哲学」の講義資料（パワーポイント）である。それを基に、講義でのわが肉声も思い起こしつつ、文章化を進めた。この講義および講義資料から生まれたのが、本書の第 3 部であり第 7 ～ 9 章からなる。

　本書の第 7 章は、SBI 大学院大学紀要編集委員会から提示された特集テーマ「サステナビリティ」を、講義 1、2 講を手がかりに「経営哲学」視点から捉え直したものである。

第8章は、講義6講（渋沢栄一論）をまとめたものである。視点が多岐にわたるため、文章化・編集は想定以上の難所となった。

　第9章は、講義7講の視点をふまえ、ポスト講義として新たに編集したものである。スミス、マルクス、渋沢の比較視点から俯瞰的に捉え直すとともに、サステナビリティへの新たな視座とポスト資本主義像を提示した。

3 本書（第3部）の独自性と課題は何か

　第3部は、本書の中核に位置するが、先行文献を手がかりにしてまとめたものにすぎない。本書とくに第3部のオリジナル性は何か、どこにあるのかと聞かれると、返答に窮する。敢えて言えば、次の3点にあるのではと感じている。

　1つは、サステナビリティ、経営哲学、渋沢栄一という3つの要素を、新たに組み合わせた（第3部）ことである。これまでにない独自な組み合わせ（新結合）とみられる。

　2つは、働学研および「経営哲学」講義を媒介に、生産力論、地球限界時代、A. スミス、K. マルクス、資本主義論などの俯瞰的視点から捉え直し（第1、2部）、独自に編集したことである。とくに、スミスさらにマルクスとの比較視点から、渋沢栄一を考察する（第3部）のは、筆者の独自なもので他にみられない。

　3つは、半世紀にわたる自らの産業・企業研究、働学研の挑戦と探求（第2部）をふまえて、いわば等身大の視点から、「経営哲学」を体系的に捉え直したことである。さらにサステナビリティの視点から編集し、渋沢栄一の仕事・人生哲学と日本資本主義論に光をあてた（第3部）。そうしたプロセスが、本書の独自性を紡ぎ出しいるのではと感じている。

　「経営哲学」という講義に向けて、先行研究を探索し、読み解き、講義資料をまとめた。そして講義を通して、毎回、受講生のレポートおよびそれへのリプライを通して対話してきた。そうした交流の現場体験が、本書作成の原動力となりスパイスとなっている。

　なお、「経営哲学」講義には、論文化できていない部分も少なくない。本書も、その入口に入ったところにすぎない。21世紀課題と向き合いつつ研究を深め、論文化していきたい。その手がかりとなり羅針盤となるのが、講義資料であり、それを超える論文にしていくことができればと思っている。

4 本書に向かう2つの記念碑的なイベント

本書につながる、記念碑的な2つのイベントが行われた。1つは『池上惇米寿お祝いメッセージ集』(2021.8.21) の発刊であり、もう1つはアジア・ユーラシア総合研究所主催の講演会の開催(十名直喜「経営哲学は今、なぜ求められているか ─渋沢栄一にみる日本資本主義の原点と21世紀課題」2021.11.5) である。

池上惇先生の米寿祝賀会(2021.8.21) は、コロナ禍のなかオンラインで開催され、150人に上る参加があった。「お祝いメッセージ集」の企画・編集を思い立ったのは、その1か月前のことである。働学研(博論・本つくり)研究会の2周年記念企画として、お祝いメッセージへの寄稿を働学研会員に、さらには国際文化政策研究教育学会、基礎経済科学研究所にも呼びかける。

わずか1カ月のうちに43名(働学研26名、その他17名) からお祝いメッセージを電子メールでいただいた。発信先は日本各地および中国、ドイツ、年齢は20歳代から米寿を越えられた方までに及ぶ。「発刊の辞」(中谷武雄)、「答辞」(池上惇) も収めることができた。

各位のメッセージから、仕事・研究・人生におよぼしたインパクトの深さ、大きさ、そして池上先生の思いやり・度量が浮かび上がる。ドラマの数々が紡ぎ出され、助け合い学びあいの交響曲が奏でられている。

これらは、一種の「生前葬」ではと感じている。筆者も、生前葬をすでに済ませている。定年退職直前の最終講義(2019.1.11) には家族なども呼び寄せ、生前葬に見立てて行い、わが人生のケジメの1つにもなっている。これを機に、池上先生が百寿に向かって大道を歩まれるよう祈っている。

2021年9月上旬、アジア・ユーラシア総合研究所より講演会のお話をいただいた。小論「サステナビリティの経営哲学」(『SBI大学院大学紀要』) が遅々として進まず悶々としていた頃のことである。この講演会を小論作成の弾みにしたい。そのような思いで、お引き受けする。その思いが叶い、期待に応える小論に仕上がって9月末に投稿する。さらに、その手応えをバネにして、本書の編集へと一気に向かった次第である。

講演会は、本づくりの最中、2011年11月5日(18〜20時) に、下記のテーマでオンライン開催された。

講演：十名直喜「経営哲学は今、なぜ求められているか ─渋沢栄一にみる日本資本主義の原点と21世紀課題」

企業倫理研究プロジェクト、働学研、SBI 大学院など約 50 名に、ご参加いただく。彼らの真剣な眼差しと熱気を感じながら、本書に込めたメッセージの一端を語った。

　司会者の高杉暢也氏（元韓国富士ゼロックス会長）より、電子メールで翌日いただいた次のコメントには、演者および参加者の思いが深く的確に掬い上げられている。

　「日本資本主義の元祖といわれる渋沢栄一についての解説は、これまであまり耳にしたことはありませんでした。

　2003 年に経済同友会がコーポレートガバナンスについて、Environment、People、Market 、Society の観点から、各企業に自己採点をするように方針を出した時も、渋沢栄一の名前を口にする者はほとんどおりませんでした。その後、「CSR 」、「CSV 」……「SDGｓ」と言葉が躍ってきています。

　しかし、渋沢栄一が説く「論語と算盤」に見合う経営を実践している企業はそう多くありません。

　企業のトップが明確な哲学を持ってリードしていくことが求められています。サステナビリティ・マインドセット（思考様式）を持った渋沢栄一のようなリーダーです。

　参加者から「何故、今、渋沢が求められているのですか？」という質問がありました。

　十名さんの「渋沢栄一論」は、日本の経営者のみならず、日本人に聴かせたい講演でした。（来春、ご本を出版されるとのことで楽しみにしています）

　「経営の社会的責任について論じた歴史的人物で渋沢の右に出るものを知らない」とドラッカーに言わしめた渋沢栄一。彼が、激動の明治維新時代にいたことは「すべてが奇跡だ！」と思います。」

　講演会の録画は、アジア・ユーラシア総合研究所のホームページなどで紹介され、40 本に上る感想やコメントをいただいた。講演者にとって、実に刺激的で学びの多い場となり、本書を仕上げる貴重な追い風になったと感じている。

5 「経営哲学」講義と「働学研」交流が織りなす
　新たなドラマ

　「経営哲学」講義への取り組みを通して得た知見や視点は、働学研（博論・

本つくり）研究会での研究交流を通して、広がり深まっていった。

　イノベーション、ICT、生産、生産力、物質代謝など、本書の第1部と第2部のメッセージは、「経営哲学」講義にはない新たな視点である。それらは、働学研での議論を触媒にして深まり、「経営哲学」講義とつなげるなかで、本書へと発展したと感じている。

　本書は、この1年間の研究・教育活動の記録であり、その軌跡である。小さな奇跡の数々に他ならない。「経営哲学」講義と「働学研」交流の共鳴が織りなす贈り物といえる。定年退職後の新たなドラマの始まりになればと願っている。

【注釈】

1　講義は、オンラインがベースになっている。講義は事前に収録され、そのDVD
　が受講生に配布される。講義は、2020年度秋学期後半に1度目を、2021年度春
　学期後半に2度目をおこなった。2度目は、60数名の受講者を得て、2021年6
　月下旬から8月中旬にかけて行われた。総括編・特別編としての8回目「オンラ
　イン対話」は、熱い議論がなされ理解と思いを深め交流する貴重な場となった。

2　2021年9月下旬、第2回目の「授業アンケート」結果が届いた。本書の第3部
　に収めた小論「サステナビリティの経営哲学　—渋沢栄一にみる日本資本主義の
　原点と21世紀課題」を『SBI大学院大学紀要』に投稿する直前のことである。
　下記にみるようなコメントに力を得て、小論を仕上げる。
　「さまざまな経営哲学や理念について、その時代背景からの解説など、詳しい内
　容で興味深い講義」。「経営哲学の偉人について、今までない見方」。「いっぱい考
　えさせられ…徳の大切さも伝わった」。「非常に内容が盛り沢山」。「経験や研究に
　裏付けられた独自の目線は、非常に興味深かった」など。

あとがき

定年退職後の新たな挑戦と奇跡

「経営哲学」、「渋沢栄一」の本を書いて出版するなど、70歳で定年退職した頃（2019年3月）、夢想だにしなかったことである。それも「サステナビリティの経営哲学 —渋沢栄一に学ぶ」という大それた題名である。

製鉄所での21年を経て、名古屋学院大学に転じてからの27年間に、いろんな科目（工業経済論、技術論、現代産業論、ものづくり経済論、産業社会学、人間発達の経済学など）を担当してきた。しかし、経営学、哲学は、未体験ゾーンである。いわんや、経営哲学においておや。

定年後の新たな挑戦といえる。そして奇跡が起こる。門外漢でありながら、いくつかの難所をくぐり抜け、出版に至ったのは、なぜか。実は、筆者自身も定かとはいえない。何かに魅せられての知的な「酔い」、いわば「お酒」の勢いといえるかもしれない。

「経営哲学」講義と働学研が促す知的な「酔い」と勢い

「お酒」の1本となったのは、SBI大学院大学での「経営哲学」講義である。依頼は、青天のへきれきであったが、定年後の新たな挑戦として引き受ける。2019年夏に決まり、1年近い準備を経て、2020年秋学期、21年秋学期の2回にわたって社会人向けに講義を行った。受講生との交流や熱い反応が、「お酒」の勢いとなる。その手応えをふまえて、小論（「サステナビリティの経営哲学 —渋沢栄一にみる日本資本主義の原点と21世紀課題」）をまとめる。同大学紀要（第9号、2022.1）に投稿したのは、2021年9月末のことである。「サステナビリティ」は同紀要の特集テーマで、それに沿って編集したものである。

もう1本の「お酒」は、退職後に立ち上げた働学研（博論・本つくり）研究会である。毎月開く月例会では、産業、地域、経営、経済、労働など多彩なテーマで多数の発表があり、活発な議論がなされる。「サステナビリティ」論は、その中心に位置していたとみられる。主催者として懸命に取り組むなか、そ

こでの熱気と知的刺激、示唆が、数本の論文作成へとつながり、最新論文の手応えが本づくりへの触媒となる。いわば、「お酒」の勢いの如く作用したのである。

本書の出版に至る出会い・交流・感謝

　2本の「お酒」が醸し出す味わい、作品も、それを評価し発信してくれる出版社がないと、読者の目には届かない。厳しさを増す出版環境にあって、出版を引き受けてくれる出版社を見出すのは、本の原稿をまとめるのと同様、一大仕事となっている。

　そこに、救いの手を差し伸べていただいたのが、社会評論社である。ご紹介いただいた池田清氏（神戸松蔭女子大学名誉教授）にお礼を申し上げる。早速、松田健二社長のお引き立てにより出版された前書（『人生のロマンと挑戦』2020年2月）は、仕事・研究・人生論である。学術誌では多くの書評を賜り、リプライも掲載されるなど一定の評価をいただくも、市場では自分史として扱われるなど厳しいものがある。

　申し訳なく思いつつ、松田社長に本書出版のお願いをしたのは、2021年10月末のことである。11月中旬に原稿一式をお送りすると、即GOサインをいただく。さらに、渋沢栄一の大河ドラマ「青天を衝く」の余韻も冷めやらぬうちにと、新年早々の出版となる。

　本書は、前書の雪辱を果たす思いでまとめたものである。9冊目となるが、これまでのわが単著書に比べても、「より広くより深い注目を集める会心の作」との手応えを感じている。松田社長のご厚意とご期待に応えることができればと願う次第である。本書編集の労を執っていただいた板垣誠一郎氏とデザイナーの中野多恵子氏にも、感謝申し上げたい。

　第3部および出版企画書の作成にあたっては、働学研の3人（太田信義氏、濱真理氏、澤稜介氏）から貴重なコメントをいただき、本書の初校校正でもご協力いただいた。

　出版企画書については、働学研各位にコメントをお願いすると、珠玉のコメントが寄せられ、洗練化のヒントになった。お送りいただいた各位（平松民平氏、高松平蔵氏、聴涛弘氏、冨澤公子氏、杉山友城氏、大松美樹雄氏、横田幸子氏）には、心よりお礼申し上げる。

　本書仕上げのラストスパート期、2021年11月5日に開催された「経営哲学＆渋沢栄一」講演会は、筆者にとって珠玉の時空間となった。参加者との

深く熱い交流、そして40本に上る感想・コメントは示唆に富み、出版に向けての追い風となり、また祝砲になったと感じている。

　米寿を迎えられた恩師の池上惇・京都大学名誉教授および義兄の内海太郎氏に、本書をささげたい。また本書仕上げの最中（2021年10月20日）、8人目の孫（十名泰輝）が産声をあげた。本書でもって、彼の誕生を祝したい。不器用きわまりない筆者を、温かく支え叱咤激励してくれる妻や子どもたちにも、「本当にありがとう！」といいたい。

　本書に込めた思いとメッセージが、生産、経営、行政、地域、学校などさまざまな現場で、働き学び研究されている人たちに届くことを願っている。

【参考文献】

H. アーレント［1958］『人間の条件』志水速雄訳、ちくま学芸文庫、1994 年。

阿辻哲次［1991］『知的生産の文化史』丸善。

池上　惇［2003］『文化と固有価値の経済学』岩波書店。

池上　惇［2020］『学習社会の創造―働きつつ学び貧困を克服する経済を』京都大学学
　　術出版会

井手芳美［2017］『経営理念を活かしグローバル創造経営―現地に根づく日系企業の挑
　　戦』水曜社。

岩井克人［1985］『ヴェニスの商人の資本論』筑摩書房。

梅原　猛［2002］『学問のすすめ（改定）』竣成出版会。

F. エンゲルス［1880］『空想から科学へ』寺沢恒星・山本二三丸訳、国民文庫、1966 年。

F. エンゲルス［1884］『家族・私有財産・国家の起源（村井康男・村田陽一訳、国民文庫、
　　大月書店、1954 年）。

太田信義［2016］『自動車産業の技術アウトソーシング戦略―現場視点によるアプロー
　　チ』水曜社。

大平浩二［2012］「経営哲学学会の歴史とその貢献について」経営哲学学会編［2012］。

小笠原英司［2004］『経営哲学研究序説―経営学的経営哲学の構想』文真堂

置塩信雄［1986］『現代資本主義と経済学』岩波書店。

長　幸男［1984］「解説」渋沢栄一［1873］、前掲書。

S. オッペンハイマー［2003］『人類史の足跡 10 万年全史』(Out of Eden ; The Peopling of
　　the World by Stephen Oppenheimer) 仲村明子訳、草思社、2007 年。

科学技術庁資源調査会編［1972］『将来の資源問題（上）』大蔵省印刷局。

科学技術庁資源調査会編［1961］『日本の資源問題』財団法人・資源協会。

鹿島　茂［2011］『渋沢栄一　1 算盤篇』文藝春秋、466 ～ 474 ページ。

鹿島　茂［2013］『渋沢栄一（下）論語篇』文芸春秋。

蟹江憲史［2020］『SDGs（持続可能な開発目標）』中公新書。

川勝平太［2002］『「美の文明」をつくる』ちくま新書。

河上　肇［1930］『第二貧乏物語』改造社（新日本出版社、2009 年）。

聽涛　宏［2021］『マルクスの「生産力」概念を問い直す―社会変革への新しい道筋の
　　ために』かもがわ出版。

基礎経済科学研究所編［2021］『時代はさらに資本論―資本主義の終わりのはじまり』
　　昭和堂。

経営哲学学会編［2003］『経営哲学とは何か』文真堂。

経営哲学学会編［2012］『経営哲学の授業』PHP 研究所。

幸田露伴［1939］『澁澤榮一傳』岩波新書。

D. コイル［1997］『脱物質化社会』(D. Coyle ［1997］The Weightless World) 室田泰
　　弘他訳、東洋経済新報社、2001 年。

厚東偉介［2012］「経営哲学の未来に向けて―経営哲学の諸部門と基礎的知識」経営哲
　　学学会編［2012］。

J. コリンズ／ J. ポラス［1994］『ビジョナリー・カンパニー―時代を超える生存の原則』
　　日経 BP 出版センター、1995 年（Built to Last, by Jim Collins and Jerry Porras）。

齋藤幸平［2020］『人新世の「資本論」』集英社新書。

桜井善行［2019］『企業福祉と日本的システム—トヨタと地域社会への21世紀的まなざし』ロゴス。

芝田進午［1971］『科学＝技術革命の理論』青木書店。

芝田進午［1966］『現代の精神的労働（増補版）』三一書房。

芝田進午［1973］「「地球破局」論と科学＝技術革命」（『現代と思想』第12号、1973年6月。

島田昌和［2011］『渋沢栄一—社会企業家の先駆者』岩波新書。

社会科学辞典編集委員会編［1992］『社会科学総合辞典』新日本出版社。

J. G. ステッド /W. エドワード・ステッド［2014］『サステナビリティ経営戦略』（Sustainable Strategic Management by Jean Garner Stead and W. Edward Stead）柏樹外次郎・小坂綾子訳、日本経済新聞社。

渋沢栄一［1916］『論語と算盤』守屋淳訳、ちくま新書、2010年。

渋沢栄一［1984］『雨余譚—渋沢栄一自伝』長幸男校注、岩波書店、1984年。

J. A. シュンペーター［1912］『経済発展の理論』（J. A. Schumpeter［1912］Theorie der Wirtshaftlichen Entwicklung）塩野谷祐一他訳、岩波書店、1980年。

杉村芳美［1997］『「良い仕事」の思想』中公新書。

杉山友城［2020］『地域創生と文化創造—人口減少時代に求められる地域経営』晃洋書房。

A. スミス［1759］『道徳感情論』（The theory of moral sentiments by Adam Smith）水田洋訳、岩波文庫、2003年。

A. スミス［1776］『国富論』（An inquiry into the nature and causes of the wealth of nations by Adam Smith）水田洋監訳、杉山忠平訳、岩波文庫、2000-2001年。

D. スロスビー［2001］『文化経済学入門』（David Throsby［2001］"Economics and Culture", Cambridge University Press）中谷武雄・後藤和子監訳、日本経済新聞社、2002年。

高島善哉［1968］『アダム・スミス』岩波新書。

高橋恵子・波多野誼世夫［1990］『生涯発達の心理学』岩波新書、63-4ページ。

橘木俊詔［2020］『渋沢栄一—変わり身の早さと未来を見抜く眼力』平凡社。

堂目卓生［2008］『アダム・スミス—『道徳感情論』と『国富論』の世界』中公新書。

十名直喜［1973］「働きつつ学び研究することの意義と展望」『経済科学通信』第7号（大企業内の厳しい境遇を鑑み、「一参加者」名で掲載）。

十名直喜［1973］「大工業理論への一考察—芝田進午氏の所説に触れつつ（上）」『経済科学通信』第7号（「戸名直樹」のペンネームで掲載）。

十名直喜［1974］「大工業理論への一考察—芝田進午氏の所説に触れつつ（下）」『経済科学通信』第8号。

十名直喜［1976］「資源論の課題と方法」『現代技術評論』8号、1976年8月。

十名直喜［1981］「技術論争—資源浪費と技術跛行をめぐって」『講座　現代経済学V』青木書店。北条豊のペンネームで発表。

十名直喜［1993］『日本型フレキシビリティの構造—企業社会と高密度労働システム』）法律文化社。

十名直喜［1996.4］『日本型鉄鋼システム—危機のメカニズムと変革の視座』同文舘。

十名直喜［1996.9］『鉄鋼生産システム—資源、技術、技能の日本型諸相』同文舘。

十名直喜［2008］『現代産業に生きる技—「型」と創造のダイナミズム』勁草書房。

　十名直喜編［2010］「"働きつつ学ぶ"現場研究のダイナミズムと秘訣（上）（下）」『経

済科学通信』122,123号。

十名直喜［2012］『ひと・まち・ものづくりの経済学―現代産業論の新地平』法律文化社。

十名直喜［2017］『現代産業論―ものづくりを活かす企業・社会・地域』水曜社、他。

十名直喜［2020.2］『人生のロマンと挑戦―「働・学・研」協同の理念と生き方』社会
評論社。

十名［2019］『企業不祥事と日本的経営―品質と働き方のダイアミズム』晃洋書房。

十名［2020］『人生のロマンと挑戦―「働・学・研」協同の理念と生き方』社会評論社。

十名直喜［2021.1］「産業イノベーションと環境文化革命―ポストコロナ社会への歴史
的視座」『SBI大学院大学紀要』第8号。

十名直喜［2021.7］「ICTが問い直す資本主義、生産力、労働、物質代謝論―ポストコ
ロナ社会への歴史的視座」『名古屋学院大学論集　社会科学篇』第58巻第1号。

十名直喜［2021.7］「ICTが問い直す生産力・技術・労働・物質代謝論」『名古屋学院
大学論集（社会科学篇）』第58巻第1号。

十名直喜［2021.7］「「3密」の伝統と新たな創造―コロナ禍を生き抜く生活・仕事・研
究の交流と知恵」『経済科学通信』No.153.

十名直喜［2021.7］「書評：池上惇『学習社会の創造―働きつつ学び貧困を克服する経
済を』」『季刊　経済理論』第58巻第2号。

十名直喜［2021.7］「太田信義氏の『人生のロマンと挑戦』書評へのリプライ」『国際
文化政策』第12号。

十名直喜［2021.7］「『人生のロマンと挑戦』に対する和田幸子氏の書評へのリプライ」『季
刊　経済理論』第58巻第2号。

十名直喜［2021.11］「生産力至上主義と「無限の自然」仮説を問う―わが半世紀の産業・
企業研究と経営哲学をふまえて」川西重忠追想編集委員会編『現代日本社会に問う
―躍動する教育者 川西重忠追想』アジア・ユーラシア総合研究所。

十名直喜［2022.1］「サステナビリティの経営哲学―渋沢栄一にみる日本資本主義の原
点と21世紀課題」『SBI大学院大学紀要』第9号。

富澤公子［2021］『幸福な老いを生きる―長寿と生涯発達を支える奄美の地域力』水曜社。

P. F. ドラッカー［1974］『マネジメント―基本と原則』（Management : Tasks,
Responsibilities, Practices by Peter F. Drucker）上田惇生訳、ダイヤモンド社、2001年。

中野佳裕［2013］「「脱成長の倫理学」への道案内［日本語版解説］」セルジュ・ラトゥー
シュ『「脱成長」は、世界を変えられるか』中野佳裕訳、作品社。

中村　修［1995］『なぜ経済学は自然を無限ととらえたか』日本経済評論社。

中村静治［1987］『情報の技術と経済学』有斐閣。

長山靖生［2009］『『論語』でまともな親になる―世渡りよりも人の道』光文社新書。

白　明　［2018］『複合型産業経営と地域創生―内モンゴルの6次産業化への日中比較
アプローチ』三恵社。

Y. N. ハラリ［2011］『サピエンス全史―文明の構造と人類の幸福（上）』（Sapiens ; A
Brief History of Humankind by Yuval Noah Harari）柴田裕之訳、河出書房出版社、
2016年。

S. P. ハンチントン［2000］『文明の衝突と21世紀の日本』鈴木主悦訳、集英社。

平松民平［2021］「大工業からAI、NET革命へ―相対的剰余価値の生産」基礎経済科
学研究所編［2021］『時代はさらに資本論―資本主義の終わりのはじまり』昭和堂。

広井良典［2015］『ポスト資本主義―科学・人間・社会の未来』岩波新書。

K. E. ボールディング［1992］Towards A New Economics; Critical Essays on Ecology, Distribution, and Other Themes, EE.

藤田泰正［2008］『工作機械産業と企業経営―なぜ日本のマシニングセンターは強いのか』晃洋書房。

K. マルクス［1867］『資本論』第 1 巻（Das Kapital. Kritik der politischen Oekonomie）、大内兵衛・細川嘉六監訳、大月書店、1968 年。

K. マルクス［1894］『資本論』第 3 巻、大内兵衛・細川嘉六監訳、大月書店、1968 年。

L. マンフォード［1952］『芸術と技術』（Art and Technics by Lewis Mumford）生田勉訳、岩波書店、1954 年。

L. マンフォード［1966］『機械の神話』（The Myth of the Machine Technics & Human Development by Lewis Mumford）樋口清治、河出書房新社、1971 年。

三井久明［2020］『SDGs 経営の羅針盤』(株) エネルギーフォーラム。

三橋規宏［2006］『サステナビリティ経営』講談社。

南　博・稲場雅紀［2020］『SDGs―危機の時代の羅針盤』岩波新書。

宮田矢八郎［2004］『理念が独自性を生む―卓越企業をつくる 7 つの原則』ダイヤモンド社。

村田晴夫［2003］「経営哲学の意義」経営哲学学会編［2003］。

D. H. メドゥズ他［1972］『成長の限界』大来佐武郎訳、ローマ・クラブ「人類の危機」レポート、ダイヤモンド社、1972 年。

守屋　淳［2010］「渋沢栄一小伝」渋沢栄一［1916］、前掲書

柳　宗悦［1942］『工芸文化』岩波文庫、1985 年。

山城　章［1984］「経営哲学の時代―なぜいま経営哲学か」『経営教育』58 号、日本マネジメントスクール。

山本七平［1987］『近代の創造―渋沢栄一の思想と行動』PHP 研究所（それを解題して刊行されたのが、山本七平［2009］『渋沢栄一　近代の創造』祥伝社）。

山本安次郎［1961］『経営学本質論』森山書店。

セルジェ・ラトゥーシュ［2013］『「脱成長」は、世界を変えられるか―贈与・幸福・自律の新たな社会へ』中野佳裕訳、作品社。

D. レビンソン［1978］『ライフサイクルの心理学（上)』南博約、講談社、77-79 ページ。

L. ワルラス［1874,77］『純粋経済学要論』久武雅夫訳、岩波書店。

索　引

著者紹介 ● 十名直喜（とな　なおき）

1948 年 5 月	兵庫県加西市生れ
1971 年 3 月	京都大学経済学部　卒業
1971 年 4 月	神戸製鋼所入社（1992 年 1 月まで）
1992 年 3 月	京都大学大学院経済学研究科博士後期課程修了
1992 年 4 月	名古屋学院大学経済学部　助教授
1994 年 5 月	京都大学博士（経済学）
1997 年 4 月	名古屋学院大学経済学部および大学院経済経営研究科　教授
1999 年 9 月	英国シェフィールド大学客員研究員（〜 2000 年 8 月末）
2016 年 4 月	名古屋学院大学現代社会学部および大学院経済経営研究科　教授
2019 年 4 月	名古屋学院大学　名誉教授　　特任教授（〜 20 年 3 月）
2019 年 10 月	SBI 大学院大学経営管理研究科　客員教授

単著書

『日本型フレキシビリティの構造』法律文化社、1993 年 4 月
『日本型鉄鋼システム』同文舘、1996 年 4 月
『鉄鋼生産システム』同文舘、1996 年 9 月
『現代産業に生きる技』勁草書房、2008 年 4 月
『ひと・まち・ものづくりの経済学』法律文化社、2012 年 7 月
『現代産業論』水曜社、2017 年 11 月
(中国語版)『現代産業論』程永帥訳、中国経済出版社、2018 年 3 月
『企業不祥事と日本的経営』晃洋書房、2019 年 2 月
『人生のロマンと挑戦』社会評論社、2020 年 2 月

サステナビリティの経営哲学
― 渋沢栄一に学ぶ ―

2022 年 1 月 10 日　初版第 1 刷発行

編著者　十名直喜
発行人　松田健二
発行所　株式会社 社会評論社
　　　　東京都文京区本郷 2-3-10　〒 113-0033
　　　　tel. 03-3814-3861/fax. 03-3818-2808
　　　　http://www.shahyo.com/

装幀・組版デザイン　中野多恵子
印刷・製本　　　　　倉敷印刷株式会社

永井浩 著

アジアと共に「もうひとつの日本」へ

「平和国家」日本の漂流、戦時体制への逆流。奥にひそむ明治以来の歪んだアジア認識・関係を抉り、市民的抵抗運動をねばり強く展開するアジアの民衆とともに「もうひとつの日本」への道をさぐる。　　　　四六判 2200 円＋税

呉文子 著

記憶の残照のなかで
ある在日コリア女性の歩み

在日コリア女性として 80 年。出会いと別れを惜しみなく綴るうち、自分史の核心に近づいた——。一人の女性として真摯に「在日」の課題や命題と取り組んだ半世紀。　　　　四六判 1,800 円＋税

林格平著　　高橋邦輔訳

光州五月の記憶
尹祥源・評伝

1980 年 5 月 27 日未明、光州の全羅南道道庁に立て籠り、戒厳軍の銃弾に倒れた抗争指導部スポークスマン・尹祥源。彼をとりまく青春群像と、韓国民主化の道程で起きた「光州事件」の全容を描く。　　　　A5 判 2,700 円＋税

中国の現代化を担った日本
消し去られた日本企業の役割

西原哲也（共同通信グループ NNA 中国総合版・元編集長）

半世紀たった今、甦る日中国交回復の舞台裏——建国後孤立していた中国の現代化に、日本人や日本企業はどう関わってきたのか。日本企業による奮闘の痕跡を、聞き取り調査した第一級の資料。中国ビジネス担当者、中国研究者必読。

四六判 1800 円＋税